AF196225

Mit Dank
für die Unterstützung
und Ermunterung
durch meine Familie
und Freunde

Horst Noetzel

Was wir in Deutschland immer wieder falsch machen

– Handbuch für eine grundlegende Umorientierung –

© 2020 Horst Noetzel
Autor: Horst Noetzel
Umschlaggestaltung, Illustration: Horst Noetzel
Lektorat, Korrektorat: Horst Noetzel
Verlag & Druck: tredition GmbH, Halenreie 40-44, 22359 Hamburg
ISBN: 978-3-347-05638-1 (Paperback) 978-3-347-05639-8 (Hardcover)
978-3-347-05640-4 (e-Book)

Bibliografische Information der Deutschen Nationalbibliothek:
Die Deutsche Nationalbibliothek verzeichnet diese Publikation in der Deutschen Nationalbibliografie; detaillierte bibliografische Daten sind im Internet über http://dnb.d-nb.de abrufbar.

A) Was wir in Deutschland immer wieder falsch machen

B) Was man konkret ändern sollte!

A) Was wir in Deutschland immer wieder falsch machen

Betrifft die Diagnose „*Krankes Deutschland*" tatsächlich auch eine *medizinische Frage*?

Nach einer der weltweit umfangreichsten Gesundheitsstudien haben unter den Einwohnern West- und Südeuropas die **Deutschen die geringste Lebenserwartung**.[1] Nur die Ost-Europäer liegen darunter. Hier wie dort ziehe die *deutlich niedrigere Lebenserwartung von einkommensschwachen Menschen in prekären Verhältnissen* den gesamten Schnitt nach unten.

Natürlich kann man hierfür eine ungesunde Lebensweise verantwortlich machen oder schiere Gleichgültigkeit. Nach Ansicht renommierter Gesundheitswissenschaftler sterben Einkommensschwache jedoch deutlich früher, weil sich psychischer Druck infolge ihrer insgesamt beengten Lebensverhältnisse (z.B. schlechte Arbeitsbedingungen, Arbeitslosigkeit) negativ auswirke.

Nach dem „*Bericht der Bundesregierung zum Stand von Sicherheit und Gesundheit bei der Arbeit*" waren im Jahre 2017 **psychische Erkrankungen wie Burnout oder Depressionen die zweithäufigste Ursache für Fehlzeiten am Arbeitsplatz**.

Welche Gründe gibt es nach dem Urteil von Fachleuten unter anderem hierfür? Der Deutsche Gewerkschaftsbund ermittelte 2018, dass jeder zweite Arbeitnehmer über **Hektik und Termindruck** im Arbeitsalltag klage und jeder Dritte sich mit seiner Tätigkeit **überfordert** fühle. 25% beklagten die **dauerhafte Erreichbarkeit**. Die Techniker Krankenkasse belegte 2018, dass **Pendler bedeutend häufiger an psychischen Leiden erkranken** als Beschäftigte mit kurzem Arbeitsweg.

---

[1] *Global Burden of Desease Study, 2018*

18 Jahre „*Merkel-Agonie*"
und die zwei unterschiedlichen Mentalitäten

Wer wissen möchte, ob die Diagnose Deutschland sei „krank" zutrifft, sollte insbesondere folgende Symptome näher untersuchen:

1. die kindliche Anlehnung Deutschlands an die USA
2. die „Flucht nach Europa"
3. die Einstellung zur „Globalisierung"
4. die apokalyptische Haltung in der Klima-Problematik.

Diese Themen laden gerade dazu ein, sie einmal aus dem Blickwinkel der *zwei grundsätzlich unterschiedlichen menschlichen Mentalitäten* bzw. *Lebens- oder Grundeinstellungen* zu betrachten:

– Zum einen gibt es da die Vertreter einer *ultraorthodoxen Richtung*. Sie rühmen sich damit, darauf zu vertrauen, dass der Staat es schon richten werde, d. h. einen *„starken Staat, der sagt, wo es langgeht"* zu wollen: Das heißt, eine Fraktion der autoritätsgläubigen linientreuen Ja-Sager, Marionetten, Mitläufer und Hofschranzen **lehnt sich aus Angst, Opportunismus und Feigheit an die wirtschaftliche und politische Elite an.** Ein sozialdarwinistischer Überlegenheits- und Auslesekult wird dabei als gegeben akzeptiert. Die bequeme Betreuung, Reglementierung und Bevormundung als Untertan in einem autoritären sowie totalitären Umfeld, das einen *einzigen* Wert über alles stellt, ist das Ideal dieser Menschen. Als Ersatzreligion ist es ihnen zur zweiten Natur geworden. Diese Mentalität war im deutschen Kaiserreich, im Dritten Reich und im DDR-Sozialismus gleichermaßen weit verbreitet. In der jungen Bundesrepublik wandte sich dann die „68er"-Studentenbewegung gegen eine derartige weiter wirkende Einstellung ihrer Väter. Eine solche hündische Gesinnung bzw. Ideologie setzt sich nahtlos fort in der *bedingungslosen Anlehnung Deutschlands an die Europäische Union und an die USA sowie in einer angeblich alternativlosen Akzeptanz einer schicksalhaften „Globalisierung".* Diese gläubige konformistische Grundeinstellung ist häufig mit einem hysterischen Enthusiasmus verbunden. Jeder Kritiker ist ein Feind der Gemeinschaft. Das autoritäre Denken entlädt sich in autoritärer Aggression und man ist zur Denunziation bereit. Pragmatische Lösungen stoßen auf Ablehnung oder Abwertung.

In extremer Form tritt dieses **System der freiwilligen Unterwerfung, geduldeten Dressur und pedantischen Reglementierung** aktuell in China zutage. Dort beabsichtigt die alleinherrschende Kommunistische Partei, das sogenannte *Sozialkreditsystem* einzuführen. Mit Hilfe modernster Informationstechnik sollen offiziell der *„Terror, Verantwortungslosigkeit und die Korruption"* bekämpft werden. Wer unter einen bestimmten Wert fällt, verliert staatliche Vergünstigungen oder muss sich Umerziehungsmaßnahmen stellen. Schon heute befinden sich über eine Million Menschen in derartigen Umerziehungs (Laogai)-Lagern. Ein großer Teil der Chinesen, die bereits jetzt in einer Erprobungsphase dieses Systems leben, sieht dieses jedoch keineswegs als Bedrohung, sondern *als willkommenen Schutz* an.

– Die *zweite Gruppe* dagegen vertritt einen grundsätzlich anderen Standpunkt: Demokratie bedeutet für diese Menschen nicht, gelegentlich auf einem Wahlzettel ein Kreuz machen zu dürfen, sondern Demokratie und **persönliche Freiheit** seien untrennbar mit einer *permanenten Kontrollverpflichtung* gegenüber der sogenannten Elite, verbunden. Wer allein dem Staat vertraue, entlasse sich selbst aus der Mitwirkungspflicht und der *Verantwortung gegenüber dem Gemeinwohl* und degradiere sich zum Mitglied einer *betreuten und bevormundeten Öffentlichkeit.* Deshalb sei auf mehr *tatsächlich wirksame* **Gestaltung, Kontrolle und Mitsprache** zu dringen, insbesondere, was das **Verhältnis zu den USA** und zur *Europäischen Union* betrifft. Auch für die Politik gäbe es – wie überall auch – *immer Alternativen* und die Geschichte sei voll von Allianzen, die wieder zerfallen sind.

Der *quasi religiöse Glaube*, die Europäische Union würde sich auf einer gleichsam höheren Zivilisationsstufe durchsetzen, sei mit realistischer Politik nicht zu vereinbaren. Diese beiden „*Lager*" bzw. „*Glaubenslehren*" stehen sich in den letzten Jahren in Deutschland in einem beinahe religiös anmutenden „*Glaubenskrieg*" zunehmend unversöhnlich gegenüber. Deutlich zugenommen haben (und hier sind nicht einmal die „*Sozialen Netzwerke*" des Internets angesprochen):

- die emotionale Verunglimpfung und Diffamierung Andersdenkender
- eine extreme gesellschaftliche Polarisierung
- der Gebrauch von Schlagworten und Pauschalurteilen als Worthülsen und „*Totschlagsargumenten*".

Gleichzeitig ist der *Austausch von Sachargumenten* vernachlässigt worden und eine *vernünftige Diskussionskultur* abhanden gekommen. Dieser Verfall demokratischer Strukturen bezieht sich insbesondere auf die **18 Jahre Merkel-Agonie**, welche gewollt und gesteuert war, **um an den Eigentumsverhältnissen nach der Wiedervereinigung nicht zu rütteln.** Die Bundeskanzlerin bot aufgrund ihrer angepassten DDR-Sozialisierung in einem ultraorthodoxen totalitären Staat nunmehr in Gesamtdeutschland die beste Gewähr dafür, dass „*alles beim Alten bleiben*" würde. Schon der DDR wusste sie – wie dann der Bundesrepublik – die vorteilhaftesten Seiten abzugewinnen. Bestimmend für die von vielen gern gesehene Lethargie mit ihrem Rückzug auf „*Flickschustereien*" ist das **„Tina-Prinzip"** (*„There is no alternative"*): *„Es gibt keine Alternative."* Diese achselzuckende Entschuldigung spielt bei der Abqualifizierung von **Globalisierungs-, Europa- und Flüchtlingspolitik-Kritikern** eine wichtige Rolle. Bei derartigen Auseinandersetzungen sind unter anderem folgende abschätzige *Pauschalurteile der ultraorthodoxen Richtung* gang und gäbe:

- *Nationalistische* Utopien würden durch *Populisten* und *Demagogen* wiederbelebt werden. *Nationalisten* seien „*Gläubige*", die egoistisch nur an sich selbst denken und sich abschotten wollen. Durch den

Gebrauch des Begriffs *„Kleinstaaterei"* mit dem Hinweis, Deutschland verabschiede sich damit in die *Bedeutungslosigkeit*, werden unterschwellig abwegige Assoziationen zum Beispiel zum Heiligen Römischen Reich deutscher Nation des 17. Jahrhunderts, das aus 300 deutschen Staaten bestand, hergestellt.

- Der Vorwurf der *Schwarz-Seherei* und des *Ängstlich-in-die-Zukunft-Schauens*, des *mangelnden „Optimismus"* in einer Zeit des Strukturwandels wird erhoben.
- *Nostalgiker* würden sich fortschrittsfeindlich nur *„die gute alte Zeit"* nach dem Motto *„Früher war alles besser"* zurückwünschen.
- Durch das Festhalten am Begriff der *„Heimat"* sollten nur Minderwertigkeitsgefühle gegenüber der *flexiblen* Elite der „Weltbürger", die von der *Globalisierung* profitiert, den Globalisierungsgewinnern, geschürt werden.

Allerdings ist man sich durchaus bewusst, dass **eine *„Volks-,,*Partei, die auf Begriffe wie *„Volk", „Nation"* oder *„Heimat"* nur mit Empörung und den abfälligen Begriffen *„Populismus"* (was eigentlich *„Volksnähe"* bedeutet) und *„Nationalismus"* reagiert, ein *Problem* hat.** Wie sollte man sich es sonst erklären, dass man nicht umhinkam, den 200. Geburtstag des *Heimat-Chronisten* Theodor Fontane *(„Wanderungen durch die Mark Brandenburg")* im Jahre 2019 ungeniert enthusiastisch und demonstrativ zu feiern? Allerdings war schon zu Fontanes Zeit die besondere Betonung des Heimatbegriffs auch eine *Reaktion auf* schlechte *„Globalisierungs"*-Erfahrungen.

Weniger Arbeitslose sind nicht der entscheidende Faktor – Deutschland hat ein schwerwiegendes grundlegendes gesellschaftliches Strukturproblem –

Nach der Bundestagswahl 2017 zog sich die Regierungsbildung im Rahmen einer *„Großen Koalition des Einverständnisses mit den überkommenden Verhältnissen"* über ein halbes Jahr quälend hin. Die Alternative für Deutschland (AfD) zog als dritte Kraft in den Bundestag ein. Den *„Volksparteien"* **ist das Volk abhanden gekommen: Kamen CDU/CSU und SPD vor 60 Jahren zusammen noch auf *90 Prozent* und vor 20 Jahren noch auf *zwei Drittel* der Stimmen, erhielten sie 2017 zusammen weniger als 50 Prozent. Europaweit ist in mehreren Ländern der gleiche Trend der politischen *Zersplitterung* zu beob-achten. Was haben diese europäischen Länder, einschließlich Deutschlands, in ihrer wirtschaftlichen und sozialen Kernstruktur gemeinsam?** Alle diese Länder sind den Folgen der *„Globalsierung"* unter amerikanischer Vorherrschaft unterworfen (die osteuropäischen Länder nach ihrem EU-Beitritt).

Gerade Ältere sehen in der politischen Entwicklung prinzipiell, was die Zerfaserung der Parteien betrifft, eine gewisse Parallele zur Weimarer Republik. Bei der *Europa-Wahl* 2019 änderte sich an der Zersplitterung nichts: CDU und SPD sanken sogar auf einen historischen Tiefstand herab und die AfD wurde in Brandenburg und Sachsen die *stärkste Partei*. Bei den *Landtagswahlen* 2019 in Sachsen, Brandenburg und Thüringen nahm sie jeweils den *zwei-ten Platz* ein. Zwar ist die AfD nicht die NSDAP und die Linke sowie die Grünen sind nicht die KPD, jedoch gibt es in jüngster Zeit eine **eindeutige extreme politische Polarisierung. Auch die aktuellen massiven Proteste der *„Gelbwesten"* in Frankreich geben vielen zu denken:** Nicht umsonst gibt es im ehemaligen „Ost-Berlin" die *„Straße der Pariser Kommune"* (eine Querstraße der Karl-Marx-Allee). Der Name bezieht sich zwar auf die Unruhen von 1871, die nach dem Sturz Kaiser Napoleon III. ausbrachen, aber bereits 1848 war ja, ausgehend von

Frankreich, eine Revolutionswelle über Europa hereingebrochen. Die deutsche Revolution von 1848, die von den sozial Benachteiligten ausging, entwickelte sich nach dem Vorbild der gerade vorausgegangenen französischen. Ein Motto der heutigen *„Gelbwesten"* lautet: *„Macron ist König. Aber er hält zum Adel und missachtet sein Volk."* Es gehöre eigentlich zu den Grundfesten der französischen Nation, dass der König das Volk vor der Willkür des Adels zu beschützen habe. Heute würden den Platz des Adels die Oligarchen der Konzerne einnehmen. Macron wird von vielen als arroganter *„Präsident der Reichen"* betrachtet.

Meldungen über die **Verringerung der Arbeitslosenzahlen** werden von vielen mit großer Skepsis zur Kenntnis genommen. Eine Verminderung dieser Zahlen wird häufig als *„Aufschwung"*, als Sieg der Wirtschaftspolitik, bejubelt. In der Tat handelt es sich hierbei insgesamt gesehen lediglich um Zweckoptimismus und Wortgeklingel. Verschwiegen wird nämlich geflissentlich, wie die dazugekommenen *„sozialversicherungspflichtigen"* sogenannten neuen Arbeitsverhältnisse, die gerade einmal über der *„Mini-Job"*-Grenze von monatlich 450 Euro liegen, aussehen und in welcher erschreckenden Form sich *insgesamt* die Einkommens- und Sozialstruktur verschlechtert hat. Gleichermaßen wird die Behauptung aufgestellt, dass durch den Zuzug ausländischer Arbeitskräfte die Auswirkungen des demografischen Wandels abgemindert würden. Weiterhin habe im *Dienstleistungsbereich* (in dem ja überwiegend Hungerlöhne gezahlt werden) die Beschäftigung außerordentlich stark zugenommen. Dabei sind Zusammenhänge zwischen der im Dienstleistungsbereich vielfach anzutreffenden *Schichtarbeit* und zum Beispiel Diabetes sowie Herz-Kreislauferkrankungen eindeutig statistisch nachgewiesen. Gerade aber die *überproportionale* Zunahme der Beschäftigung im Dienstleistungsbereich ist ein Hinweis darauf, dass die tatsächliche volkswirtschaftliche *Produktivität* insgesamt im Argen liegt. Vertrauenswürdigkeit und objektive Information sehen anders aus!

Immer mehr Bürger fürchten, die bereits vorhandene *„Zwei-Klassen-Gesellschaft"* **mit ihrer** *„Suppenküchen-Mentalität"* **nach ameri-**

kanischem Muster werde sich weiter ausbreiten. Ein großer Teil der Bevölkerung spürt „am eigenen Leibe", dass durch die deutsche Gesellschaft *ein tiefer Riss* geht. Und das betrifft nicht nur, dreißig Jahre nach der „Wiedervereinigung", die immer noch *deutliche Kluft zwischen Ost- und Westdeutschland*:

Laut einer Studie des Jahres 2017 liegen nur zwei „abgehängte" Regionen in Westdeutschland – aber 24 in Ostdeutschland.[2] Erhoben wurden unter anderem die Zahl der *qualifizierten* Arbeitsplätze, das Ausmaß der privaten Verschuldung, die Ärztedichte sowie die Anbindung an das Breitband-Internet. **Wesentlich dabei ist, dass zwischen 1991 und 2018 der Osten fast 1,9 Millionen Menschen von seinen ursprünglich rund 17 Millionen Einwohnern an den Westen verloren hat –** *mehr als die Hälfte der von 1949 bis zum Mauerbau 1961 Geflüchteten!* **– Und dieser Trend ist ungebrochen! – Ein Teufelskreis hinsichtlich des Arbeitskräftemangels und Betriebsansiedelungen! Bei gut der Hälfte der nach der Wende Abgewanderten handelte es sich um besonders leistungsfähige junge Erwachsene zwischen 18 und 30 Jahren, vor allem mit Abitur oder Fachhochschulreife. Eine Zuwanderung signifikanten Ausmaßes erfolgte dagegen nicht. 42% der 15- bis 24-jährigen Ostdeutschen sahen ihre Zukunftsperspektive im Jahre 2019 als** *„ungünstig"* **an, im Gegensatz zu nur 19% der gleichaltrigen Westdeutschen.[3] An den deutschen Universitäten gibt es nach dem Stand von 2018 keinen einzigen ostdeutschen Rektor. Von den 585 Richtern Ostdeutschlands stammen nur 78 von dort.[4] Bedeutet „DDR": noch immer** *„Der doofe Rest"?* **Laut Brandenburg-Monitor vom Januar 2019 vertrauen** *89%!* **der Ostdeutschen den Parteien nicht mehr – nicht ohne Grund:**

Die Rückständigkeit Ostdeutschlands hat in der Rückständigkeit Süditaliens, dem Mezzogiorno, eine historische Parallele. Kann es

[2] *Mitteldeutscher Rundfunk, 4. Oktober 2017*
[3] *Institut für Demoskopie Allensbach, Hertie School of Governance, 2019*
[4] *Universität Leipzig/Mitteldeutscher Rundfunk 2017, Die Zeit, 21.3.2019*

sich Deutschland weitere 30 Jahre politisch leisten, Ostdeutschland einem *„kulturellem Kolonialismus"* auszusetzen? [5]

Wenn man sich eine Karte ansieht, welche den Kaufkraft-Index in Deutschland grafisch darstellt, wird man auf den ersten Blick die gravierenden Unterschiede zwischen Ostdeutschland, d. h. dem ehemaligen DDR-Gebiet, und Westdeutschland erkennen. So hat zum Beispiel München aktuell eine Kaufkraft pro Kopf der Bevölkerung von 29.685 Euro aufzuweisen, Leipzig dagegen nur von 17.770 Euro.[6] Das Einkommensniveau in Ostdeutschland ist mit dem von Italien und Korsika vergleichbar.

Infolge des so gut wie ausschließlich *westlichen* Kapitaleinsatzes weist die Wirtschaftsstruktur Ostdeutschlands Züge einer *kolonialen Filial-Ökonomie* auf. Einzelne Wirtschaftsbereiche und Regionen ragen als *„Inseln"* heraus. **Der Hauptteil der Gewinne fließt westdeutschen oder ausländischen Aktionären zu** (siehe später). Ostdeutschland ist auch noch heute insgesamt gesehen eine strukturschwache, weitgehend deindustrialisierte und wirtschaftlich rückständige Groß-Region. Eine sich selbst tragende Wirtschaftsentwicklung sowie eine eigenständige lebendige Reproduktionsfähigkeit sind so gut wie nicht vorhanden. Hierbei reicht es auch nicht, es schönzureden und geht an der Sache vorbei, es würden doch hochwertige Produkte hergestellt, die sogar einmal während der DDR-Zeit in die *Bundesrepublik* verkauft worden seien. Denn das *Pro-Kopf-Einkommen*, die *Löhne* und das *Steueraufkommen* (insbesondere bei der Gewerbesteuer als Hauptindikator der Wirtschaftskraft) liegen auch noch im Jahre 2020 bedeutend niedriger als in Westdeutschland.

Keiner der Vorstandsmitglieder der deutschen 30 Dax-Unternehmen wurde im Osten geboren (Stand 2018). Nur 2,8 Prozent aller

---

[5] *So im Jahre 2017 Thomas Krüger, Leiter der Bundeszentrale für politische Bildung – einer der wenigen ostdeutschen Leiter einer Bundesbehörde; Die Zeit, 21.3.2019*
[6] *Wirtschafts- und Sozialwissenschaftliches Institut, April 2019*

Entscheidungsträger in Deutschland stammten im Jahre 2017 aus Ostdeutschland. Nur etwa 20 Prozent der Führungskräfte kommen von dort. Von 500 Konzernzentralen liegen 464 im Westen (2019).[7] Dort sitzen das gut verdienende Management und die Vorstände. Forschung und Entwicklung werden im Westen gesteuert. Der Anteil der ausländischen Dax-Vorstände betrug im Jahre 2019 38,5%.

Die große Menge der Benachteiligten in Deutschland spürt es bitter am eigenen Leibe, dass die Preise seit der Wiedervereinigung bis 2018 für die lebenswichtigen Grundbedürfnisse auf mehr als das Doppelte! gestiegen sind, ohne dass eine entsprechende Einkommenserhöhung stattfand. **Für die große Masse der Bevölkerung ist aber die Befriedigung der lebenswichtigen Grundbedürfnisse von entscheidender Bedeutung.** Ob diese Entwicklung immer mit der *Wiedervereinigung* 1989/90, der *Welt-Finanzkrise* ab 2008 und der Einführung des Euros *("Teuros")* im Jahre 1999 in Verbindung gebracht wird, ist nicht so sicher.

Die Aufblähung der Verbraucherpreise für die lebenswichtigen Grundbedürfnisse ist auf den starken Anstieg der Kosten für Heizöl, Kraftstoff, Nahrungsmittel und Mieten zurückzuführen. Allein die Strompreise für private Haushalte erhöhten sich von 2000 bis 2016 um *106 %!* Weiterhin wird es vielen „sauer aufstoßen", dass sie für ihre Spareinlagen als Leidtragende des Spekulationswahns so gut wie keine Zinsen mehr erhalten und vom Börsenboom (d. h. vom sogenannten immensen „Wirtschaftswachstum") ausgeschlossen sind. Dass dabei diese Gewinne zu einem großen Teil in das Ausland abwandern, da z. B. **die USA an allen 30 Dax-Unternehmen stark beteiligt!** sind, ist mehr als unerfreulich.

Die deutschen Arbeitnehmer zahlen so viel Sozialabgaben und Steuern wie kaum andere Beschäftigte in Industrieländern. Das zeigt die Ausgabe 2019 der jährlichen Studie „Taxing Wages" der Industrieländerorganisation OECD. In Deutschland bleibt besonders wenig Netto vom Brutto.

---

[7] *Leibniz-Institut für Wirtschaftsforschung Halle (IWH), März 2019*

**Selbst die besserverdienende Mittelschicht hat erfahren müssen,
dass *„sich Leistung nicht mehr lohnt"*, weil inzwischen ein Großteil
der Einnahmen durch die Steuer aufgefressen wird.** Dies geschieht
mit Hilfe des *Spitzensteuersatzes* von 42 Prozent, der schon ab einem
Bruttoeinkommen bei Einzelpersonen von ca. 54.000 Euro wirksam wird.
Den Spitzensteuersatz zahlen inzwischen Menschen, die das *1,3-fache*
des Durchschnittslohns verdienen. Im Jahre 1965 dagegen galt der
Spitzensteuersatz für Gehälter, die *15-mal so hoch* wie der Durch-
schnittslohn lagen. Von 2001 bis 2018 hat sich die Zahl der Steuer-
pflichtigen, die unter den Spitzensteuersatz fallen, mehr als *verdreifacht.*
Hier hat die Regierung nicht etwa ein Strukturproblem „verschlafen",
sondern die seit der „Wende" maroden Staatsfinanzen sollten ganz
bewusst insbesondere auf Kosten der Mittelschicht saniert werden. Der
Spitzensteuersatz gilt nur für Reiche – denkt man. Aber in Deutschland
fallen auch Lehrer und Facharbeiter unter den höchsten Steuersatz –
3,9 Millionen Menschen im Jahre 2017.

Von der Großen Koalition aus CDU/CSU und SPD sind auch beim
Spitzensteuersatz lediglich kosmetische Korrekturen als Augenwischerei
zu erwarten – und natürlich keine Rückkehr zum Vorwende-
Spitzensteuersatz, der ja tatsächlich diesen Namen verdiente.

In diesem Zusammenhang soll nicht einmal von den Aufsichtsräten der
Dax-Unternehmen die Rede sein, die teilweise das 400fache *„ihrer
Arbeiter"* verdienen. Dies könnte als *„Sozialneid"* ausgelegt werden.
Schließlich habe sich das *„Arbeiter- und Bauernparadies"* bereits als
Illusion erwiesen, *„Gerechtigkeit"* sei in diesem Leben sowieso nicht
erreichbar – und eine *„Alternative"* gebe es auch nicht.

Warum die Verminderung der Arbeitslosenzahlen an der sozialen Lage in Deutschland nur wenig ändert

Der Rückgang der Arbeitslosenzahl des Jahres 2005 von 4,9 Millionen auf 2,5 Millionen im Jahre 2017 wird häufig als Triumph für Gerhard Schröders *("Gazprom-Gerds") "Agenda 2010"*-Politik betrachtet. Tatsächlich aber ist der Rückgang der Arbeitslosigkeit auch in neuester Zeit ein *Pyrrhus-Sieg* für große Teile der Bevölkerung. Unter den Sozialdemokraten seit der Schröder-Regierung wurden die sogenannten Reformen mit dem erklärten Ziel der *"Flexibilisierung des Arbeitsmarktes"* durchgepeitscht. **Die Sozialdemokratie kehrte ihre hinsichtlich der Wiedervereinigung jahrzehntelang geübte *substantielle* Passivität in *panischen Aktionismus* um. Ihr fiel nicht besseres ein, als die negativen Auswirkungen der *"deutschen Einheit"* auf die *unteren* Bevölkerungsschichten *abzuwälzen*.**

Das Ergebnis dieser sogenannten Flexibilisierung des Arbeitsmarktes bestand darin, dass viele Arbeitgeber die Reformen als Aufforderung zur Ausbeutung, zur Ausraubung der Arbeitnehmer nach dem Vorbild eines gewissenlosen Raubtier-Kapitalismus betrachteten und noch heute betrachten. Gerade *dagegen* hatten aber die Sozialdemokraten in der Kaiserzeit gekämpft und eine weltweit beispiellose Sozialgesetzgebung erzwungen. Die Durchsetzung eines gesetzlich abgesicherten *"Generationen-Vertrages"*, einschließlich der Sozialversicherungspflicht, stellt eine Leistung dar, von der die Sozialdemokraten noch heute zehren. Die moderne Sozialdemokratie dagegen initiierte *"Reformen"* bzw. brachte sie vereint mit den politischen Kräften, welche ihre Besitzstände schon immer "auf Biegen und Brechen" "konservierten", auf den Weg – in trauter Gemeinsamkeit *auf dem Rücken des Volkes*.

Die *"atypischen Arbeitsverhältnisse"* sind überwiegend als Folge der unter der sozialdemokratischen Schröder-Regierung im Jahre 2002 initiierten "Harz IV-Reform" und rigoroser Privatisierungen im öffentlichen Bereich entstanden. Dies geschah nachdem die katastrophalen Folgen der Wiedervereinigung auf den Arbeitsmarktsektor voll durchgeschlagen waren. Zu erinnern ist daran, dass die Harz IV-Reform die *eindeutig rechtswidrige* Gleichstellung von Arbeitslosen nach *einjähriger* Arbeitslosigkeit mit bisherigen Sozialhilfe-Empfängern brachte – trotz in vielen Fällen *lebenslang* eingezahlter Arbeitslosen-Versicherungsbeiträge! – Ein eindeutiger Rechtsbruch! Durch die Zusammenführung von Arbeitslosenhilfe und Sozialhilfe zum „Arbeitslosengeld II" wurde infolge des Wegfalls von Zusatzleistungen, die bei der Sozialhilfe vorgesehen waren, teilweise sogar ein tatsächliches Niveau *unterhalb* der bisherigen Sozialhilfe erreicht. Die sozialversicherungspflichtigen Tätigkeiten reduzierten sich in einem in Deutschland bisher unvorstellbarem Ausmaß. Vorhandene Arbeit wurde einfach in viele schlecht bezahlte bzw. zeitlich begrenzte und leicht zu lösende *(„flexible")* Arbeitsverhältnisse aufgesplittet, zum Beispiel in „400-, später 450-Euro-Jobs". So können Arbeitgeber auf simple Weise die Zahlung von Sozialbeiträgen umgehen. Hinzu kamen ab 2015 fast eine Million Flüchtlinge, die nach kurzer Zeit Hartz IV-Empfänger werden und die schon jetzt die Sozialbehörden und das Sozialsystem in einem hohen Ausmaß belasten.

Um ein realistisches Bild der wirtschaftlichen und sozialen Entwicklung der letzten Jahrzehnte zeichnen zu können und ein Licht auf die zu erwartenden Rentenanwartschaften der seinerzeit noch Arbeitenden zu werfen, müssen natürlich auch die Sozialdaten, die sich auf die Zeit *vor* dem Eintreffen des Flüchtlingsstroms beziehen, mit herangezogen werden:

So ist nach einer OECD-Studie vom Dezember 2011 die Kluft zwischen Arm und Reich (der *„Gini-Koeffizient"*) in Deutschland erheblich stärker gewachsen als in anderen Industrieländern. Während die Löhne in EU-Staaten, wie zum Beispiel Groß-Britannien und Dänemark, von 2000 bis 2008 kräftig zulegten, schrumpften sie infolge vor allem der Wiedervereinigung im Jahre 1990 in Deutschland weiter.[8] Von 2000 bis 2008 *stiegen* die Real-Einkommen der am besten verdienenden *zehn Prozent* der Bevölkerung um *14,5%*, während die Real-Einkommen der *unteren*

---

[8] *Deutsches Institut für Wirtschaftsforschung (DIW), August 2009*

20 Prozent im selben Zeitraum *um 8% sanken!*[9] Gegenüber dem Jahr 1990 verfügten die Vollbeschäftigten in jedem *zweiten* der 100 gängigsten Berufe im Jahre 2007 – unter Berücksichtigung der Inflation – über *ein geringeres Bruttoeinkommen als 18 Jahre zuvor.*[10] Nach dem Armuts- und Reichtumsbericht der Bundesregierung des Jahres 2017 ist der Lohn in den unteren Lohngruppen von 1995 bis 2015 inflationsbereinigt *überhaupt nicht gestiegen.* Dabei hatten Menschen mit hohem Einkommen (die oberen 20%) Ende 2018 gegenüber 1995 bis zu *30%!* mehr Einkommen als die unteren 80%, **also ist der sogenannte Aufschwung unten überhaupt nicht angekommen!**[11] Über 6 Millionen Menschen lebten Ende 2018 von Hartz IV. Aber nur 20% davon sind Arbeitslose. **Bei solchen Dimensionen geht es nicht um Randgruppen.** Es fand eine beispiellose Umverteilung des erwirtschafteten Bruttosozialprodukts von unten nach oben statt – zugunsten des oberen und zum Teil mittleren Managements der *„Besserverdienenden"* in den großen Firmen und der Großaktionäre. **Die in den USA *traditionell permanent* bestehende Verteilungskatastrophe ist auch in Deutschland eingetreten.**

Insgesamt gesehen ist eine starke Verdünnung der Mittelschicht und eine Ausdehnung des Lohn- und Gehaltsgefüges nach unten, eine **soziale Polarisierung mit einer großen Zahl *„prekärer"* Beschäftigungsverhältnisse entstanden.**[12] 2017 waren 21% aller abhängig Beschäftigten *„atypisch"* Beschäftigte[13] und 15,8% waren im selben Jahr *„von Armut bedroht"!*[14]

---

[9] *Deutsches Institut für Wirtschaftsforschung (DIW), Februar 2010*
[10] *Institut Statistika, Hamburg/Stern, Januar 2010*
[11] *Deutsches Institut für Wirtschaftsforschung (DIW), Dezember 2018/Mai 2019*
[12] *Deutsches Institut für Wirtschaftsforschung (DIW): Studie 2000-2009: Juni 2010; Hans-Böckler-Stiftung, Februar 2011*
[13] *Statistisches Bundesamt, 16.8.2017*
[14] *Statistisches Bundesamt, 2018*

Seit Jahren gibt es eine massive gesellschaftliche Erosion und schwerwiegende soziale Missstände in Deutschland

Nach einer Studie der Technischen Universität München, Lehrstuhl für Strategie und Organisation, des Jahres 2018 über die „Vereinbarkeit von Arbeit und Familie" sind **zwei Drittel der befragten Arbeitnehmerinnen und Arbeitnehmer mit ihrer aktuellen Situation unzufrieden.** Man kann diese Feststellung natürlich verharmlosend abtun, indem man wie folgt argumentiert:

- Unzufriedene Menschen hat es schon immer gegeben.
- Wenn Mann und Frau arbeiten gehen (müssen), muss eben der Alltag besser organisiert werden. In der DDR, mit ihren 95% berufstätigen Frauen, wo man auf die *„Gleichberechtigung"* stolz war, habe man das ja auch *„geschafft"* (allerdings lag die Beschäftigungsquote der Frauen in Ostdeutschland später dann im Jahre 2012 mit 69,1 Prozent nur noch geringfügig höher als im Westen).
- Man kann aber auch auf moderne *„Errungenschaften"* unseres Arbeitslebens *„stolz sein"* oder dies je nach Standpunkt als *„soziale „Verlegenheitslösungen"* betrachten, wenn zum Beispiel

- bei der Firma Adidas die Mitarbeiter Haushaltsdienstleistungen in Auftrag geben können, wie z. B. Babysitter- und Putzdienste, den Lebensmitteleinkauf oder einen Fahrdienst, der die Kinder zum Schwimmen und die Mutter zum Arzt bringt oder
- wenn bei Persil die Mitarbeiter ihre Wäsche abgeben und später gewaschen wieder mitnehmen können oder
- wenn bei Microsoft und SAP das Abendessen für die Familie aus der Kantine mitgenommen werden kann oder
- die Kinder in eine „24-Stunden-Kita", eine „Nachtbetreuungs-Kita" bzw. eine Kita für kranke Kinder gebracht werden können oder
- wie bei Thyssen-Krupp eine fremde Großmutter ausgeliehen werden kann.

- Oder man kann auch – ohne nostalgisch zu werden – die vorausgegangene Zeit betrachten, als in den meisten Fällen auch in der Mittelschicht *eine* Person ausreichte, um die Familie zu ernähren:

Nachdem die Bundesrepublik die schlimmsten Kriegsfolgen überwunden hatte, gehörte sie wenigstens drei Jahrzehnte lang zu den *wohlhabendsten Regionen Europas*. Noch Ende der 1980er Jahre lag die tatsächliche Wirtschaftskraft, das Brutto-Inlandsprodukt (BIP), als wichtigster Größe der volkswirtschaftlichen Gesamtrechnung, 20% *über!* dem europäischen Durchschnitt.

Es folgte die *Wiedervereinigung* im Jahre 1990. Bereits im Jahr 2003, d. h. im *„Agenda-2010"-Jahr* Gerhard Schröders, war das (nunmehr gesamtdeutsche) Brutto-Inlandsprodukt auf 1% *unter!* den Durchschnitt der westeuropäischen Staaten (damals noch ohne Osteuropa) gesunken. Ärmer waren nur noch Spanien, Portugal, Italien und Griechenland.[15] Der wirtschaftliche Niedergang setzte sich in den Folgejahren fort. Bis 2006 bildete Deutschland regelmäßig das Schlusslicht im europäischen Konjunktur-Vergleich. Es kam zu einer *beispiellosen kollektiven Talfahrt*. Ab 2008 kamen die katastrophalen Auswirkungen der *Welt-Finanzkrise* auf den deutschen Arbeitsmarkt hinzu. Diese wurde bekanntlich durch die USA ausgelöst. Im Jahre 2020 fallen nunmehr in Deutschland folgende negative Faktoren zusammen:

- die Folgen der Wiedervereinigung 1990
- die Einführung des Euros *(„Teuros")* im Jahre 1999
- die Welt-Finanzkrise ab 2008
- das 2015/16 entstandene Flüchtlingsproblem
- die Niedrigzins-Finanzpolitik der Europäischen Zentralbank, die praktisch den Wegfall der Sparer-Zinsen bedeutet
- ab Anfang 2020 ein schwerer Wirtschaftseinbruch als Folge der Coronakrise. Der Präsident des Deutschen Instituts für Wirtschaftsforschung (DIW) Marcel Fratzscher, stellte fest, dass der wirtschaftliche Schaden der Coronakrise (wegen der erfolgten

---

[15] *Manager-Magazin, 20.2.2004*

Vollbremsung) angesichts der Langfristigkeit ihrer Wirkung die Finanzkrise weltweit bei weitem übertreffen werde.[16]

Nicht zu vergessen ist, dass Mario Draghi, bis 2019 Chef der Europäischen Zentralbank (EZB) in Frankfurt/Main einmal eine führende Stellung bei der US-Bank Goldmann Sachs einnahm. Diese Bank war mit ihren Zockereien entscheidend an der Auslösung der Welt-Finanzkrise beteiligt. Draghi hatte dann bei der EZB nichts Eiligeres zu tun, als die Zinsen, für die sich die Banken bei der EZB mit Geld versorgen, in den Keller zu treiben. Innerhalb von zweieinhalb Jahren erhöhte sich dadurch die Bilanzsumme der EZB bis zum Jahre 2017 von 2 auf 3,7 Billionen Euro. Diese luftblasenähnliche Geldmenge astronomischen Ausmaßes dient aber nachweislich in erster Linie nicht etwa dazu, die Produktivität der Wirtschaft zu steigern. Sondern – gewitzt durch die vorherige Welt-Finanzkrise – legen wohlhabende Privatkunden der Banken in einem „Kredit-Exzess" sondersgleichen die „auf Pump" mit lächerlichen Schuldzinsen erhaltenen Gelder langfristig und werterhaltend an. So investiert man aus Angst vor der Zukunft in Immobilien, Gemälde, alte Autos, Gold, überteuerte Firmenanteile, in Aktien und Anleihen, die zu diesem Preis vorher niemand hätte haben wollen.

Diese unproduktive Verschwendung von Kapital zugunsten einer dünnen Bevölkerungsschicht ist daran erkennbar, dass sich der *Deutsche Aktienindex* (Dax) in einer neuen Finanz-Blase seit dem Jahre 2009 bis 2017 um *145 Prozent!* erhöhte, das *reale Wirtschaftswachstum* dagegen im selben Zeitraum nur um *8 Prozent!* Die weltweite Verschuldung lag mit 152 Billionen Dollar im Jahre 2017 schon höher als unmittelbar vor der Welt-Finanzkrise ab 2008.[17]

---

[16] *Der Tagesspiegel, 29.3.2020*
[17] *Internationaler Währungsfonds (IWF), 2017*

Die finanzielle Angst vor dem Alter und andere soziale Schwierigkeiten – Kann es sich Deutschland weitere 30 Jahre politisch leisten, Ostdeutschland einem *„wirtschaftlichen und sozialen Kolonialismus"* auszusetzen?

Die Qualität eines Gesellschaftssystems ist daran zu messen, wie es mit Alten, Kranken und Hilflosen umgeht!

19,5% der Menschen im Rentenalter waren *im Jahre 2019 „armuts- gefährdet"* (2010: 13,4%), wie es verharmlosend im offiziellen Sprach- gebrauch heißt. Das bedeutet in der Praxis, dass sie sich schon in der *„Altersarmut"* befinden. Dabei sind in dieser Statistik nicht einmal *alle* sogenannten Armutsgefährdeten erfasst, so die mehr als 800.000 Wohnungslosen, die ebenfalls mehr als 800.000 Bewohner von Pflegeheimen, von denen rund die Hälfte auf Sozialhilfe angewiesen ist, sowie mehr als 200.000 Behinderte, die in der Regel von Sozialhilfe leben. Nach der geltenden Definition gilt als „arm", wer auf weniger als 60% des Einkommens in der jeweiligen Gesellschaft kommt. Damit kann „Armut" natürlich relativiert werden. Die *„Besserverdienenden"* hätten es deshalb am liebsten, wenn als Vergleichswerte zum Beispiel die Sozial- daten von Bangladesch herangezogen oder die Deutschen, welche am Kriegsende Pferdekadaver zerlegten, um zu überleben, als Vergleichs- maßstab gelten würden. Unzweifelhaft steht aber fest, dass nach den Angaben des Paritätischen Gesamtverbands die 60-Prozent-Schwelle im Alltag der Deutschen *„tatsächlich eine Schwelle der Ausgrenzung markiert"*. Einkommensarmut gehe mit materiellen und sozialen Entbeh- rungen Hand in Hand. In zwei Dritteln dieser Haushalte sei keinerlei Notgroschen vorhanden.

Insbesondere die Älteren sind zu Recht beunruhigt. Denn unweigerlich werden den **in den beiden letzten Jahrzehnten gezahlten Mini- Löhnen die Mini-Renten folgen, insbesondere in Ostdeutschland** wegen der insgesamt schlechteren Wirtschaftsstruktur nach der Wende. Dies hat „gebrochene Erwerbsbiografien" zur Folge. So sind Versiche- rungsbiografien mit immer längeren Arbeitslosigkeits- und Niedriglohnzeiten entstanden. Muss es nicht alarmierend sein, dass bereits nach dem Stand des Jahres 2014 **52%! der deutschen Rentner nach 38 Jahren** *voller* **Berufstätigkeit nur noch einen Armuts-Renten-anspruch erwerben, der** *unter* **dem Sozialhilfesatz liegt?**[18] Das heißt, dieser Personenkreis ist dann auf die *„Grundsicherung"* angewiesen, die in etwa der Sozialhilfe entspricht! Niemandem ist es vernünftig zu vermitteln, dass **Menschen, die ein Leben lang gearbeitet haben, am Ende ihres Berufslebens genauso wenig Rente erhalten wie jene, die** *nie* **gearbeitet haben (hauptsächlich in Ostdeutschland). Warum arbeiten Menschen ein Leben lang hart, wenn sie im** *Sozialsystem* **genauso gut aufgehoben sind? Hieraus kann man nur folgern, dass an dem** *gesamten Lohngefüge etwas nicht stimmen kann!*

Erst im Jahre 2019 sind die Regierungsparteien unter dem Druck der AfD-Wahlerfolge übereingekommen, am Rentensystem Änderungen vorzunehmen. So soll ab dem Jahre 1921 (natürlich ohne einen rück-wirkenden Ausgleich) eine *„Grundrente"* eigeführt werden für Menschen, die *35 Jahre* gearbeitet haben und nur *geringe Einkünfte* erzielen konnten. Sie erhalten einen Zuschlag zu ihrer Rente. Angerechnet wird eine geringe Zeit der Kindererziehung. Abgezogen werden Partner--einkünfte. Somit kommen bei dieser *„Mogel-Packung"* nicht in der Genuss der Grundrente Personen, die weniger als 35 Jahre gearbeitet haben, z. B. ältere Frauen, Langzeitarbeitslose, Menschen, die aus gesundheitlichen Gründen nicht mehr arbeiten konnten, Solo-Selbst-ständige, die nicht in der Lage waren, ausreichend für das Alter vorzusorgen.

Der Sozial-Abbau ist auch daran gut erkennbar, dass selbst die bisher gesamtgesellschaftlich wahrgenommene Versorgung alter Menschen unter die Fuchtel des profitorientierten Kapitalismus geraten ist. **Die für die zusätzliche private Altersvorsorge („Riester-Rente") bereitge-stellten** *Steuermittel* **fließen vor allem letztlich in die Taschen der Aktionäre privater Versicherungsunternehmen, teilweise infolge**

---

[18] *Statistisches Bundesamt/Der Tagesspiegel 27.12.2016*

immenser ausländischer Beteiligungen, in das Ausland. Diese Tatsachen ignorierte die CDU ungeniert als sie Friedrich Merz, den Vorstandsvorsitzenden der Deutschland-Abteilung des US-Finanzkonzerns Blackrock, Ende 2018 zum Kandidaten für den CDU-Vorsitz kürte. Blackrock, der weltweit größten Vermögensverwalter, ist der Marktführer der von Kleinanlegern für die *Altersvorsorge* bevorzugten Index-Fonds und an allen 30 deutschen Dax-Konzernen beteiligt. Merz stellte dann nach seiner Nominierung auch prompt die Forderung auf, Aktiensparer mit Steuernachlässen zu subventionieren. Dabei ist die *Privatisierung* der Altersvorsorge in anderen Ländern weitgehend gescheitert. Nach einer Studie der UN-Arbeitsorganisation ILO hat sich in den untersuchten 15 Staaten die *Rentenhöhe* nach dem Stand von 2018 *teilweise dramatisch reduziert*, wodurch es zu einem Anstieg der Altersarmut kam. Von den Arbeitnehmern angesparte Beträge werden sogar auf die *„Grundsicherung"* angerechnet. Eben Pech gehabt! Mit Hilfe der durch den SPD-Arbeits- und „Sozialminister" Walter Riester im Jahre 2002 als Vorbote der *„Agenda 2010"* durchgepeitschten Teil-Privatisierung der Altersversorgung wird das Umlagesystem, das bisher größtenteils durch die Berufstätigkeit der arbeitenden Generation finanziert wurde, der *„Generationenvertrag"*, zunichte gemacht. Darüber hinaus wird das Risiko des Verlusts angesparten Kapitals – wie es sich bereits im Raubtier-Kapitalismus der US-Finanzkrise zeigte – den Schwächsten in der finanziellen und sozialen Kette aufgebürdet. Dies hatten die deutschen Rentner der zur Finanzierung der Wiedervereinigung vorgenommenen drastischen Rentenkürzung zu verdanken. Begründet wird die Abschaffung der gesamtgesellschaftlichen Solidarität, für die Deutschland bisher Vorbild war, mit der zweckgerichteten *„Rentenlüge"*,[19] das heißt mit der Behauptung, die Renten der Alten könnten über kurz oder lang durch die Arbeitskraft der Jüngeren wegen der gestiegenen Lebenserwartung nicht mehr finanziert werden. Allerdings haben sich *alle!* bisherigen langfristigen Prognosen über die Bevölkerungsentwicklung in Deutschland als falsch erwiesen.

---

[19] *Die Zeit, 19.8.2010: „Die Rentenlüge":*
http://www.zeit.de/2010/34/Standpunkt-Rente

Die katastrophalen Auswirkungen dieser Taschenspielertricks zugunsten der gut Verdienenden auf die Rentenhöhe und die Altersarmut sind vorprogrammiert! Ein großer Bevölkerungskreis kann sich nämlich gar keine zusätzliche private Altersvorsorge *("Riester-Rente")* leisten, weil schlichtweg kein laufender finanzieller Überschuss vorhanden ist. Kein noch so sensationell dargestellter wirtschaftlicher *"Aufschwung"* (der wiederum wegen gleichzeitig steigender Lebenshaltungskosten voraussehbar nur die Schere zwischen "Arm und Reich" vergrößert) kann über das bereits vorhandene **strukturelle Desaster** hinwegtäuschen! Die Entwicklung der letzten Jahre beweist, dass das gesellschaftliche Gefüge in großen Bereichen bereits nachhaltig geschädigt ist. Von 2007 bis 2009 ist die Zahl derer, die wegen zu niedriger Renten die skandalöse *"Grundsicherung"* beantragt haben, um 5,9% gestiegen,[20] **Die Renten für Neurentner im Jahre 2015 mit Versicherungszeiten von mehr als 35 Jahren! sind zwischen 2000 und 2015 um** *16,9% gesunken!* **– und das bei einer** *Preissteigerung* **im gleichen Zeitraum von** *24,7%!*[21] Gründe für die niedrigen Renten dieser Altersgruppe sind: der Ausbau des Niedriglohnsektors, geringe Lohnerhöhungen und hohe Arbeitslosenquoten seit dem Jahre 1991. Im Jahre 2015 lebten 20,8% aller Deutschen von über 55 Jahren in *"Altersarmut".*[22] Von 2000 bis 2015 erhöhte sich insgesamt die Altersarmut bei Rentnern und Pensionären von 10,7 auf 15,9%.[23] Nach dem Stand vom Dezember 2018 ist die Zahl der Rentner und Erwerbsgeminderten, welche die Grundsicherung (in etwa Sozialhilfe) beziehen, auf etwa 1,08 Millionen gestiegen – *1,9 Prozent mehr als im Vorjahr.*[24] Dabei verzichten nach Angaben von Experten 40 bis 50% der Bedürftigen aus Scham oder sonstigen Gründen auf staatliche Sozialleistungen.

Dreiviertel der Bürger fühlten sich im Jahre 2019 für den eigenen **Pflegefall** finanziell nicht genügend abgesichert und betrachteten eine

---

[20] *Sozialverband Deutschlands (SoVD), 2009*
[21] *Deutsche Rentenversicherung, Oktober 2016*
[22] *Europäisches Statistikamt Eurostat, 2017*
[23] *Deutsche Rentenversicherung, Oktober 2016*
[24] *Statistisches Bundesamt, April 2019*

etwa notwendige Pflege als Armutsrisiko.[25] Bereits im Jahre 2019 bezog ein *Drittel* der Heimbewohner Sozialhilfe, weil die Rente nicht ausreicht, den gestiegenen Eigenanteil selbst zu tragen.

Im Jahre 2017 arbeiteten bei den 60- bis 64Jährigen 900.000 Menschen bis zur Regelarbeitsgrenze ausschließlich in Minijobs – 76% mehr als im Jahre 2012.[26] Deutschland ist dabei das Schlusslicht der OECD, d. h. der Industrieländer. **Jeder zweite Deutsche verfügte im Jahre 2018 nicht über Eigentum in Form von Wohnung, Haus oder Auto und hatte finanzielle Sorgen.** Bei diesen Menschen herrscht Angst vor der Zukunft, da Rücklagen und Absicherung nicht vorhanden sind. Dies betrifft in Anbetracht der Mietenexplosion auch die Angst vor **unbezahlbarem Wohnraum im Alter** infolge notwendig werdender persönlicher Veränderungen. – Mehr als alles andere interessiert die Bürger die Altersversorgung.[27]

Die Wirtschafts- und Armutsentwicklung sind komplett voneinander abgekoppelt. Dies betrifft noch andere Gruppen als die Älteren:

2,05 Millionen **Kinder und Jugendliche** unter 18 Jahren lebten im Jahre 2017 von „*Hartz IV*". Ein Viertel davon sind Flüchtlinge.[28] Zunehmend kommen die Kinder und Jugendlichen aus Rumänien und Bulgarien, da seit 2014 für Staatsangehörige dieser Länder volle Freizügigkeit innerhalb der *Europäischen Union* besteht. Bei der Kinderarmut hatte Deutschland bereits aber im Jahre 2010 Ungarn und Tschechien

---

[25] *Bundesverband der Verbraucherzentralen, Januar 2019*
[26] *Organisation für wirtschaftliche Zusammenarbeit und Entwicklung (OECD), 2017*
[27] *Ipsos-Institut, Nationaler Wohlstandsindex, BAT-Stiftung für Zukunftsfragen, 2018*
[28] *ZEIT ONLINE, 27. November 2017*

überholt. Im Jahre 2018 war jedes fünfte Kind von Armut betroffen. Das sind 2,8 Millionen Kinder, deren Eltern weniger als 60% des mittleren Einkommens verdienen.[29] Der Anteil der 8 bis 14 Jährigen, die sich Sorgen über die finanzielle Lage ihrer Familie machen, lag im Jahre 2019 bei 50%.[30]

Nach der offiziellen Armutsdefinition lebte in Deutschland im Jahre 2018 jeder Sechste in **Armut**, darunter 56% Alleinerziehende und 30% Familien mit *zwei und mehr Kindern*. Jeder dritte erwachsene Arme ist erwerbstätig. Mit einer Armutsquote von 16,8% wurde im Jahre 2017 eine traurige Rekordmarke seit der Wiedervereinigung erreicht. In der zweiten Hälfte der 1990er Jahre lag die Armutsquote noch bei 11%. Dabei handelt es sich nicht um ein Bildungsproblem. Über dreiviertel der Armen über 25 Jahren besitzen einen mittleren oder höheren Bildungsabschluss.[31]

Das Lebensniveau ist insgesamt dramatisch gesunken. Die Angst vor **Hartz IV** reicht schon bis in die Mitte der Gesellschaft. Die höchsten Steigerungsraten beim sozialen Abstieg gab es bei den qualifizierten Einkommensempfängern. Zwischen 1995 und 2006 stieg die Zahl der **Niedriglohn-Beschäftigten** mit abgeschlossener Berufsausbildung oder mit akademischem Abschluss von 66,5 auf 73,6%. Hierunter fallen in erster Linie vollzeitig beschäftigte Niedriglohn-Empfänger und Beschäftigte in einem sogenannten atypischen Arbeitsverhältnis, das heißt Teilzeit- und befristet Beschäftigte, 450 Euro-Jobber und *„Ein-Euro-Beschäftigte"*. Im Jahre 2018 erhielt fast jeder zehnte Beschäftigte, das sind mehr als drei Millionen, einen befristeten Arbeitsvertrag – also die Angst, die Arbeit zu verlieren als Beitrag zur sozialen Sicherheit![32] Von 1991 bis 2018 ist die Quote der **befristeten Arbeitsverträge** von 5,9 auf fast 10% gestiegen.

---

[29] *Kinderhilfswerk, 2018*
[30] *Bertelsmann-Stiftung, 2019*
[31] *Paritätischer Gesamtverband, Dezember 2018*
[32] *DGB-Index 2018, „Gute Arbeit"*

Im Jahre 2017 erhielten 1,2 Millionen *„Aufstocker"*, deren Verdienst zum Leben nicht reicht, zusätzliche staatliche Leistungen. Ein nicht geringer Teil der „Aufstocker" arbeitet im öffentlichen Dienst als versicherungspflichtig Vollbeschäftigte.

Die Zahl der Kleinunternehmer ohne Angestellte *(„Solo-Selbst-ständige")* ist in wenigen Jahren sprunghaft bis zum Jahre 2014 auf 2,3 Millionen gestiegen. Diese Personengruppe kann in der Regel nichts in die Rentenkasse einzahlen und *keine private Altersvorsorge* betreiben. Im Jahr 2013 war etwas mehr als die Hälfte aller Solo-Selbständigen nicht durch solche Zahlungen für das Alter abgesichert. Insgesamt gab es im Jahre 2012 3 Millionen Menschen ohne Altersvorsorge.[33] Im Dezember 2016 konnten Solo-Selbständige Beiträge für die Gesetzliche Krankenversicherung in Höhe von 6 Milliarden Euro nicht entrichten.[34] Ende 2018 waren 773.000 der schlecht bezahlten Leiharbeiter sozial-versicherungspflichtig oder als haupterwerbliche Minijobber beschäftigt.[35] In Deutschland waren im Jahre 2015 *39,3 Prozent* aller abhängig Beschäftigten in Teilzeit, Leiharbeit oder Minijobs tätig.[36] **10,8% der Männer übten im Jahre 2016 eine Teilzeitbeschäftigung aus.** Damit hat sich **diese Quote von 1991 bis 2016 mehr als verfünffacht.**[37] Mehr als drei Millionen Erwerbstätige übten im Jahre 2017 neben ihrer Haupt-beschäftigung noch einen **Zweit-Job** aus.

Diese Feststellungen zeigen, dass **die Arbeitslosenzahlen sehr wenig über die sozialen Auswirkungen aussagen** und *„Jubel-meldungen"* nur dazu dienen sollen, die Lage in Deutschland in einem rosigen Licht erscheinen zu lassen. Aber auch die folgenden Fakten beweisen das Gegenteil:

---

[33] *Bundesministerium für Arbeit und Soziales, DIW, 30. Mai 2016*
[34] *Wissenschaftliches Institut der Allgemeinen Ortskrankenkasse, 2016*
[35] *Bundesagentur für Arbeit, 2019*
[36] *Hans-Böckler-Stiftung WSI-Datenbank 2016*
[37] *Statistisches Bundesamt (2016)*

Deutschland hat sich immer mehr zu einer familienfeindlichen **Rund-um-die-Uhr-Dienstleistungsgesellschaft** entwickelt. Im Jahre 2018 arbeitete jeder fünfte abhängig Beschäftigte am Wochenende, nachts oder in Wechselschicht.

Der Herabqualifizierung des Wertes der Arbeit wurde in unverantwortlicher Weise Vorschub geleistet. Das heißt: *Gut ausgebildete Facharbeiter wurden zur Mangelware.* Ab 2019 werden ausländische Fachkräfte staatlich gefördert angeworben. Die regulierende Funktion der Gewerkschaften ist durch die Schaffung von Mini-Arbeitsverhältnissen ausgehebelt. Ganze Branchen verwandelten sich zwangsläufig in **tariffreie Zonen.**

Ab 2012 wird die **Altersgrenze** sukzessive pauschal auf 67 Jahre heraufgesetzt. Ignoriert wird hierbei zum einen, dass die **Lebenserwartung gerade der „Geringverdienenden"** von 2001 bis 2011 um etwa zwei Jahre *gesunken!* ist, während sie im gleichen Zeitraum bei den „Gutverdienenden" um rund eineinhalb Jahre *anstieg!*[38] Durch die Heraufsetzung des Rentenalters sinkt bei Berufsunfähigkeit natürlich automatisch die Rentenhöhe.

„Besserverdienende" verfallen zunehmend in eine „Abstiegspanik". Spätestens zur Einschulung der Kinder schickt man sie auf **Privatschulen** oder man zieht um. Die Söhne und Töchter sollen nicht in der bereits vorhandenen Zwei-Klassen-Gesellschaft vom Unterschicht-Nachwuchs der Nachbarschaft leistungsmäßig herabgezogen werden. Von 1992 bis 2016 stieg die Zahl der Privatschulen um 80%![39] **Ramsch- und Billiganbieter** des privaten Konsums mit einem hohen Anteil von Import-Waren aus Asien verzeichnen horrende Zuwachsraten. Von den fast **1.000 „Tafeln"** in Deutschland erhielten im Jahre 2019 1,65 Millionen bedürftige Menschen Lebensmittel. Zwei Millionen Menschen verzichte-

---

[38] *Große Anfrage der Rentenversicherung an die Bundesregierung, Dezember 2011*
[39] *Wissenschaftszentrum Berlin für Sozialforschung, November 2016*

ten im Jahre 2016 aus Kostengründen auf einen **notwendigen Arztbesuch.** Die Zahl der **verletzten Polizisten,** die nach einer Attacke mindestens sieben Tage nicht zum Dienst erscheinen konnten, nahm von 2005 bis 2010 bundesweit um rund 60%! zu.[40] Bis 2016 verdoppelte sich an Berlins Schulen innerhalb von fünf Jahren die Zahl der Tätlichkeiten, **Beleidigungen und Drohungen gegenüber Lehrern** – eindeutige Zeichen der Polarisierung der Gesellschaft.[41]

Viele finden den Vorwurf des *„Jammerns auf hohem Niveau"* gar nicht mehr lustig. Ab 1991 bis zum Jahre 2015 haben jährlich durchschnittlich 140.000 Deutsche **Deutschland dauerhaft verlassen.**

Natürlich wurde und wird das Flüchtlingsproblem mit verursacht durch US-Kriegseinsätze und EU-Export-Subventionen – Deutschlands Anteil – 40 Millionen Afrikaner wollen ihr Land verlassen –

2015/16 stellten etwa 1,2 Millionen Flüchtlinge in Deutschland innerhalb weniger Monate einen Asylantrag. Sie kamen vor allem aus Syrien, weiterhin aus dem Irak und Afghanistan, aber auch aus Afrika. Aus Syrien stammt als Folge des dortigen Bürgerkriegs mehr als die Hälfte der Flüchtlinge. Der Bürgerkrieg wurde auch durch die *Scharia-*Bewegung des *„Islamischen Staates (IS)"* ausgelöst. Der IS ist wiederum eindeutig das Ergebnis des von den USA geführten Irak-Krieges. **Die EU-Staaten, außer Deutschland, nahmen nur eine verschwindend**

---

[40] *Kriminologisches Forschungsinstitut Niedersachsen, Mai 2010*
[41] *Der Tagesspiegel, 24.11.2016*

geringe Zahl Flüchtlinge auf. Zu berücksichtigen ist dabei, dass aber gerade die *EU* durch Export-Subventionen in Afrika Hunger erzeugt und damit erst die Ursachen für die Flucht dieser Menschen *geschaffen hat!* Schon allein deshalb ist ein Umsteuern gegenüber der EU dringend erforderlich.

In der Flüchtlingsfrage gibt es in Deutschland zwei völlig unterschiedliche Strömungen:

Unter Hinweis auf die keinen Widerspruch duldenden *moralischen* bzw. *christlichen* Werte wurde – ohne zu wissen, wieviel weitere Flüchtlinge noch einströmen würden – unverzüglich offiziell eine *„Willkommenskultur"* propagiert. Außer acht gelassen wurde dabei völlig, dass ja auch das Christentum nicht verlangt, den Nächsten *mehr* zu lieben als sich *selbst.* Ein selbstzerstörerisches oder ein sich selbst oder andere schädigendes Handeln hat im Christentum eindeutig keine Grundlage. So forderten deutsche Bischöfe auch nur eine *„begrenzte Barmherzigkeit".*

Die vormundschaftliche autoritäre *„Durchhalteparole"* der Bundeskanzlerin nach dem *Muster der vorangegangenen deutschen Staatsformen* *„Wir schaffen das!"* war völlig fehl am Platze. Diese Forderung war quasi auch die Folge der – in der neueren deutschen Geschichte begründeten überheblichen Absicht, *„Deutschland über Alles"* zu setzen.[42] Außer acht gelassen wurde dabei völlig, dass die Zuwanderer durchweg aus Gebieten kommen, bei denen es sich nicht um Rechtsstaaten westlicher Prägung mit gleichen Grundrechten für alle, insbesondere nicht für Frauen, handelt, das heißt: Würde sich ihre Mentalität überhaupt ändern lassen? – Außerdem war das *„Wir"* in der aufgestellten Forderung *„Wir schaffen das!"* offensichtlich für die Schicht der *sowie schon benachteiligten* Deutschen bestimmt. Gerade von einer Pfarrerstochter hätte man aber erwarten können, von *keinem* der Deutschen zu verlangen, er

---

[42] *Hans-Joachim Maaz: Das falsche Leben. Ursachen und Folgen unserer normopathischen Gesellschaft, 2017*

sei Christus, d. h. das *Leid der ganzen Welt* auf sich nehmen zu wollen. Die Schwierigkeiten musste man vernünftigerweise voraussehen, aber sie wurden wohlweislich nicht zur Kenntnis genommen. Deutschland hatte ja bereits in den 1990er Jahren *erhebliche Probleme* bei der Aufnahme von Bürgerkriegsflüchtlingen aus dem ehemaligen Jugoslawien (ca. 1 Million) und mit der Eingliederung der „Spätaussiedler" (zweieinhalb Millionen seit 1990), die teilweise ja sogar *deutsch* sprachen. Von 2011 bis 2017 sind insgesamt über drei Millionen Menschen nach Deutschland zugewandert.

Zur Untermauerung der Forderung einer *„Willkommenskultur"* wurde argumentiert, Deutschland sei schon immer ein *„Einwanderungsland"* gewesen. Hingewiesen wurde erstaunlicherweise sogar auf die 14 Millionen Flüchtlinge nach dem Ende des Zweiten Weltkriegs, ohne zu erwähnen, dass schließlich die überwiegende Zahl *aller Deutschen* für den Nationalsozialismus und damit für die Entfesselung dieses Krieges mitverantwortlich war. Zur Begründung herangezogen wurden auch die vielen Polen, die (schon als Ergebnis der drei polnischen Teilungen, welche auch Preußen Gebietsgewinne brachten) nach Deutschland eingewandert waren und die Kohle im Ruhrgebiet abbauten. Hierbei wird darüber hinweggesehen, dass diese Menschen ja mit Sicherheit keine Anhänger eines *„Islamischen Staates"* und einer *„Scharia"* waren, sondern Katholiken.

Auf der anderen Seite gibt es, was die Flüchtlingsfrage betrifft, insbesondere in Ostdeutschland bekennende Anhänger der alten Nazi-Ideologie der *„Reinhaltung der Rasse"*, die behaupten, es würde auch heute eine *planmäßige*, d. h. *gesteuerte*, *„Umvolkung", ein „Austausch" der Bevölkerung* mit Hilfe der Flüchtlinge stattfinden. Hierbei bezog man sich während der Nazizeit auf die behauptete *„Unterwanderung des deutschen Volkes"* durch die Juden. Falsch ist es jedoch, diese (Neo)-Nazi-Ideologie allen denjenigen überzustülpen, welche den Flüchtlingsstrom 2015/16, überwiegend aus dem Bürgerkriegsland Syrien, in dem teilweise schon ein islamischer „Scharia-Staat" errichtet wurde und eine eklatante Frauenfeindlichkeit besteht, als

Bedrohung empfinden. So hat eine Untersuchung des Jahres 2019[43] ergeben, dass jeder *Zweite* in Ostdeutschland (in Westdeutschland jeder *Dritte*) ein schlechtes Gefühl dabei hätte, wenn mehr Muslime in wichtige Führungspositionen aufrücken würden. – Wie das Flüchtlingsproblem zu lösen ist: siehe später. In den Reihen der AfD werden viele ausgesprochene Neo-Nazis in Vereinen „Kameradschaften" und anderen Gruppierungen, in denen AfD-Mitglieder dominieren, geduldet. Die AfD-Führung insgesamt vertritt ebenfalls *„ohne wenn und aber"* die Theorie des planmäßigen *„Bevölkerungsaustausches"* bzw. der *„Umvolkung" mit Hilfe der Flüchtlinge, um Panik und Zukunftsängste zu sähen bzw. zu verstärken.* Dass es sich dabei um Begriffe aus der nationalsozialistischen „Volkstumspolitik", die in den eroberten Ostgebieten beim beabsichtigten Gewinn von *„Lebensraum im Osten"* zum Tragen kam, handelt, nimmt man billigend in Kauf, um *„sein Süppchen zu kochen."* In diesem Punkte ist man sich mit den *„Grünen"* einig: Sie benutzen ebenfalls den *„Panik-Effekt"* und heizen die sowie immer vorhandenen *Zukunftsängste* manipulativ an, um mit Hilfe der *„Klima-Politik"* ebenfalls auf Stimmenfang zu gehen (siehe später).

Klar erkennbar war allerdings von Anfang an, dass die Aufnahme einer derartig hohen Zahl von Flüchtlingen in Deutschland innerhalb des kurzen Zeitraums 2015/16 unweigerlich schwerwiegende, auch langfristige, soziale Probleme, **insbesondere für die ohnehin schon jetzt aufs Äußerste belastete deutsche** *untere* **Bevölkerungsschicht** schaffen *musste.* Wer bei einer Besorgnis darüber von einer *„Erfindung der bedrohten Republik"* [44] spricht und damit die *negativen* Folgen einer schon *vor* 2015/16 begonnenen massiven Zuwanderung nach Deutschland *einfach ausblendet und unter Hinweis auf die neuen Arbeitskräfte schönredet*, schlägt sich eindeutig auf die Seite profitorientierter Arbeitgeber. Für diese ist ein Zuwachs williger Arbeitskräfte natürlich höchstwillkommen. Der Beweis, dass durch die Zuwanderung *keine* Verdrän-

---

[43] *Deutsches Zentrum für Integrations- und Migrationsforschung, 2019*
[44] *David Goeßmann, Die Erfindung der bedrohten Republik, 2019*

30

gung *einheimischer* Arbeitswilliger stattfindet, wird nicht angetreten (und kann auch nicht angetreten werden).

40 Millionen Afrikaner wollen ihr Land verlassen

In das Bild einer *blauäugigen bzw.* zweckgerichteten *positiven Bewertung* der Zuwanderung passen natürlich auch nicht die folgenden Fakten:

Nach einem Bericht des *„Panafrikanischen Forschungsnetzwerkes"* des Jahres 2019, einem Verbund mehrerer afrikanischer Institute, **erwägen 37% der Afrikaner eine Emigration, zu einem großen Teil nach Europa.** Unter den potentiellen Auswanderern hat schon *jeder zehnte konkrete Pläne und Vorbereitungen getroffen.* Das sind zwar nur 3% der afrikanischen Gesamtbevölkerung. Der 3%-Anteil entspricht aber derzeitig etwa *40 Millionen Menschen!* **Unter den 18-25Jährigen erwägt sogar** *jeder zweite,* **sein Land zu verlassen.** Dabei zählen zu den potentiellen Emigranten nicht die Ärmsten, sondern die besser Ausgebildeten, eher Stadt- als Landbewohner. Die Emigration ist dank der nach Afrika zurückfließenden Überweisungen der Emigranten zu einem festen Bestandteil des afrikanischen Wirtschaftssystems geworden. Das afrikanische Forschungsnetzwerk fordert, *„die Migrantenströme einzudämmen",* weil den afrikanischen Staaten durch den **Verlust eines großen Teils ihrer besser ausgebildeten Jugend schwerwiegende wirtschaftliche Konsequenzen drohen.**

Bei der positiven Bewertung der Zuwanderung fehlt natürlich nicht der bequeme und zweckdienliche Seitenhieb auf die für die *„Volksparteien"* äußerst ernstzunehmende Konkurrenz der AfD und deren Wähler. Bei diesen handelt es sich jedoch *offensichtlich* größtenteils nicht um bekennende (Neo)-Nazis, sondern um Menschen, die sich in ihren Bürgerrechten bedroht sehen. Auch die gern verwendete Schutzbehauptung, in den 1950/60er Jahren seien ja auch die „Gastarbeiter" aufgenommen worden, kann wenig überzeugen, da diese mehrheitlich höchstwillkommen waren, um die durch den Krieg entstandene riesige Lücke an männlichen Arbeitskräften aufzufüllen.

Gegen eine verharmlosende *positive* Bewertung der bisher stattgefundenen und weiterhin anhaltenden – aufgrund konkreter Anhaltspunkte – *zu erwartenden* Zuwanderung *sprechen allerdings schwerwiegende kaum zu widerlegende Fakten*. Hier seien nur einige aufgeführt:

1. Dass über kurz oder lang ein *Verdrängungswettbewerb* zum Beispiel auf dem *Arbeitsmarkt*, im *Wohnungs- und Gesundheitswesen* sowie gravierende Probleme im *Schul- und Kindertagesstättenbereich* aufgrund der *Sprachprobleme, d. h.* eindeutig eine *„Einwanderung in die Sozialsysteme" – gerade zulasten der sowie schon benachteiligten Bevölkerungsschicht* – stattfinden würde, lag von Beginn an auf der Hand. So sollen zum Beispiel nach dem Stand von 2019 in Anbetracht der Zuwanderung in München 45 neue Schulen gebaut werden, in Berlin ca. 60, in Hamburg 30 bis 40. Zurzeit müssen in vielen Schulen wegen überfüllter Schulhöfe die Schüler versetzt in die Pausen geschickt werden. Es gibt einen nie da gewesen Kampf um Kindergartenplätze. Eltern bieten anderen Eltern für deren Platz bis zu 5.000 Euro. Derartige Beispiele im Sozialbereich ließen sich beliebig fortführen.

2. Beim größten Teil der Flüchtlinge handelt es sich um *Muslime*. Die Grausamkeiten und Menschenverachtung der Anhänger eines *„Islamischen Staates"* konnte man von Anfang an verfolgen. Das reihenweise Abschlagen von Köpfen von Geiseln wurde ja vom „IS" im Internet und anschließend im Fernsehen ausgiebig verbreitet. Wer von den Predigern einer *„Willkommenskultur"* wollte entscheiden, wer von den Flüchtlingen aus den islamischen Staaten Syrien, Afghanistan, Afrika Anhänger dieser *„Scharia"-Ideologie* des *„Islamischen Staates"* war und noch ist? Wer konnte garantieren, dass diese

Ideologie in Anbetracht der bekannt hohen Geburtenrate der Muslime – und auch des Bundeswehreinsatzes als *„Hilfsscherriff"* der USA in Syrien ab Dezember 2015 – über kurz oder lang nicht auch in Deutschland zunehmend an Einfluss gewinnen würde? Wer wollte es sich gerade in diesem Zusammenhang anmaßen, von einer *„Erfindung der bedrohten Republik"* zu reden (siehe vorne), wo doch als Racheakt der islamistische Terror auch Deutschland erreicht hat (siehe zum Beispiel der Anschlag an der Gedächtniskirche in Berlin)? Wer wollte es sich anmaßen, die Arbeit von Behörden, die uns vor derartigen Terrorakten schützen wollen, herabzuwürdigen, indem eine Bedrohung Deutschlands verharmlosend bestritten wird? Wer könnte entscheiden, ob Flüchtlinge tatsächlich vor dem *„Islamischen Staat"* geflüchtet waren oder dies nur vorgaben, um als Wirtschaftsflüchtlinge die deutschen wirtschaftlichen und sozialen Vorzüge zu genießen?

3. Dabei hat sich die Hoffnung, die verbreitet wurde, die Flüchtlinge wieder *abschieben* zu können, als völlig unrealistische Illusion erwiesen. Abgesehen davon, dass noch Ende 2016 rund ein Drittel infolge des Personalchaos nicht einmal behördlich erfasst werden konnte, verhindern das in Deutschland über Jahrzehnte hinweg entwickelte Ausländerrecht und die fast fehlende Rücknahmebereitschaft der Heimatländer eine Abschiebung so gut wie immer. Sollte es in Ausnahmefällen dennoch dazu kommen, sind die Steuermittel, die inzwischen verwendet wurden, um die Flüchtlinge unterzubringen, nach deutschen Standards zu versorgen und auszufliegen zum Fenster herausgeworfen worden – ganz zu schweigen von den humanitären Aspekten in Bezug auf die Flüchtlinge selbst. Allein im Jahre 2016 wurden fast 20 Milliarden Euro für die Unterbringung, Versorgung und Integration ausgegeben.

4. Nach dem Stand vom April 2017 haben nach amtlichen Angaben rund 268.000 Syrer einen *Rechtsanspruch*, ihre Familien nachholen zu können.

5. Der Anteil von Ausländern an den rechtskräftig verurteilten *Straftätern* betrug 2016 insgesamt *31 %*, während der Ausländeranteil an der Gesamtbevölkerung *10,9 %* entspricht.[45]

Am 18. März 2016 konnte in höchster Not mit der Türkei gegen Zahlung mehrerer Milliarden Euro ein Flüchtlingsabkommen ausgehandelt werden, das den Zustrom vor allem aus Syrien nach Deutschland verhindern soll. Trotzdem wurden aber weiterhin im Jahre *2017* immerhin noch *222.683 Asylanträge* gestellt, im Jahre *2018 noch 185.853*. Inzwischen hat die Türkei ihren fundamentalistischen Islamisierungskurs unter Ministerpräsident Erdogan extrem verschärft. Erdogan drohte schon im November 2016 und dann wiederum im August 2019 mit der Grenzöffnung nach Syrien bei Nichteinräumung von EU-Privilegien.

Nicht nur aus diesem Grund ist es dringend notwendig, sondern auch im Zuge einer wirtschaftlichen Neuordnung, eine dauerhafte und systematische deutsche Grenzüberwachung zu etablieren, um einen zu erwartenden weiteren stärkeren Flüchtlingsstrom besser kontrollieren und kanalisieren zu können. **Die dauerhafte und sichere Kontrolle über unsere Grenzen muss zurückgewonnen werden** (siehe später). Menschen, die sich in Deutschland ansiedeln wollen, müssen schon in ihren Herkunftsländern auf unterschiedliche Weise darüber aufgeklärt werden, dass das deutsche Asylrecht *keine generelle Verpflichtung enthält, Flüchtlinge aufzunehmen*. Darüber muss in Deutschland ein gesamtgesellschaftlicher Konsens herbeigeführt werden. Außerdem muss Einigkeit darüber bestehen, dass Deutschland **ausnahmslos von anderen Ländern erwartet und dies den entsprechen Regierungen (falls möglich auch durch Wirtschaftssanktionen) unmissverständlich klarmacht,** *dass sie ihre sozialen Konflikte,* **die z. B. mit der unterschiedlichen Religionszugehörigkeit, innerhalb des Islam zwischen Schiiten und Sunniten, bemäntelt werden,** *zuerst –* und

---

[45] *https://www.destatis.de/DE/ZahlenFakten*

alleine – *im eigenen Land zu beseitigen haben – um es gar nicht erst zu einer Fluchtbewegung, die sich auch zu Lasten der Zurückgebliebenen auswirkt, kommen zu lassen.* **Insofern ist die deutsche sogenannte** *Willkommenskultur* **ausgesprochen kontraproduktiv und daher völlig unangebracht.** Zu erwähnen ist in diesem Zusammenhang, dass Deutschland seine Phase der *kriegerischen konfessionellen* Auseinandersetzungen (zwischen Katholizismus und Protestantismus) bereits im 17. Jahrhundert mit dem Ende des Dreißigjährigen Krieges im Jahre 1648 hinter sich gelassen hat.

Dass Deutschland bereit sein sollte, im Rahmen der *Entwicklungshilfe* Staaten bei der Lösung ihrer sozialen und wirtschaftlichen Probleme zu unterstützen (siehe später) und daneben *alle militärischen Eingriffe (wie die derzeitigen) unterlassen* sollte, welche eine kritische wirtschaftliche, soziale und religiöse Situation in anderen Ländern *nur noch verschärfen* und eine Fluchtbewegung erzeugen, sollte eigentlich eine Selbstverständlichkeit sein.

Am 10. Dezember 2018 ist die Bundesregierung dem *UNO-Migrationspakt* beigetreten. Völkerrechtler halten dieses Dokument für ein ausgesprochenes *„Manifest der Willkommenskultur".* Der Pakt sei von einem *moralischem Geist* durchdrungen, der *keinen Widerspruch zulasse.* Die Menschenrechte der *Migranten* würden überbetont, die der *Einheimischen* vernachlässigt werden. Behörden und Gerichten sei ein Mittel an die Hand gegeben, geltendes Recht im Sinne des Migrationspaktes einseitig auszulegen. Hinzu kämen die weiteren unberechenbaren Eingriffsmöglichkeiten der EU-Kommission. In Deutschland und europaweit gab es zahlreiche Demonstrationen gegen den Migrationspakt.

Eine grundlegende Neuorientierung gegenüber den USA ist überfällig!

Viele Deutsche sind spätestens seit Donald Trumps Erscheinen auf der Weltbühne ausgesprochen *„antiamerikanisch"* eingestellt. Für manche reicht diese Skepsis allerdings schon viel weiter zurück. Warum diese Vorbehalte?

Die USA kamen durch Gewalt, durch einen riesigen Raubzug zustande, zuerst durch einen Völkermord an den Indianern und durch Sklaverei. Das Recht wurde kontinuierlich ignoriert, verachtet, in die eigenen Hände genommen. Nötigung und Zwang traten entsprechend der militanten Wurzeln einer *puritanisch-calvinistischen alttestamentarischen Auserwähltheits-Ideologie* und Sendungs-Rhetorik an die Stelle des Rechts. Diese Praktiken setzten die USA schon sehr früh jenseits ihrer Grenzen fort. So wie sie im Innern aggressiv seit eh und je ihre finanziellen Interessen durchsetzten, verhielt sie sich nach außen nicht anders: Als *„Volk ohne Raum"* benutzten sie in faschistoider Form weltweit verschiedene Methoden zur Eroberung oder Unterwerfung fremder Völker, der territorialen Expansion zur Schaffung neuer Absatzmärkte und zur Erschließung von Rohstofflagerstätten, zum Beispiel von Kautschuk, Öl, Kupfer, Uran. Hierzu bediente man sich der Einschüchterung, der ökonomischen und militärischen Okkupation, des käuflichen Erwerbs und später der Unterwanderung unwilliger Regierungen durch die CIA.[46]

Die mit allen Mitteln schon *seit Ende des 19. Jahrhunderts* durchgesetzte Politik einer amerikanischen *„Globalisierung"* diente und dient einzig und allein dazu, zum Zwecke der amerikanischen

---

[46] *Eduardo Galeano: Die offenen Adern Lateinamerikas. Die Geschichte eines Kontinents, 2004*

Expansion Brückenköpfe für die Kolonisierung mit Hilfe des *„Dollar-Imperialismus"* zu errichten.[47]

Die amerikanische Politik weist in *grundsätzlichen* Fragen eine *ausgesprochene Kontinuität* auf. Nach menschlichem Ermessen wird sich dies auch unter kommenden Präsidenten oder Präsidentinnen nicht ändern. Zu fragen ist: Was motivierte und motiviert bis heute die bestimmenden Kräfte der USA,

* mit missionarischem Eifer der Welt als *„Welt-Polizist"* *„Freiheit, Demokratie und Frieden"* bringen zu wollen, die nicht einmal im eigenen Lande vorhanden sind,
* mit arroganter Herablassung und psychopathischer Raffinesse in der Art einer faschistoiden *„Herren- und Untermenschen-Ideologie"* immer wieder die eigene Überlegenheit beweisen zu wollen,
* sich mit allen Mitteln eigene wirtschaftliche Vorteile zu verschaffen – wobei weltweit Komplizen eine wichtige Rolle spielen, die auf dieser Welle der Raffgier mit schwimmen.

Welche Gruppen haben in Amerika finanziell das Sagen? Gibt es vor allem in der bestimmenden Schicht eine ideologische Grundhaltung, eine Art „Patriotische National-Religion", die dazu geeignet ist, anderen Menschen bzw. Völkern durch die Anhäufung von Reichtum in nur wenigen Händen Schaden zuzufügen? **Wo liegen die historischen Wurzeln dieser Geisteshaltung?**

Die breite Akzeptanz der angeblich „gottgegebenen Führerschaft" hat in den USA eine lange religionshistorische Tradition. Die *„Auserwählung"* muss bereits jetzt irgendwie sichtbar werden. Ein US-Präsidentschaftskandidat, der sich offen gegen diese tief im Wesen des Volkes verwurzelte amerikanische Identität wenden würde, würde keine Wähler finden. Eine derartige, geradezu antichristliche, sozialdarwinistische Überlegen-

---

[47] *Hans Ulrich Wehler: Der Aufstieg des amerikanischen Imperialismus, 1974/1987, S. 12,15,16,26*

heits- und Leistungswettbewerbs-Ideologie beruht auf der psychopathischen Grundhaltung der Habgier. Spätere Einwanderer anderer Glaubensrichtungen nahmen diese Mentalität an. Sie wollten ganz einfach wirtschaftlich überleben, denn ein staatliches Sozialsystem gab es nicht. Teilweise übertrumpfte man die Alteingesessenen sogar (siehe Donald Trump mit seinen deutschen Wurzeln), um ein „Muster-Amerikaner" zu sein. Bis in die heutige Zeit hinein waren bzw. sind verschiedene Bezeichnungen der angeblich amerikanischen Privilegierung im Gebrauch. Angefangen von den ersten amerikanischen Präsidenten vertraten bzw. vertreten sämtliche US-Staatsoberhäupter bis in die Neuzeit hinein mehr oder minder deutlich eine Auserwählungs-Ideologie.

Einen derartigen Anspruch der „Auserwählung" erhoben aber ebenso – wie die ab 1620 in die „Neue Welt" ausgewanderten Puritaner – die als „Buren" bezeichneten, ab 1647 nach Südafrika gelangten niederländischen Calvinisten puritanischer Prägung. In Amerika wäre um ein Haar nach dem Vorschlag des dritten US-Präsidenten, Thomas Jefferson, in kaum zu überbietender Heuchelei der Auszug des Volkes Israel aus Ägypten, d. h. die Beendigung dessen Versklavung, auf dem Staatssiegel der USA verewigt worden. Dabei besaß Jefferson selbst 200 Sklaven.

Für die neuere Zeit nach dem Zweiten Weltkrieg seien nur einige Beispiele der offiziellen Regierungs-Rhetorik der angeblich „vorherbestimmten" Vorherrschaft, der Vereinigten Staaten genannt:

- Dwight D. Eisenhower, US-Präsident von 1953-1961: „Die Bestimmung hat unserem Land die Verantwortung zur Führung der freien Welt auferlegt."
- 1983 bezeichnete Präsident Ronald Reagan die Sowjetunion als das „Reich des Bösen". Es müsse ein „Kreuzzug für die Freiheit" geführt werden.

- Dick Cheney, damaliger Verteidigungsminister und späterer Vize-Präsident: 1992: *„Einige mögen durch die* Bestrafung *des Iraks abgeschreckt werden. ...* „[48]
- US-Präsident George W. Bush proklamierte im Jahre 2002 vor dem Irak-Krieg mit wohlbekanntem amerikanischem pastoralem Pathos den *„gottgegeben Auftrag, ... die Welt zum Frieden zu führen"* und konstatierte eine *„Achse des Bösen".*[49]
- Donald Trump: *„Das ist Amerika heute, die leuchtende Stadt auf dem Hügel, die andere früher bewunderten und der sie nacheiferten."* [50]

Seltsamerweise *sammelte* sich das *„Böse"* in der bisherigen amerikanischen hegemonialen Entwicklung immer dort, wo *wertvolle Rohstoffe* liegen oder sonstige *„Interessen"* der amerikanischen Wirtschaft zu *„verteidigen"* waren! In diesem Zusammenhang äußerte sich Egon Bahr, der „Architekt der Ost-Verträge", über das Staatsverständnis der USA und ihren politischen Fundamen-talismus folgendermaßen:

„Während Europa aus seiner imperialistischen Vergangenheit gelernt hat, kommt der Anspruch der Auserwähltheit in einer Haltung zum Ausdruck, die das nationale Interesse der USA jeder Beurteilung und jeder Kritik anderer enthebt." [51]

---

[48] *Final Report to Congress: The Conduct of the Persian Gulf War, Washington, April 1992*
[49] *Evangelischer Pressedienst: epd-Zentralausgabe, 11.2.2002*
[50] *Donald J. Trump: Great Again! – Wie ich Amerika retten werde, 2016, S. 17*
[51] *Friedrich-Ebert-Stiftung: www.fes-forumberlin.de/Bundespolitik/pdf/ 5_10_28_haller_bahr.pdf, 28.10.2005:* Gret Haller: *Politik der Götter – Europa und der neue Fundamentalismus*

Eine *"kranke Nation"* (US-Präsident Jimmy Carter)

Jimmy Carter (US-Präsident von 1977 bis 1981) versetzte der Nation einen Schock, als er sie für *"krank"* erklärte [52]:

- Keine andere Kulturnation hat auch nur annähernd eine so blutige Kriminalstatistik aufzuweisen. Die USA sind Weltmeister in der Zahl der Gefängnisinsassen im Verhältnis zur Gesamtbevölkerung. Zwischen 1984 und 1996 wurde zum Beispiel in Kalifornien eine einzige Universität errichtet, dagegen aber allein in diesem Bundesstaat 21 Gefängnisse.
- Im Jahre 2009 befanden sich 270 Millionen Schusswaffen in 60 Millionen Haushalten. Der Munitionsbestand reichte schon Mitte der 1980er Jahre aus, um die gesamte Bevölkerung vierzehnmal zu erschießen. Zum Teil erhalten bereits 14Jährige eine Waffenausbildung. Sie ziehen zu Kriegsspielen ins Gelände, in manchen Schulen in Uniform mit militärischen Dienstgradabzeichen, auch die Mädchen. Immer wieder kommt es zu Massentötungen Unschuldiger, insbesondere durch Jugendliche.
- Nach offiziellen Schätzungen waren beispielsweise im Jahre 2007 in den USA 2,3 bis 3,5 Millionen Menschen obdachlos. Unter den 73.000 Obdachlosen allein in der Bundeshauptstadt Washington befanden sich zu dieser Zeit etwa 25.000 (ein Drittel) Geisteskranke.[53]
- Kinder haben bis zu ihrem 18. Lebensjahr 18.000 Fernsehmorde gesehen. Rund 2 Millionen Amerikaner stehen ständig unter Waffen, davon 170.000 Frauen, insgesamt über ein Drittel in überseeischen Gebieten. Dies hängt mit der imperialen Geschichte der USA zusammen
- Die USA könnten mit ihrem weltweit größten Atomwaffenbestand den Planeten mehrfach vernichten.

---

[52] *Rolf Winter: Ami go home, 1989, S. 373*
[53] *Los Angeles Homeless Service Authority (Amt für Obdachlose), 2007*

Menschen, die ständig versuchen, sich mit Hilfe ausgesprochen krimineller oder sonstiger Methoden Vorteile zu verschaffen, sind mit großer Vorsicht zu behandeln. Gegen eine solche psychopathische Überlegenheitsmentalität kann man sich nur schützen, indem man an diesem Spielchen einfach nicht teilnimmt. Das heißt: Auf solche Leute sollte man als Busenfreunde verzichten und sich keinesfalls von ihnen abhängig machen oder sich vor ihren Karren spannen lassen.

Wie die USA es durch die Hintertür schafften, Ostdeutschland finanziell zu kapern und wie US-Aktionäre von der Wiedervereinigung profitieren

Wenn man der amerikanischen Politik *aufgrund ihrer historischen imperialen – finanziell motivierten – Entwicklung* grundsätzlich skeptisch gegenübersteht, kommt man nicht umhin, auch ihre Rolle im Zusammenhang mit der deutschen Wiedervereinigung näher zu beleuchten. *Welchen Anteil hatten die USA am Fall der Mauer?* (siehe später) Das *Ergebnis* steht jedenfalls fest:

Im Zuge der *„Wende"* 1989/90 okkupierten westliche Handelsketten, Großbanken, Versicherungskonzerne, Bau- und Industrieunternehmen etc. handstreichartig in Nacht- und Nebelaktionen, unterstützt durch die Treuhandanstalt, oft mit zweifelhaften und kriminellen Methoden, in einem „Goldrausch der Investoren", die bisherigen Volkseigenen Betriebe. Sie übernahmen die wirtschaftliche Macht. Die am Ende der DDR zur

Genüge vorhandenen durchaus noch brauchbaren und ausbaufähigen Wirtschaftsgüter (was durch die die Entwicklung in den Folgejahren bewiesen war!) wurden durch die Treuhandanstalt in einer Weise, die jeder Beschreibung spottet, an westdeutsche und ausländische Käufer und Investoren *"verramscht, verscherbelt, versteigert"*.[54] Dies geschah, nachdem gezielt alles getan worden war, um die DDR-Wirtschaft zum Null-Tarif übernehmen zu können und um etwaige Ost-Konkurrenten auszuschalten.

In einem atemberaubenden Tempo entstand in den *„neuen Bundesländern"* ein dichtes westliches Filialnetz. Sogar in der konservativen Frankfurter Allgemeinen Zeitung erschien hierzu eine nachdenkliche Betrachtung:

„Der Versuch, Teile der DDR-Wirtschaft allmählich an die neuen Verhältnisse heranzuführen und sie dadurch zu einem großen Teil zu erhalten, wurde nie ernsthaft unternommen. Die Treuhand war auf Geschwindigkeit aus und auf wenig sonst ... Der größte Teil der Industriearbeitsplätze ging ersatzlos verloren. Hierin liegt der Hauptgrund dafür, dass 10 Jahre nach der deutschen Vereinigung immer noch ein Drittel der Ausgaben durch Geldgeschenke aus dem Westen finanziert werden, statt aus dem Absatz der eigenen Fertigung." [55]

Die Gewinne fließen *westdeutschen bzw. ausländischen Unternehmen* (hauptsächlich den in Ostdeutschland führenden *US-Investoren*) *oder Firmen mit ausländischen Kapitalbeteiligungen* zu. Für westliche Banken, Bau- und Industrieunternehmen, Handelsketten, Versicherungen etc., die in Ostdeutschland investiert haben und in den Genuss von Subventionen

---

[54] *Michael Jürgs: Die Treuhändler. Wie Helden und Halunken die DDR verkauften, 1998*
[55] *Frankfurter Allgemeine Zeitung (FAZ), 29.9.2000*

und Steuererleichterungen gekommen sind, bedeutet der neue Absatz-markt unvorstellbare nicht abzuschätzende Milliardengewinne.

Wie US-Aktionäre von der Wiedervereinigung profitieren

Allein ein einziger *amerikanischer* Finanz-Konzern (BlackRock) hielt 2017 an *allen* 30 DAX-Unternehmen umfangreiche Beteiligungen und ist bei einem Drittel aller DAX-Unternehmen größter Einzel-aktionär.[56] *Seit Jahren stellen Amerikaner die stärkste Gruppe.*[57] *US-Firmen haben in Deutschland mehr direkt und indirekt investiert als in irgendeinem anderen Land der Welt.*

Was *Ostdeutschland* betrifft kommen die riesigen Gewinne, Subven-tionen und Steuererleichterungen meist gar nicht der *ostdeutschen Wirtschaft und Bevölkerung* zugute, sondern westlichen, insbeson-dere *US-Konzernzentralen als führende Investoren in Ostdeutsch-land* (2008) – siehe später. Welche Gelder bei diesem beschämenden Geld-Transfer noch *zusätzlich* infolge der umfangreichen ***US-Betei-ligungen oder des US-Besitzes westdeutscher Firmen***, *die in Ost-deutschland Gewinne erzielen*, in die Taschen *gerade amerikanischer* Aktionäre fließen, wird in der Bundesrepublik nirgendwo festgehalten.

Es liegt somit eine wirtschaftliche Fehlförderung Ostdeutschlands gigantischen Ausmaßes vor, die gar nicht bei den Ostdeutschen ankommt. Für sie bleiben nur die Krümel. Der ehemalige Hamburger Bürgermeister Henning Voscherau stellte hinsichtlich der westdeutschen Aktivitäten nach der „Wende" in Ostdeutschland dann auch lakonisch fest:

---

[56] *Der Tagesspiegel, 14.10.2017*
[57] *Die AG-Zeitschrift, 17.8.2015*

„In Wahrheit waren fünf Jahre Aufbau Ost das größte Bereicherungsprogramm für Westdeutsche, das es je gegeben hat." [58]

So wurde einer neuen Entvölkerung Ostdeutschlands, welche die **Flüchtlingsbewegung vor dem Mauerbau 1961 innerhalb kurzer Zeit weit in den Schatten stellen sollte**, voraussehbar und vorsätzlich Vorschub geleistet. Dieser Trend hält bis heute an. Im Jahre 2001 lebte jeder vierte Deutsche in Ost-Deutschland, im Jahre 2008 nur noch jeder fünfte. [59] **Allein zwischen 1991 und 2018 hat der Osten fast 2,1 Millionen Menschen an den Westen verloren.**

Schon das horrende *finanzielle Ungleichgewicht im Rentensystem* musste innerhalb kurzer Zeit eine gesamtdeutsche folgenschwere inflationäre Verschuldung bewirken. Aus diesem Grunde trat Bundesbankpräsident Karl-Otto Pöhl zurück. Von der bereits beschlossenen Einführung der Währungsunion am 1. Juli 1990 hatte er erst aus der Zeitung erfahren. Als Begründung für seinen Schritt führte er an:

„Ich war frustriert über die Art der Wiedervereinigung. Die Notenbank darf kein Instrument der Politik sein. ... Man hat die Regeln der Sozial- und Rentenversicherung einfach auf die DDR übertragen. Davon hängt unser heutiges Dilemma ab."

Pöhl warnte davor, *"die Wiedervereinigung mit der Notenpresse zu finanzieren"*. Er empfahl einen *„Umtauschkurs von 2:1"* und eine schrittweise Annäherung durch Einrichtung einer *„Sonderwirtschaftszone"*. Für Ostdeutschland sah er *"katastrophale Zustände"* nach der Währungsunion voraus und warnte vor den kommenden Lasten einer

---

[58] *Die Welt, 4.12.1996*
[59] *Institut der Deutschen Wirtschaft (IW), Köln, 2009*

unkontrollierten Vereinigung.[60] Er sollte Recht behalten! Nach Inkrafttreten des „Treuhandgesetzes" vom 17. Juni 1990 und des „Gesetzes
über die „Währungs- Wirtschafts- und Sozialunion" am 1. Juli 1990 waren
die Schleusen für den Einzug des westlichen (primär des US-)Kapitals
in Ostdeutschland vollends geöffnet. Urplötzlich brach, wie von den USA
inszeniert, der Ost-Handel zusammen, da er natürlich nicht auf DM-Basis
abgewickelt werden konnte. Mit Hilfe der Treuhandanstalt begann ein
gigantischer volkswirtschaftlicher Ausverkauf zugunsten verwertungs-
hungriger Westkonzerne.[61] Als Rechtfertigung für den westlichen Raubzug dienten zweifellos vorhandene verschlissene Industrieanlagen und
veraltete Technik, Umweltprobleme, der Hunger der Bevölkerung nach
Westwaren und der angebliche „Konkurs" der DDR-Wirtschaft schon vor
der „Wende" 1989 (siehe später).

**Erst zehn Jahre nach der Wiedervereinigung erreichte die gesamt-
wirtschaftliche Leistung der neuen Bundesländer wieder das Niveau
des letzten DDR-Jahres 1989!**[62] Infolge des so gut wie ausschließlich
westlichen, *zum größten Teil US-Kapitaleinsatzes*, weist die Wirtschaftsstruktur Ostdeutschlands Züge einer kolonialen Sklavenhalter-
und Filial-Ökonomie auf, die stark auf einzelne Wirtschaftsbereiche und
Regionen, auf „Inseln", beschränkt ist. Der Hauptteil der Gewinne fließt
westlichen Aktionären zu. Wesentliche Bereiche der Wirtschaft haben
den Charakter einer simplen Montagewerkstatt, einer *„verlängerten
Werkbank"*, westlicher Konzerne. Nur diese entscheiden letztlich über
das Schicksal ihrer Zweigstellen. Die US-Finanzkrise ab 2008 schlug
deshalb aufgrund des *massiven amerikanischen Kapitaleinsatzes*
hier, ebenso wie in Ost-Europa, zuerst durch (z. B. Opel/General Motors,
„Silicon Valley" in Sachsen).

---

[60] *Manager-Magazin: http://www.manager-magazin.de/koepfe/uniguide/
0,2828,329541,00.html vom 30.11.2004*
[61] *Hanna Behrend (Hrsg.): Die Abwicklung der DDR. Wende und
deutsche Einheit von innen gesehen, 1996, S. 128 f.*
[62] *Klaus Steinitz: Die Wirtschaft in den neuen Ländern nach der Wende
(1989/90 - 1998): Universität Bremen: http://www.barkhoff.uni-bremen.de*

Ostdeutschland ist auf dauerhafte intensive Hilfsmaßnahmen angewiesen. Von 1991 bis 1997 erhielt die Region im Rahmen des West-Ost-Transfers (Brutto-Transfers) die für den Bundeshaushalt im Verhältnis zur Bevölkerungszahl Ostdeutschlands unvorstellbare Summe von insgesamt rund *520 Milliarden DM* für soziale und Arbeitsmarktmaßnahmen *(West-Ost-Renten-Transfer)* und *zusätzlich 330 Milliarden DM* für die Wirtschaft und Infrastruktur. Seit Herstellung der deutschen Einheit im Jahre 1990 sind bis 2019 2,3 Billionen Euro nach Ostdeutschland geflossen. Der ostdeutsche Wohlstand ist also zu einem großen Teil ein geschenkter. Er ist erkennbar an den durchsanierten Städten und Gemeinden (mit ihren fast ausschließlich von westdeutschen Handelsketten durchzogenen Filialen). Der größte Teil der Ostdeutschen hat sich in das westliche System *eingefädelt* und ist in Deutschland *angekommen.* Es ist deshalb nicht verwunderlich, dass nach der subjektiven Wahrnehmung des größten Teils der Ostdeutschen (68,5%) es ihnen als *Wendegewinner* besser als vor 1989/90 geht, sie sich als sozial anerkannt fühlen und nicht rechtspopulistisch wählen.[63] Dem gegenüber stehen die *Wendeverlierer,* die ihre Arbeit verloren haben, mehrmals umschulen mussten und eine Familie ernähren müssen.

Hinzu kommt, dass der sogenannte *Solidaritätszuschlag* paradoxerweise sogar auch von den *Ost*deutschen *selbst* (in Höhe von 5,5% der Einkommen- und Körperschaftssteuer) zu leisten ist. Auch ein beträchtlicher Teil dieser hauptsächlich von den *„Kleinen Leuten"* gezahlten Sondersteuer fließt auf direktem oder indirektem Wege (in Form von Subventionen und des Konsums von Waren, die vor allem **mit Hilfe von US-Kapital hergestellt wurden) in die USA.** Gerade Lohnabhängige, Arbeitslose, große Familien, Alleinerziehende, alte und kranke Menschen sind durch die zahlreichen einschneidenden sozialen und finanziellen Verschlechterungen in den letzten Jahren, nunmehr in Gesamtdeutschland, besonders benachteiligt. Übel mitgespielt wurde infolge des

---

[63] *Deutsches Institut für Wirtschaftsforschung (SoEp), 2018; Allgemeine Bevölkerungsumfrage der Sozialwissenschaften (Allbus), 2018*

Wegfalls von Vergünstigungen vor allem *Berlin* – der jetzt in den *„neuen Bundesländern"* liegenden „Insel" – mit der im Osten wie im Westen *schlechtesten Sozialstruktur Deutschlands.*

Die Rückständigkeit Ostdeutschlands insgesamt hat in der Rückständigkeit Süditaliens, dem Mezzogiorno, eine historische Parallele:

1861 hatte sich der Süden Italiens an das Königreich Sardinien-Piemont *„angeschlossen".* Der Konflikt im wirtschaftlichen und sozialen Bereich zwischen dem reicheren industrialisierten Norden Italiens und dem landwirtschaftlich geprägten armen Süden des Landes *dauert bis heute an.* 1921 kam es dann zur Gründung der *Faschistischen Partei* Italiens durch Benito Mussolini.

Wenn nicht die Rückständigkeit Ostdeutschlands weitere 30 Jahre oder noch darüber hinaus ausgedehnt werden und es nicht zu einer Stärkung *faschistoider* Erscheinungen kommen soll, sind grundlegende Veränderungen vorzunehmen. **Ostdeutschland hat *nur eine* Perspektive:**

***Gesamt*-Deutschland muss seine wirtschaftlichen Strukturen *entscheidend* verändern!**

Die USA wurden nach der Wiedervereinigung der größte Direktinvestor in den neuen Bundesländern und Osteuropas

Wie es schon bisher bei der amerikanischen imperialen Entwicklung zu beobachten war (siehe vorne), fand die finanzielle Expansion regelmäßig mit Hilfe *"gekaufter"* einheimischer Nutznießer statt (siehe später), so auch in Mittel- und Osteuropa:

Investitionen der USA in Ungarn, dem „Mauer-Öffner", bis Ende 1994 [64]

Ungarn war ja bereits 1982 dem Internationalen Währungsfonds und der Weltbank beigetreten, die unter amerikanischer Regie agieren (siehe später). **Schon *vor* der Grenzöffnung gab es in Ungarn beträchtliche amerikanische Direktinvestitionen.**[65] Bis Ende 1994 wurden **US-Firmen** dann zur **Nummer eins** bei den ausländischen Investoren in Ungarn. Konzerne wie General Electric, General Motors und Ford nahmen Großinvestitionen vor. Bis Ende 1995 legten ausländische Investoren insgesamt 12,8 Milliarden Dollar in Ungarn an. Das sind 43% aller Investitionen in Ost-Mittel-Europa. Der Anteil des Fremdkapitals an der Industrie war im Jahre 2004 mit 65% einer der höchsten der Welt.[66] Mehr als die Hälfte der 200 größten Unternehmen werden durch ausländische Besitzer kontrolliert. Von den 50 größten Unternehmen der Welt sind 35 in Ungarn präsent. Den Schwerpunkt der Auslands-Investitionen bildet die Eroberung von Schlüsselpositionen des Marktes, das heißt Energie-Produktion und -Verteilung, Fernmelde- und Finanz-

---

[64] *Forschungsinstitut für Privatisierung, Budapest, in: Magyar Hírlap, 21.3.1996*
[65] *Jürgen Illing: Ungarn. Friedrich-Ebert-Stiftung: Electronic ed., 2000. (FES-Analyse)*
[66] *Raiffeisen Zentralbank (Hrsg.): CEE banking Sector Report, Wien, Oktober 2004, S. 9.*

wesen, Handel, Immobilien, die Konsumgüterproduktion. Mehr als die Hälfte der Investitionen stammt von multinationalen Konzernen.[67] Als Folge der US-Finanzkrise ab 2008 wurde Ungarn besonders hart durch die Finanzierungsprobleme der ausländischen, insbesondere US-Investoren, von denen es abhängig ist, getroffen.

Investitionen der USA in Polen *1989 bis Mitte 1996* [68]

In Polen betrugen die Investitionen ausländischer Unternehmen seit 1989 bis Mitte 1996 rund 14 Milliarden Dollar. **Die meisten Investitionen nahmen die USA vor.**[69] Im Zuge der US-Finanzkrise ab 2008 verlor der Sloty 30% seines Wertes infolge der Finanzierungsprobleme der Investoren.

Investitionen der USA in der Ukraine *und in* Lettland

Die beiden Staaten befanden sich nach dem Ausbruch der US-Finanzkrise ab 2008 infolge der **vor allem US-Investitionen** auf dem Weg in den Staatsbankrott.

Investitionen der USA in den neuen Bundesländern

Eine Studie der amerikanischen Botschaft in Deutschland kommt zu folgendem Ergebnis:

*„Dreihundert amerikanische Unternehmen haben in den **neuen Bundesländern** investiert. Das macht **die Vereinigten Staaten dort zum führenden Investor.** " (Ende 2008)* [70]

---

[67] *http://members.teleweb.at/i.bessenyei/joint.htm: Die Situation der Joint-Ventures in Ungarn (István Bessenyei)*
[68] *Staatsagentur für Ausländische Investitionen (PAIZ), nach Polityka, Nr. 40; 5.10.1996, S. 65*
[69] *Polityka, 6, 08.02.1997, S.61*
[70] *http://german.germany.usembassy.gov/da_beziehungen/benchmarks/ investitionen.html*

Die EU und Amerika in die Schranken weisen
und wirtschaftliche Fehlentwicklungen korrigieren!
– „Man hüte sich vor Alliancen!" (Friedrich der Große) –

Was man den „EU-Enthusiasten" entgegnen kann

Die Maxime Friedrich des Großen „Man hüte sich vor Alliancen!" (was in erster Linie wohl für militärische Bündnisse gedacht war), gilt heute noch ebenso gut für den europäischen wirtschaftlichen und finanziellen Bereich. Die schließlich erfolgreichen englischen Verfechter der Forderung, die Europäische Union zu verlassen („Brexit") haben schlichtweg britisch nüchtern die Konsequenzen aus ihrer Fehlentscheidung gezogen, diesem Club überhaupt beizutreten.

Hinsichtlich des Verhältnisses zu den *USA* und zur *Europäischen Union* muss ein *grundsätzliches Umdenken* stattfinden. Voraussetzung hier-für ist die Änderung unserer Wirtschafts- und Sozialstruktur:

Einer der wichtigsten Erfüllungsgehilfen der USA bei der „Globa-isierung" zu ihren Gunsten ist die *Europäische Union*. Wenn die schädlichen Folgen dieser *verhängnisvollen Symbiose* beseitigt und die *deutsche regionale Wirtschaft gestärkt werden soll*, müssen der EU die Flügel gestutzt werden. *Sie ist nur dort zu unterstützen, wo Deutschland nicht geschädigt wird!* Schon die Behauptung, die Europäische Union sei unter dem Motto „Nie wieder Krieg" und „Nie wieder eine (Nazi)-Diktatur" gegründet worden, ist natürlich zur Verfolgung finanzieller Ziele nur vorgeschoben: Dass Deutschland nach der vernichtenden Niederlage des Zweiten Weltkriegs in absehbarer Zeit wieder einen Angriffskrieg beginnen würde, war nicht nur zur Zeit der Gründung der Europäischen Union völlig abwegig. Ebenso diente die damalige Rechtfertigung, eine Wiedervereinigung Deutschlands sei sowieso nur innerhalb des „Europä-

ischen Hauses" möglich, nur dazu, die deutschlandpolitische *substantielle* Passivität zu verschleiern.

Auch *zum gegenwärtigen Zeitpunkt* wollen die USA in die deutsche Wirtschaftspolitik aktiv eingreifen. Dies tritt deutlich dadurch zu Tage, dass sie versuchen, **den Weiterbau der für die deutsche Gasversorgung wichtigen Gas-Pipeline Nordstream II durch die Ostsee, zu verhindern.** Vorgeschoben wird, dass durch den Bau der Leitung die von den USA wegen des Ukraine-Konflikts gegen Russland verhängten Wirtschaftssanktionen unterlaufen würden. Die US-Botschafter in Berlin, Paris und Brüssel übersandten an beteiligte Firmen erpresserische Briefe, in denen Sanktionen angedroht werden. Dieses Verhalten der USA hat allerdings zum Hintergrund, dass sie ihr eigenes durch das „Fracking-Verfahren" aufwendig erzeugtes teures Gas nach Europa exportieren wollen. Der russische Konkurrent, der Gas preiswerter anbietet, soll auf diese hinterhältige Art und Weise ausgeschaltet werden.

Das US-Handelsministerium hat in einem Prüfbericht vom Februar 2019 die **Auto-Importe aus Europa** als eine *„Bedrohung für die nationale Sicherheit der Vereinigten Staaten"* bezeichnet. Damit wurde die Grundlage für die Erhebung eines **25 prozentigen Strafzolls**, den Präsident Trump bereits angedroht hat, geschaffen. In diesem Fall wird ein Rückgang der deutschen Auto-Exporte in die USA um fast die Hälfte erwartet. Vor diesem Hintergrund präsentierte der CDU-Wirtschaftsminister Peter Altmaier im Februar 2019 eine *„Nationale Industriestrategie 2030"*. Mit deren Hilfe soll die staatliche Unterstützung der Kartelle der Großindustrie als *„Champions"*, um Deutschland in Europa wieder „groß zu machen" erreicht werden. Dies ist der falsche Weg, denn **die Gewinne fließen zu einem großen Teil in das Ausland, d. h. in die USA,** ab. Hierbei ist zu berücksichtigen, dass **Deutschland weltweit die höchste Konzentration von Unternehmen in amerikanischem Besitz**

aufweist.[71] Bestätigt wird nur die These, dass die Regierung, vor allem vertreten durch die CDU, sich dazu hergibt, durch den Einsatz von Steuermitteln einseitig das *(vor allem US-) Großkapital* zu unterstützen und das soziale Gemeinwohl einer *„sozialen Marktwirtschaft"* aus den Augen verloren hat.

Die Absicht, durch die Schaffung gemeinsamer *europäischer „Champions"* der deutschen Großindustrie (u. a. Thyssen, Krupp, die Autohersteller, Siemens, die Deutsche Bank werden genannt) eine Konkurrenzfähigkeit im Rahmen der Globalisierung zu erreichen und sie damit auch vor den amerikanischen und chinesischen Rivalen zu schützen!, mag zwar für manche überzeugend klingen (insbesondere für diejenigen, welche am meisten davon profitieren). Auch das europäische Wettbewerbsrecht würde derartige Pläne begünstigen, denn in 30 Jahren hat die EU mehr als 6.000 Zusammenschlüsse genehmigt und gerade einmal 27 blockiert. Die Begründung, Europa dürfe *„den Anschluss an die internationale Entwicklung nicht verlieren",* ist an den Haaren herbeigezogen: Denn allein die in Deutschland ansässigen Unternehmen lieferten im Jahre 2019 pro Kopf der Bevölkerung *viermal* soviel Güter und Dienstleistungen in alle Welt wie die *USA* und *zehnmal* soviel wie *China.* Der Blick auf den *„Platz an der Sonne",* den Deutschland im Kaiserreich erstrebte, und das Dritte Reich mit seinem Ziel, *„Lebensraum im Osten"* zu schaffen zeigt, dass derartige großräumige wirtschaftliche Konkurrenzträume bisher letztlich regelmäßig in kriegerischen Auseinandersetzungen endeten. Anscheinend ist außerdem 30 Jahre nach der deutschen Wiedervereinigung die DDR-Plan- und Kommandowirtschaft schon vergessen. Selbst die riesigen Unternehmenszusammenschlüsse der DDR-*„Kombinate"* funktionierten nicht.

Darüber hinaus würden die angestrebten künstlich zu Mega-Konzernen aufgeblasenen europäischen Großunternehmen den inländischen Wett-

---

[71] *Deutsch-Amerikanische Handelskammern.http://www.heise.de/ newsticker/ meldung/ Siemens-groesstes-deutsches-Unternehmen-in-USA-179978.html; 18.01.2008; impulse, 12/2007*

52

bewerb weitgehend ausschalten und erfahrungsgemäß dabei *selbst immer höhere Gewinne* zulasten der Arbeitnehmer und Steuerzahler anhäufen. So sind nach den Angaben des Internationalen Währungsfonds (IWF) im Jahre 2019 die *Unternehmensgewinne* in den Industriestaaten seit dem Jahre 2000 insgesamt nur um *acht Prozent* gewachsen, während die Gewinnsteigerung bei den *umsatzstärksten 10 Prozent der Großkonzerne bei astronomischen 30 Prozent!* lag. Dagegen *sinkt* der Anteil der *Arbeitseinkommen* an der *Volkswirtschaft insgesamt* seit längerer Zeit stetig.

Was man den „*EU-Enthusiasten*" entgegnen kann

1. Ein großer Teil der wesentlichen politischen Entscheidungen wird bereits in Brüssel gefällt. **Die nationale Souveränität auch in Kernbereichen ist verlorengegangen.** Die nach Artikel 38 des (noch geltenden) „*Grundgesetzes*" vorgesehene Mitwirkung der Bürger an der Regierung ihres Landes ist zur Farce geworden. Aber selbst das sogenannte *Europa-Parlament* besitzt im Endeffekt keine eigene Entscheidungskompetenz. Nach einem Urteil des Bundesverfassungsgerichts aus dem Jahre 2009 sind die Voraussetzungen für eine aus der „*Gesamtheit der Unionsbürger*" herleitbaren *demokratischen Legitimation der Unionsorgane bis auf Weiteres nicht gegeben.* Ausschlaggebend für das Bundesverfassungsgericht war dabei ein als strukturell anzusehendes *Demokratiedefizit des Europäischen Parlaments und der EU-Kommission*:

„Gemessen an verfassungsstaatlichen Erfordernissen fehlt es der Europäischen Union auch nach Inkrafttreten des Vertrags von Lissabon an einem durch gleiche Wahl aller Unionsbürger zustande gekommenen politischen Entscheidungsorgan mit der Fähigkeit zur einheitlichen Repräsentation des Volkswillens. Es fehlt, damit zusammenhängend, zudem ein System der Herrschaftsorganisation, in dem ein europäischer Mehrheitswille die

Regierungsbildung so trägt, dass er auf freie und gleiche Wahlentscheidungen zurückreicht und ein echter und für die Bürger transparenter Wettstreit zwischen Regierung und Opposition entstehen kann." [72]

Dieser Demokratiemangel ergibt sich daraus, dass nach dem EU-(Gründungs)Vertrag von 1992 allein der *„Nationale Rat" der Regierungschefs der Mitgliedsländer* das Vorschlagsrecht für das Amt des *„Präsidenten der EU-Kommission"* besitzt. Allein dieser Umstand demonstriert, wie zweifelhaft der demokratische Gehalt einer *„Europa-Wahl"* ist. Durch das Zusammenwirken des sogenannten *EU-Parlaments* mit der in **absolutistischem Herrschaftsstil regierenden EU-Kommission** wird der Grundsatz der Gewaltenteilung nicht einmal annähernd verwirklicht. Diese europäischen Einrichtungen, die den entsprechenden Institutionen der ehemaligen DDR ähneln, stellen mit ihren fast dem Sozialismus gleichenden Weisungen die Planwirtschaft der DDR mit dem *Politbüro,* dem *Zentralkomitee der SED* und die *Staatliche Plankommission* als oberste Wirtschaftslenker weit in den Schatten. Das SED-Politbüro befasste sich zwar auch mit Fragen der Produktion von Damen-Unterwäsche. Wenn aber die EU sogar über den Krümmungswinkel von Gurken, die Steuerung der Produktion von Glühlampen, Dosenpfand, Milchquoten, Flächenstilllegungen, Bio-Sprit, Diesel-Fahrverbote etc. zu entscheiden hat, ist der deutsche Bundestag bereits zu einer Provinzposse verkommen. Ebenso wie es die *„Wahlen"* in der DDR waren, sind die sogenannten *Europa-Wahlen* in Anbetracht der mangelhaften demokratischen Legitimation ein Hohn. [73]   Hinzu kommt, dass die **Europa-Bürokraten** sich selber Monster-Gehälter und

---

[72] *Bundesverfassungsgericht, Urteil v. 30.6.2009*
[73] *Michaela Böhme: Wege der Demokratie in der EU: Hat der Vertrag von Lissabon dazu beigetragen, das Demokratiedefizit in der EU zu beheben?, 2011*

54

fürstliche Pensionen bewilligen und die Parteien Berufungen ihrer Funktionäre in die EU-Institutionen als „Versorgungsposten" betrachten.[74]

2. Deutschland wird spöttisch als **„Zahlmeister"** der 27 Mitgliedsstaaten! der EU bezeichnet. Zum Beispiel im Jahre 2008 trug Deutschland 20% des EU-Budgets. Dagegen rangiert es, was die Sozialdaten – also den einzelnen Bürger tatsächlich – betrifft, auch heute noch auf einem der hintersten Plätze in Europa. Deutschland zahlte zum Beispiel als größter Zahler **im Jahre 2017 10,7 Milliarden Euro** *mehr* **ein, als es von der EU** *zurückbekam – wahrlich ein schlechtes Geschäft!*

3. Weiterhin macht sich Deutschland als Haupt-Finanzier der EU zum **Haupt-Komplizen** vor allem von US-Profiteuren, die mit Geldern der EU und mit deren Billigung zum **Hungertod von Millionen Menschen und zur Verarmung in der Dritten Welt** beitragen: So beschloss die EU beispielsweise Mitte 2009 eine Aufstockung ihrer Zahlung um 75 Milliarden Euro zur Bekämpfung der Folgen der Finanz-Krise an den Internationalen Währungsfonds (IWF). Dieser steht eindeutig unter US-Kontrolle. Zu erinnern ist dabei daran, dass der IWF als Erfüllungsgehilfe der US-Finanz-Industrie durch „Verbriefung" amerikanische Finanzspeku-lationen ausdrücklich gefördert hat. Dies verursachte im Frühjahr 2008 die „Lebensmittelkrise" in den Entwicklungsländern, welche in die „Finanzkrise" im Herbst desselben Jahres mündete. Die Profitgier vor allem multinationaler US-Konzerne des Agrarbereichs, die sich auf IWF-Mittel stützen, einschließlich der Hedgefonds-Spekulationen mit Grund-nahrungsmitteln, hatte zur Explosion der Preise für Lebensmittel ge-führt. Die Folge waren Millionen von Hungertoten und eine erschrecken-de weltweite Zunahme der Verarmung. Darüber hinaus wurde zum Bei-spiel in West-Afrika mit Hilfe von EU-Agrar-Subventionen, die europä-ische Exporteure erhielten, die Selbstversorgung mit Lebensmitteln einschneidend gestört. Dies erhöhte die Zahl der dauerhaft Unterer-nährten dramatisch. **Der**

---

[74] *Hans Herbert von Arnim: Das Europa-Komplott: Wie EU-Funktionäre unsere Demokratie verscherbeln, 2006*

Flüchtlingsstrom aus den afrikanischen Staaten, vor allem nach Deutschland ab Ende 2015, ist die Folge daraus!

4. Der (bis 2019) Präsident der **Europäischen Zentralbank** Mario Draghi sorgte dafür, dass infolge des Leitzinses von null Prozent die Banken von der EZB Gelder zum Nulltarif zur Kredit-Versorgung der *„Besserverdienenden"* erhalten, **die Sparer dagegen aber fast leer ausgehen. Das heißt, aufgrund der minimalen Schuldzinsen der Banken können Luxusgüter mit dem billigem Geld der kleinen Sparer angeschafft werden.** Dies verwundert nicht, denn Draghi war von 2002 bis 2005 Vizepräsident der Investmentbank Goldmann Sachs, welche die Welt-Finanzkrise ab 2008 als Folge einer derartigen aus reinster Raffgier einer abgehobenen Klasse geborenen *„Blasen-Politik"* mit verursachte.

5. Die Bundesregierung hat sich hinsichtlich der Einhaltung der soge-nannten **Klimaziele zum Sklaven der EU gemacht.** Da Deutschland die Klimaziele absehbar nicht einhalten wird, drohen in den nächsten Jahren milliardenschwere „Ausgleichszahlungen". Allein für den Haushalt 2020 sind dafür 100 Millionen Euro veranschlagt.

6. Die EU hat beschlossen, dass ab 2022 neu eingeführte **Automodelle** mit etwa **30 Kontroll- und Assistenzsystemen** ausgerüstet sein müssen, darunter auch eine Alkohol-Wegfahrsperre (also auch für Abstinenzler!). Experten rechnen für das Zubehör-Paket mit Kosten von 2.000 Euro. Für einkommensschwächere Bevölkerungsschichten wird es deshalb bedeutend schwieriger werden, sich einen Neuwagen anzu-schaffen.

7. Die Europäische Union wird gern als *„Wertegemeinschaft"* bezeich-net. Die EU nimmt es allerdings hin, dass zum Beispiel in dem Mitgliedsland **Ungarn unter der Herrschaft der von Victor Orban geführten rechtsradikalen Fidesz-Partei** die demokratischen Rechte und Freiheiten mit Füßen getreten werden. Der Grund für diese „Nachsicht" ist, dass die Fidesz-Partei der Fraktion der *Christdemokraten*

angehört und bei Abstimmungen des EU-Parlaments als Mehrheits-beschaffer benötigt wird.

8. Am 1. Januar 2019 hat **Rumänien die EU-Ratspräsidentschaft übernommen.** In Rumänien gehören Schmiergelder zum Alltag bei der Polizei, bei den Steuerbehörden, im Gesundheitswesen. Kritiker befürchten, dass diese eingewurzelte Mentalität sich negativ auf die EU-Politik auswirken könnte.

9. In **Osteuropa** findet durch **Abwanderung** überwiegend jüngerer Menschen vor allem **nach Deutschland** eine Bevölkerungsumschichtung größeren Umfangs statt. Dies wirkt sich häufig nachteilig auf die verbliebene Bevölkerung aus und führt zu einer Vergreisung. So hat zum Beispiel Rumänien im vergangenen Jahrzehnt 10 Prozent seiner Einwohner und ein Viertel seiner Ärzte verloren. Auf Deutschland mit seinen im Jahre 2019 83 Millionen Einwohnern bezogen, würde das einen Bevölkerungsverlust von 8,3 Millionen Menschen bedeuten. **55 Prozent der Rumänen empfinden die Abwanderung als ernsthaftes Problem.** Mehr als ein Drittel der Osteuropäer fordert ein Verbot bzw. die Kontrolle der Abwanderung.[75]

10. Die Zahl der sozialversicherungspflichtig beschäftigten *Osteuropäer* ist in Deutschland von 2015 bis 2017 um 295.000 auf ca. *1,2 Millionen* gestiegen. Von dem im Jahre 2018 in Deutschland gezahlten *Kindergeld* in Höhe von insgesamt 33,8 Milliarden Euro wurden für im Ausland lebende Kinder von Personen, die nach EU-Recht in Deutschland arbeiten, 6,9 Milliarden Euro (= 20%!) auf ausländische Konten überwiesen. Hierbei ist zu berücksichtigen, dass das monatliche Kindergeld zum Beispiel für *nur zwei in Rumänien verbliebene Kinder* von in Deutschland arbeitenden Rumänen dem *monatlichen rumänischen Durchschnittsverdienst* entspricht. Allein das deutsche Kindergeld *ersetzt* also schon in diesen Fällen einen *Vollzeitjob* im Heimatland. Hinzu kommt, dass man im Jahre 2018 festgestellt hat, dass in einem *Drittel*

---

[75] *Paneuropäisches Institut ECFR, März 2019*

der Fälle es diese Kinder im Ausland überhaupt nicht gab. Den deutschen Behörden waren schlichtweg gefälschte Geburtsurkunden vorgelegt worden.

11. Laut dem Präsidenten des *Europäischen Rechnungshofes* ist durch den Übergang der deutschen **Bankenaufsicht** auf die *Europäische Zentralbank „in der Praxis ein rechtsfreier Raum entstanden".*

12. Ein großer Teil der deutschen Kraftfahrzeug-Produktion findet in Zweigwerken in Osteuropa statt. Das heißt: Für eine „Just-in-Time-Produktion" werden kontinuierlich Kfz-Teile und Kfz von den Stammwerken in Deutschland mit Lastkraftwagen nach Osteuropa und zurück transportiert. Auf den meist dreispurigen deutschen **Autobahnen** herrschen deshalb **gerade nach Osteuropa chaotische Zustände**, da zwei Spuren häufig von Lkw's belegt sind. Bei den oft wochenlang andauernden Fahrten werden auf litauischen Lkw auch vietnamesische Fahrer eingesetzt, die zu einem Hungerlohn von monatlich 300 Dollar unterwegs sind. Hinzu kommt, dass in Deutschland ein Sonntagsfahrverbot für Lkw mit einem zulässigen Gesamtgewicht von über 7,5 Tonnen besteht. Daraus ergibt sich, dass wegen der Massen der Lkw und wegen der vorgeschriebenen Ruhezeiten die Lkw-Abstellplätze an den Autobahnen täglich schon ab 16 bis 17 Uhr nicht ausreichen. Deshalb müssen viele Lkw zwangsläufig ihre Fahrt fortsetzen, wodurch die Ruhezeiten nicht eingehalten werden können. Mit jedem gefahrenem Kilometer steigen aber Müdigkeit und Unfallgefahr. Die Autobahnstrecken nach Osteuropa zählen auch deshalb zu den *unfallträchtigsten in Deutschland*. Hierzu trägt bei, dass auf den Autobahnrastplätzen infolge des modernen „Nomadentums" eine Camping-Atmosphäre entstanden ist, wobei traditionell, insbesondere am Sonntag, aufgrund des Sonntagsfahrverbots dem Alkohol zugesprochen wird. Bei den anschließenden Fahrten am Montag müssen dann unweigerlich Restalkoholwerte vorhanden sein. Allein das Land Niedersachsen beabsichtigt, zusätzliche 1.800 Lkw-Abstellplätze an den Autobahnen zu schaffen. Weiterhin gibt es tausende osteuropäischer Transport-Unternehmen, die mit ihren Klein-Lkw unter 7,5 Tonnen zulässigem

Gesamtgewicht nicht den Vorschriften über Fahrtenschreiber, Ruhezeiten und dem Sonntagsfahrverbot unterliegen. Sie sind ununterbrochen
Wochen und Monate in Europa unterwegs und verdingen sich in einem
weitgehend rechtsfreien Raum zu Dumpingpreisen in der Logistik-
Branche.

Nationalismus – oder Patriotismus?

1. Die Pflicht zum staatlichen wirtschaftlichen und sozialen Selbstschutz
   im Hinblick auf das *deutsche* europäische Engagement ergibt sich
   schon aus dem *Amtseid*, den der Bundespräsident und der
   Bundeskanzler bzw. die Bundeskanzlerin abzulegen haben (Artikel
   56 des Grundgesetzes). Er verlangt, *„Schaden vom deutschen Volke
   abzuwenden"*. Daher muss die Funktion der **Europäischen Union
   als sozialismusähnliche *„Plankommission"*** unterlaufen werden.
   Zug um Zug sind die außenwirtschaftlichen Handelsbeziehungen
   Deutschlands, das heißt der Export und die Entwicklungshilfe
   grundlegend neu zu gestalten (siehe später).

2. Es ist nicht mehr hinzunehmen, dass Deutschland gegenüber
   Drittländern weiterhin durch asiatische Billig-Importe *im Endeffekt*
   geschädigt wird. Um dies in den Griff zu bekommen, dürfen

   - ein finanzkrisenanfälliger monokulturartiger *Export* sowie
   - eine überwiegende *Dienstleistungsgesellschaft*, welcher nicht
     ausreichend reale Wirtschaftsgüter durch die Schaffung von
     Sachwerten für den Inlandsbedarf gegenüberstehen, nicht wei-
     terhin den *ökonomischen Schwerpunkt* Deutschlands bilden.

3. Dieses *volkswirtschaftliche Ungleichgewicht* wirkt sich letztlich für große Teile der Gesellschaft äußerst schädlich aus. Es ist daher eine möglichst weitgehende *„Regionalisierung"* von Wirtschaftszweigen jeder Art anzustreben, um die ökonomische und finanzielle Selbständigkeit Deutschlands und die Binnenwirtschaftsstruktur zu stärken (siehe später).

4. Da klar erkennbar keine vernünftigen Lösungen „von oben" zu erwarten sind, ist die fatale Entwicklung nur durch eine Initiative „von unten", die von der deutschen Gesellschaft selbst ausgehen muss, zu stoppen (siehe später). **Der Wert der Arbeit in Deutschland ist wiederherzustellen.** Leistung muss sich wieder lohnen. Hierzu sind aber erst einmal die volkswirtschaftlichen Voraussetzungen zu ändern! Unternehmer müssen wieder Arbeitsplätze schaffen können, ohne Armutslöhne zahlen zu müssen. Das heißt, trotz einer angemessenen Entlohnung muss ein Absatz einheimischer Produkte in Deutschland zu bezahlbaren Preisen möglich sein!

5. Schönredereien hinsichtlich gefallener Arbeitslosenzahlen und einer *„schwarzen Null"* bei neuen Staatsschulden sind zu entlarven: Hinzuweisen ist auf die Art der neu entstandenen prekären Arbeitsverhältnisse. Die Steuereinnahmen sind hauptsächlich aufgrund einer Konsumerhöhung infolge der *minimalen Sparzinsen* in einer *Luftblasenwirtschaft* gestiegen. Es sind die strukturellen wirtschaftlichen Voraussetzungen zu schaffen, unter denen sozial schwache Deutsche nicht mehr in einem *neoliberalen „Nachtwächter-Staat"* auf asiatische Billigwaren aus Ramsch- und Billig-Ladenketten angewiesen sind. Diese Produkte werden häufig mit Kinderarbeit oder zum Beispiel in geheimen chinesischen „Umerziehungs- und Arbeitslagern" (Laogai-Lagern) von Politischen Gefangenen hergestellt. In diesen „Gulags" sind u. a. als „aufsässig" geltende Bürger als industrielle Arbeitssklaven inhaftiert. Um im Dienste des westlichen Konsums ausgebeutet zu werden, genügt es, dagegen zu protestieren, dass kontaminiertes Wasser in Flüsse und Trink-

wasser-Reservoire geleitet wird.[76] Wenn diese Praktiken noch durch die Zahlung deutscher Entwicklungshilfe an China honoriert werden (von 2003 bis 2009: mit rund 400 Millionen Euro!) ist das nicht hinnehmbar. Deutschland darf ein derartiges kriminelles Verhalten durch seine Handelspolitik nicht unterstützen! China ist im Jahre 2010 zum Importland Nummer eins der Deutschen aufgestiegen.

6. Die deutsche Gesellschaft hat sich zu entscheiden, ob sie weiterhin komplizenhaft andere Völker in schmarotzerischer und verbrecherischer Form ausbeuten will – oder sich zur Wiederherstellung eines gesunden wirtschaftlichen und sozialen Gefüges auf den Wert der eigenen, ausreichend bezahlten, Arbeit zurückbesinnt.[77] Ein solches Bestreben wird von unbelehrbaren Pro-Europäern als *„Renationalisierung"* bezeichnet. Auch die von bedingungslosen *Hurra-Europa-An-hängern* als Allheilmittel zur Bekämpfung der amerikanischen *„America-first-Ideologie"* geforderte *„Stärkung Europas"* würde ja nur darauf hinauslaufen, noch mehr lebenswichtige deutsche Rechte unterwürfig, blindgläubig und unwissend an (nicht einmal ausreichend demokratisch legitimierte) übergeordnete EU-Instanzen abzutreten.

7. Unter Hinweis auf eine angeblich schicksalhafte und vorteilhafte *„Globalisierung"* bauen unmündige Befehlsempfänger der USA mit den Schimpfworten *„Protektionismus"* und *„Nationalismus"* Pappkameraden auf. Eine praktisch kaum vorhandene *„Werte-gemeinschaft"* mit den USA aus der Zeit des *„Kalten Krieges"* wird von notorischen und gläubigen *„Atlantikern"* gepredigt. Welche *„gemeinsamen Werte"* bleiben da übrig?

---

[76] *Nicole Kempton, Nan Richardson (Hrsg.): Laogai. The machinery of Repression in China, 2009*
[77] *Heiner Flassbeck: Gescheitert: Warum die Politik vor der Wirtschaft kapituliert, 2009*

Die NATO-Osterweiterung als Geldmaschine des Militärisch-Industriellen-Komplexes – die Rolle Deutschlands

Vor welchem finanziellen Hintergrund erfolgte die Nato-Osterweiterung nach der Wiedervereinigung Deutschlands 1989/90?

Bereits 1992 hatten Paul Wolfowitz und sein Assistent Lewis Libby als führende Mitglieder der amerikanischen Denkfabrik *PNAC (Projekt for a New American Century)* einen *„Verteidigungsolitschen Planungs-Leitfaden"* verfasst. Darin erläuterten sie, wie die *durch den Zusammenbruch des Kommunismus in Verlust geratene Strategie* des (für viele äußerst lukrativen) Kalten Krieges durch ein neues System zu ersetzen sei: Mit Hilfe spezieller *„Mechanismen"* solle gegenüber *„Russland, Europa und China"* durch eine stabile Vormachtstellung der USA *„vor allem in Eurasien"* eine *„Führungsrolle in der Welt"* erreicht werden. Eine weitere PNAC-Studie aus dem Jahre 1998 ging vom Bestehen eines angeblichen völkerrechtlichen Anspruchs auf eine *„globale Führerschaft"* der USA aus. Hieraus wurde ungeniert die absurde und dreiste Begründung abgeleitet, hinsichtlich der *„Welt-Ölvorräte„* seien *„die nötigen Schritte, einschließlich militärischer, zu unternehmen"*, um die eigenen *„vitalen Interessen am Golf zu sichern".*[78] Nicht zu vergessen ist, dass 1963 der Irak seine Öl-Industrie nationalisiert und das internationale Öl-Kartell, an dem amerikanische Öl-Unternehmen maßgeblich beteiligt waren, aus dem Land gejagt hatte.

Zehn der achtzehn Unterzeichner der am 26. Januar 1998 dem damaligen US-Präsidenten Bill Clinton übergebenen PNAC-Studie gehörten dann zur Führungsmannschaft von Präsidenten **George W. Bush**. Ein großer Teil dieser PNAC-Mitarbeiter pflegte engste Verbindungen zur Rüstungsindustrie.[79] George W. Bush selbst und etliche Mitglieder seiner

---

[78] *Der Spiegel: 04.03.2003*
[79] *Stern, 18.3.2003; Michael Moore: Stupid white men, 2004, S. 42ff., mit den dort angegebenen Quellen*

Regierung waren unmittelbar dem Kreis der wirtschaftlich Einfluss-reichen in der Öl- und Rüstungs-Industrie zuzurechnen. Selten ist in einem zivilisierten Land die offensichtliche Koppelung finanzieller persön-licher Interessen von Regierenden an die militärische Durchsetzung angeblich staatlicher Interessen in einem fremden Land – d. h. ab 2003 im Irak-Krieg – öffentlich sichtbarer geworden. **Der Krieg führte letztlich zur Entstehung des „Islamischen Staates" (IS) – was die Flucht über einer halber Million syrischer Flüchtlinge nach Deutschland zur Folge hatte.**

Als George W. Bush im Jahre 2000 sein Amt antrat, übernahm er eine Staatsverschuldung von 5,7 Billionen Dollar. Dies entsprach *58%* des jährlichen Bruttoinlandsprodukts. Am Ende seiner Amtszeit im Januar 2009 waren es 10,6 Billionen Dollar oder *70%* des Bruttoinlandsprodukts (2011 waren es bereits *100%!* = *15 Billionen Dollar*). Ein Drittel des laufenden Etats wurde auf Pump finanziert. Bush begann zwei Kriege und senkte gleichzeitig die Steuern für die Reichen. Die Schuldenuhr in New York musste umgebaut werden, um einen zweistelligen Billionen-betrag anzeigen zu können. Der Chef des US-Rechnungshofes, David M. Walker, verweigerte bereits 2007 wegen der von den staatlichen Stellen gelieferten *„intransparenten"* Daten dem Haushalt das Testat der Entlastung. Zudem warnte er vor dem Bankrott der USA und verglich die Situation des Landes mit dem Niedergang des Römischen Reiches.[80]

Aber auch **Barack Obama** war das *„trojanische Pferd"* der Wall-Street und der Rüstungsindustrie. Er setzte auf militärischem Gebiet sofort die Stützpunkt-Strategie seines Vorgängers entsprechend der *„Bush-Doktrin"* fort. So wurde schon im November 2011 in Darwin, Australien, eine US-Militär-Basis eröffnet. Bei dem seit 1788 englisch-puritanisch besiedelten Kontinent handelt es sich um den treuesten amerikanischen Vasallen im

---

[80] *http://www.cnn.com/2007/US/03/28/federal.debt/index.html;*
Chalmers Johnson: Ein Imperium verfällt. Ist die Weltmacht USA am Ende?, 2001

pazifischen Raum. Außenministerin Hillary Clinton, die 2016 gegen Trump antrat, hatte im Magazin „Foreign Policy" erläutert, dass die USA nunmehr ein „Transpazifisches Bündnis" schaffen müssten. Dies hätten sie ja schon nach dem Zweiten Weltkrieg in Europa mit dem „Transatlantischen Bündnis" getan: Die „Öffnung neuer Märkte für amerikanische Unternehmen" sei der „Schlüssel zu Wohlstand und Sicherheit".[81]

Noch als Präsidentschaftskandidat erneuerte Obama bei einem Berlin-Besuch am 24. Juli 2008 den von den USA stets geltend gemachten Welt-Führungsanspruch. In seiner Rede vor der Siegessäule auf der früheren „Ost-West-Achse" der geplanten Nazi-Welt-Hauptstadt Germania, verkündete er, Amerika sei die „Hoffnung der Welt für Frieden und Gerechtigkeit". Kurz nachdem er dann im Amt war, billigte der Senat im Mai 2009 eine Truppen-Aufstockung in Afghanistan um mehr als das Doppelte. Der Verteidigungshaushalt 2009/10 erreichte mit 620 Milliarden Dollar die doppelte Höhe des Jahres 2000. Die USA geben für ihre Truppen soviel aus wie die in der Statistik folgenden 25 Nationen zusammengenommen.

Barack Obama erfüllte als Marionette des „Militärisch-Industriellen-Komplexes" sämtliche Erwartungen, die in ihn gesetzt wurden. Die entsprechenden Investitionen der Finanz- und Rüstungs-Industrie in seinen Wahlkampf amortisierten sich tausendfach. Teile der kritischen amerikanischen Öffentlichkeit hielten Obamas Schlagwort „Change" für einen üblen Trick und ihn selbst für das „Trojanische Pferd der Rechten". Ein Erretter aus den unübersehbar gewordenen wirtschaftlichen Schwierigkeiten der sich bereits anbahnenden Welt-Finanzkrise wurde aus dem Hut gezaubert und nach der üblichen US-Korrumpierungspraxis „gesponsert"[82]: Barack Obama war ein unbekannter, und um das Täuschungsmanöver komplett zu machen, farbiger Senator. Bei dieser „Wende" der Politik wurden diejenigen Kreise aktiv, welche schon immer mit

---

[81] Der Tagesspiegel, 18.11.2011
[82] Webster G. Tarpley: Barack Obama: Wie ein US-Präsident gemacht wird, 2008

64

Wahlkampfspenden amerikanische Politiker geschmiert hatten und die von der prinzipiellen Weiterführung der aggressiven Politik am meisten profitieren. Bei der Wiederwahl von George W. Bush im Jahre 2004 wurden 90% der Sammelstellen für die Wahlkampfspenden von der *Finanzbranche* organisiert und finanziert. Bei seinem Vater, George Bush, war es nicht anders. Daran änderte sich auch im Wahlkampf Obamas im Jahre 2008 wenig. Er ging gleichfalls als *Kandidat der Wallstreet* (insbesondere des militärisch-industriellen Komplexes) ins Rennen. Immerhin waren

„ *... zwei seiner eifrigsten Geldsammler ... Eric Mindich, Chef des Hedgefonds Eton Park, und James Rubin, der Sohn des Ex-Goldmann-Ministers [Robin Rubin] und Manager eines Private-Equity Funds. Größter Beitragszahler des Obama Victory Funds war erneut Goldmann Sachs. Insgesamt steuerte die Finanz-branche die Riesensumme von gut 20 Millionen Dollar zu Obamas Wahlkampf bei.*" [83]

In dubiose US-Hedgefonds- und Private-Equity Funds-Geschäfte ließen sich im Zusammenhang mit der Welt-Finanzkrise ab 2008 auch *deutsche* Firmen und Kommunen ein (siehe später).

---

[83] *Der Tagesspiegel, 7.11.2008*

Der Euro als „Nützlicher Idiot" der US-Finanz-Industrie: „Der Dollar ist zwar unsere Währung, aber euer Problem." (US-Präsident Richard Nixon)

In dem Bestreben der USA, die Welt-Finanz-Herrschaft zu erringen, nahm *Europa* den wichtigsten Platz ein. Für ihr Vorhaben benötigten sie jedoch mehrere Zwischenschritte:

Bereits im Jahre 1944 hatte die Absicht, die „Führerschaft" zu erreichen, mit der Konferenz von Bretton Woods (siehe später) konkrete Formen angenommen. Allerdings konnten die USA ihr erklärtes Ziel, die Gründung einer „Welthandelsorganisation" (World Trade Organisation – WTO) damals noch nicht in vollem Umfang verwirklichen. Dies hätte es ihr schon zum damaligen Zeitpunkt ermöglicht, im Rahmen des sogenannten *Freihandels* mit Hilfe des Dollar-Wechselkurses sofort weltweit krakenhaft in die Wirtschaftssysteme anderer Länder einzudringen. Aber vorerst gelang es wenigstens, den *Internationalen Währungsfonds (IWF)* sowie eine Vorform der heutigen *Weltbank* zu etablieren, die durch die USA gelenkt werden.

Unter US-Regie zur Durchsetzung amerikanischer Interessen konnte nun mit der US-„Globalisierung" in Europa begonnen werden:

Am 30. Oktober 1947 kamen amerikanischen Finanzkreise, die eine Unterwanderung des Welthandels anstrebten, mit der Gründung des „Allgemeinen Zoll- und Handelsabkommens" (General Agreement on Tariffs and Trade – GATT) ihrem Ziel wiederum ein Stück näher. In dem Abkommen, in das sie 123 Länder durch mehr oder minder Druck einzubinden vermochten, wurde festgelegt, dass Zölle und andere den Welthandel angeblich behindernden Vorschriften Schritt für Schritt abzubauen seien. Hierzu wurde die „Meistbegünstigungs-Klausel" eingeführt. Das bedeutet, dass allen Handelspartnern eines Mitgliedslandes der GATT die gleichen Zollvergünstigungen zu gewähren seien. Ebenso wurden Mengenbeschränkungen (Kontingente) bei der Ein- und Ausfuhr von Waren aufgehoben.

Nun musste der nächste Schritt auf dem Weg zur *„Globalisierung"*, das heißt der Durchsetzung des ungehinderten Einflusses des Dollars im äußerst wichtigen „Alten Europa" folgen. Am 25. März 1957 kam es zur Unterzeichnung der *„Römischen Verträge"* durch die Mitgliedsländer der *Europäischen Gemeinschaft für Kohle und Stahl (EGKS/Montanunion)*. Das war die Geburtsstunde der *Europäischen Wirtschaftsgemeinschaft (EWG)*. Nach dem gleichen Schema wie beim *Allgemeinen Zoll- und Handelsabkommen – GATT –* baute man allmählich die Handelsschranken mit dem Ziele der Errichtung einer europäischen Freihandelszone ab. Jetzt hatte man sich nur noch mit *einem einzigen* Kontrahenten auseinanderzusetzen, und nicht mit mehreren Staaten.

Nach der – durch die USA *„getürkten"* **deutschen Wiedervereinigung – konnte mit Hilfe der 1992 gegründeten** *„Europäischen Union"* **– EU – das europäische Wirtschaftssystem weiter vereinheit-licht werden. So konnte in Anbetracht des vor allem in Deutschland reichlich einfließenden amerikanischen Kapitals die hiesige Wirtschaft** *konzernübergreifend umgestaltet* **werden. Die deutsche Wirtschaft war nunmehr mit der US-dominierten** *„globalisierten"* **Wirtschaft** *kompatibel* **zu machen. Aber erst als durch den** *„Maastricht-Vertrag"* **der** *Euro* **als europäische Währung ab 1999, zunächst für die Zentral- und Geschäftsbanken, eingeführt wurde, konnten die Sektkorken bei den US-Banken knallen.** *Nunmehr waren auch den währungspolitschen Einflussmöglichkeiten des Dollars europaweit buchstäblich keine Grenzen mehr gesetzt:*

Das heißt, der Wechselkurs zwischen Dollar und Euro konnte durch die *US-Notenbank (Fed),* die sich de facto im Besitz führender amerikanischer Wirtschaftskreise befindet, je nach Bedarf allein der amerikanischen Binnenwirtschaft beliebig verändert werden. Bereits 1913 war durch die sechs größten US-Bankgesellschaften die amerikanische

Zentralbank, auch als Notenbank bezeichnet, das „Federal Reserve System" (Fed), praktisch als ein staatlich sanktioniertes Instrument privater Kapitalinteressen, gegründet worden. Die vereinheitlichte europäische Währung erleichtert bis heute die Währungsmanipulation, also die Lenkung des Im- und Exports im Interesse der amerikanischen Wirtschaft, erheblich: Setzt die US-Notenbank den Leitzins herab, zu dem sich die amerikanischen Banken bei ihr Geld leihen können, und erhöht die Menge des umlaufenden Geldes durch „Anwerfen der Notenpresse", verliert der Dollar an Wert. Sein Wechselkurs im Verhältnis zum Euro verschlechtert sich. Das heißt amerikanische Käufer, zum Beispiel deutscher Autos, müssen nun mehr für ihre eingeführten Fahrzeuge ausgeben. Auf diese Weise wird der Import von Kraftfahrzeugen zum Schutz der amerikanischen Automobil-Industrie gedrosselt. Treibt die Notenbank dagegen den Dollarkurs im Verhältnis zum Euro durch Erhöhung des Leitzinses nach oben, verteuern sich die amerikanischen exportierten Waren ebenfalls zum Schutz bestimmter US-Wirtschaftsbereiche. **Den USA steht somit mit ihrer privatwirtschaftlich geführten Notenbank ein Instrument zur Verfügung, mit dem sich ihre Wirtschaft mit der „Luft- und Leitwährung" des Dollars ausgezeichnet privilegieren lässt. Das heißt: Der Euro hängt am Gängelband des chronisch und drastisch überbewerteten Dollars.**

Wegen der starken Unterwanderung Deutschlands durch amerikanisches Kapital werden in einem hohen Maße kontinuierlich Gewinne infolge US-Unternehmens-Beteiligungen und Firmenübernahmen aus Deutschland abgezogen. Diese Gewinn-Abflüsse werden nirgends statistisch erfasst. Alle diese Erscheinungen haben mit gesunden ausgewogenen deutsch-amerikanischen Handelsbeziehungen nichts zu tun. Es liegt dagegen eine starke Überflutung der deutschen Wirtschaft mit schwachem US-Kapital, das heißt eine Währungsmanipulation großen Ausmaßes vor Der Euro ist deshalb in Zeiten einer Finanzkrise – gerade in Deutschland – eben kein! „Glücksfall".

Die krakenhafte „Umarmungs-Methode" der US-Finanz-Industrie erläuterte US-Präsident Richard Nixon schon 1971 seinen europäischen Amtskollegen anschaulich:

„Der Dollar ist zwar unsere Währung, aber euer Problem."

Ein amerikanischer Währungsexperte charakterisierte die amerikanische Finanz-Ethik noch perfider:

„Die Ausländer liefern uns ihre Waren, und dafür kriegen sie von uns Papier mit den Bildern unserer toten Präsidenten." [84]

Immerhin gilt auch für die *„Europäische Union"* die geschichtliche Erfahrung, dass bisher alle Staatengebilde – die nicht eine gemeinsam entwickelte Kultur und Sprache besaßen, also kein über lange Zeit hinweg historisch gewachsener Staat waren, *früher oder später untergegangen beziehungsweise in die Bedeutungslosigkeit versunken sind.* Um nur einige zu nennen: das griechische, römische, spanische, portugiesische Weltreich, das englische Commonwealth, Österreich-Ungarn oder Jugoslawien. [85]

Den im Zusammenhang mit der Finanzkrise ab 2008 angeprangerten *„zerstörerischen Protektionismus"* betreiben die USA als dominante Wirtschaftsmacht allein schon mit Hilfe ihrer Währungsmanipulation. Auch Donald Trump mit seiner *„America-first-Politik"* ist ein vehementer Anhänger einer *„protektionistischen"* Politik im Dienste Amerikas. Seine Behauptung, der Euro schädige wegen seiner Überbewertung die USA, ist also reinste Propaganda. Erst als im Herbst 2008 die US-Finanz-Blase wegen der mangelnden amerikanischen Wirtschaftskraft, auch infolge der extremen Verschuldung der USA, platzte, trat die Funktion

---

[84] *Harald Schumann, Christiane Grefe: Der globale Countdown. Gerechtigkeit oder Selbstzerstörung - Die Zukunft der Globalisierung, 2008.*
[85] *Benjamin R. Barber: Imperium der Angst: Die USA und die Neuordnung der Welt, 2007*

des Euros als „*Nützlichem Idioten*" des Dollars offen zu Tage. Ein weltwirtschaftlich offensichtlich zu hoch bewerteter (schwacher) Dollar schädigt die deutsche Wirtschaft erheblich – und zwar permanent – gesteigert aber gerade in Zeiten einer Finanzkrise.

Welt-Finanzkrise ab 2008:
„*Nur noch die Maximierung der [vor allem US-]Rendite*"
(Bundespräsident Horst Köhler) – Deutschlands Beitrag

Horst Köhler, Bundespräsident bis 2010, ehemals einer der zehn Geschäftsführenden Direktoren des von den USA gesteuerten *Internationalen Währungsfonds (IWF)* äußerte sich zu der im Jahre 2008 von den USA ausgegangenen Finanzkrise wie folgt:

> „*Besonders in der* angelsächsisch *geprägten Finanzbranche glaubte man im Prinzip, aus nichts Gold machen zu können und das dauerhaft. Das Investmentbanking und sogenannte Finanzinnovationen entkoppelten sich zusehends von der Realwirtschaft. Es ging nur noch um die Maximierung der Rendite.*

*Man hat sich von der ethischen Grundlage des Wirtschaftens
verabschiedet ...*"[86]

Bis heute hat sich jedenfalls dieser Zustand nicht geändert. Natürlich
wird auch der Milliardär Donald Trump daran nicht rütteln. Der
Generaldirektor der Bank für Internationalen Zahlungsausgleich (BIZ) in
Basel, Jaime Caruna, erklärte schon im Herbst 2010:

> *„Was wir Ende 2008 erlebt haben, könnte sich durch einen
> Schock beliebiger Größenordnung wiederholen."*[87]

In der Tat dienen insbesondere die *anglo-amerikanischen* Investment-
Banken *weiterhin* als Antriebsmaschinen eines Finanzsystems, das als
Instrument benutzt wird, um sich in psychopathischer Form zu berei-
chern.

**Buchstäblich *auf* „Kosten" anderer wollte man – und will es noch
immer – um „jeden Preis" zielgerichtet und systematisch die
finanzielle „Welt-Führerschaft" erringen – und nicht nur die ordi-
näre weit verbreitete Geldgier befriedigen. Dies geschieht gestützt
auf eine totalitäre Führerschafts-Ideologie. Prinzipiell nicht anders
geartet waren die Weltherrschafts-Pläne der Nazi-„*Herrenmenschen*" und der kommunistischen „*Avantgarde*", die für sich die
„*Gesetzmäßigkeit der Geschichte*" in Anspruch nahm. Allen drei
Ideologien ist gemeinsam, dass sie für sich das sozialdarwinistische „*Recht des Stärkeren*" des „*Über-den-Tisch-Ziehens*" zum
„*Führer-Prinzip*" erhoben bzw. erheben und auch durchsetzten bzw.
immer noch durchsetzen wollen. Ebenso wie der DDR-Sozialismus
nicht reformierbar war, verhält es sich mit einem faschistoiden
Wirtschaftssystem, das die Profit-Maximierung buchstäblich zum
Evangelium erhoben hat.**

---

[86] *Der Spiegel, 42/2009, S. 40*
[87] *Der Tagesspiegel, 5.9.2010*

Ausgesprochen verwerflich ist es, dass diese *„Verabschiedung von den ethischen Grundlagen des Wirtschaftens"* (Bundespräsident Horst Köhler) mit Hilfe des Dollar-Imperialismus die Ärmsten der Armen in den ärmsten Staaten der Welt am härtesten trifft. Denn die Welt-Finanzkrise ab 2008 ist nicht isoliert zu betrachten. Sie trat nicht plötzlich auf:

Bereits *vor* dem Zusammenbruch der größten US-Investment-Banken im *Herbst 2008* hatte sich im Frühjahr des Jahres infolge einer Explosion der Weltmarktpreise für Grundnahrungsmittel eine *„Welt-Lebensmittelkrise"* entwickelt. Diese kam nicht von ungefähr. Spekulanten hatten zunehmend entdeckt, dass bei Preisschwankungen auf dem Welt-Agrar-Rohstoffmarkt durch spekulative Warentermin-Geschäfte riesige Gewinne zu erzielen sind. Deshalb hatten sie durch künstlich herbeigeführte *„Lieferengpässe"* die Preise nach oben getrieben. Im Mai 2008 richtete mehr als ein Dutzend ehemals führender Staatsmänner Europas einen offenen Brief an die Gremien der Europäischen Union. Unter den deutschen Verfassern befanden sich der frühere Bundeskanzler Helmut Schmidt sowie die ehemaligen Wirtschafts- und Finanzminister Otto Graf Lambsdorff (FDP) und Hans Eichel (SPD). In dem Aufruf wurde auf die Rolle der Investment-Banken, die Finanzspekulation mit Agrar-Rohstoffen und die dadurch hervorgerufene Armut eingegangen:

> *„Bezeichnenderweise sind Hedge-Fonds in das Aufblasen der Preise von Grundnahrungsmitteln verwickelt gewesen. Es sind die Einwohner der ärmsten Länder, die am meisten betroffen sein werden ... Die Finanzmärkte dürfen uns nicht regieren."* [88]

Jean Ziegler, UN-Sonderberichterstatter für das Recht auf Nahrung, bestätigt diese Analyse und macht Methoden des Investment-Bankings sowie die multinationalen Konzerne für den Hungertod von Millionen Menschen verantwortlich: Hedge-Fonds hätten mit Grundnahrungsmitteln spekuliert. Das sei einer der Gründe für die Explosion der Welt-

---

[88] *Handelsblatt, 21.5.2008*

marktpreise für Reis, Mais und Getreide. Im Jahre 2008 hätten die 500 größten multinationalen Konzerne 52% des Welt-Brutto-Sozialprodukts erzeugt. Deshalb würden sie durch ihre Preis- und Investitionspolitik imperiale Macht ausüben.

Vom März 2007 bis März 2008, also kurz vor der Welt-Finanzkrise, stiegen nach den Angaben der Welternährungsorganisation (FAO) die Preise für Getreide um 88%, für Milchprodukte um 48%, für Lebensmittel insgesamt um 57%! Innerhalb eines Jahres wurde Reis um 74%, Soja um 87%, Weizen um bis zu 170% teurer.[89] Im gleichen Zeitraum erhöhten sich die Gewinne der Konzerne, die diesen Welt-Agrarmarkt beherrschen, um beschämende 50%! Die Saatgut- und Mischfutter-Industrie sowie die Agro-Chemie liegen weltweit in den Händen weniger hauptsächlich *anglo-amerikanischer* Agrar-Multis wie ADM und Cargill. Da die Armen dieser Welt fast ihr gesamtes Einkommen ausgeben müssen – nur um zu überleben, sind rapide steigende Preise für Grundnahrungsmittel für viele Menschen lebensbedrohend. Laut Angaben der Weltbank sind infolge der Lebensmittelkrise zusätzlich zu den 2,2 Milliarden extrem armen Menschen 100 Millionen unter die Armutsgrenze gefallen.[90] Es kam zu Hungeraufständen in Westafrika, Haiti und Bangladesch.

Ab dem Herbst 2008 begann die folgenschwerste Finanzkrise seit den 1930er Jahren. Die Wall Street erlitt einen „Beinahe-Kollaps". Von den fünf großen US-Investment-Banken waren im September 2008 nur noch zwei übrig geblieben: Goldmann Sachs und J. P. Morgan. In die Finanzkrise waren größtenteils Hedge-Fonds und Private-Equity-Gesellschaften angelsächsischer Herkunft verwickelt. Hedge-Fonds benutzen die Börsen als „virtuelles Finanz-Casino" zur Profit-Maximierung, auch mit Hilfe von Warentermin-Geschäften. Ihren Sitz haben sie überwiegend an exotischen „*Offshore*"-Finanzplätzen (Steuer-Oasen). Private Equity-Gesellschaften kapern teilweise mit dubiosen Methoden Unternehmen.

---

[89] *UN-Welternährungs-Gipfeltreffen in Rom, Juni 2008*
[90] *Jean Ziegler: Das Imperium der Schande, 2005; Der Hass auf den Westen, 2009*

Die Finanzierung dafür bürden sie anschließend den Firmen auf. Den neuen Herren werden Sonder-Dividenden ausgeschüttet. Das Know-how der ausgesaugten Firmen verschwindet im Ausland. Private Equity-Gesellschaften sind unter der Bezeichnung „Heuschrecken" bekannt geworden. Der damalige SPD-Vorsitzende Franz Müntefering charakterisierte im September 2005 jene Finanzinvestoren,

> „die keine Gedanken verschwenden an die Menschen, deren Arbeitsplätze sie vernichten. Sie bleiben anonym, haben kein Gesicht, fallen wie Heuschreckenschwärme über Unternehmen her, grasen sie ab und ziehen weiter."[91]

Auf windige Börsengeschäfte und Finanz-Transaktionen mit US-Investoren ließen sich auch etwa 700 deutsche Kommunen ein. Hierdurch sollten Haushaltslücken geschlossen werden. So investierte man zum Beispiel in Briefkasten-Firmen auf den Cayman-Inseln. Unter anderem wurde wertvolle deutsche Infrastruktur wie Kanalnetze, Stadtbahnen oder Müllverwertungsanlagen in „Cross-Border-Leasing-Geschäften" an US-Investoren für 99 Jahre vermietet. Derartige Geschäfte mit ausländischen Investoren werden auf 50 Milliarden Euro geschätzt. Aber auch deutsche Großbanken und sogar Landesbanken wollten nicht abseits stehen. Mit staatlicher Billigung bündelten sie Kredite zu Paketen und legten sie mit der Absicht der Bilanzmanipulation in Steueroasen, zum Beispiel auf den Kanalinseln, an. Die dortigen Briefkasten-Firmen wickelten damit in einem unvorstellbaren Ausmaß US-Risiko-Geschäfte ab.[92]

---

[91] Alfred Mechtersheimer: Die Heuschrecken als Perversion des Finanz-Kapitalismus: Deutschland-Journal, Ausgabe 2006
[92] Leo Müller: Bankräuber. Wie kriminelle Manager und unfähige Politiker uns in den Ruin treiben, 2010

Donald Trump: Als Deutschstämmiger muss man noch amerikanischer als die Amerikaner sein.

Donald Trumps Vorfahren waren aus Kallstadt in der Pfalz (damals Teil des Königreichs Bayern) eingewandert. Ihre Nachfahren schufen die Grundlage für das Milliardenvermögen des heutigen Immobilienmoguls. Als Außenseiter der Republikaner wurde Trump, ohne jegliche politische Erfahrung zu besitzen, Ende 2016 zum US-Präsidenten gewählt.

Natürlich streut Trump nach gut psychopathischer Täuschungsmethode den US-Bürgern Sand in die Augen, wenn er behauptet: *„Ausländische Staaten wollen unsere Waren produzieren, unsere Firmen stehlen und unsere Jobs vernichten".* Dabei unterschlägt er, dass gerade die *USA,* vor allem in Deutschland, das gleiche tun. Denn **Deutschland weist weltweit die höchste Konzentration von Unternehmen in amerikanischem Besitz auf – die uns selbstverständlich finanziell auslaugen.** Trumps Slogan *„America first",* verbunden mit der Forderung, *„Amerika wieder groß zu machen"* trifft natürlich den emotionalen Kern des amerikanischen Nationalcharakters: Nach wie vor besteht der Welt-Führungsanspruch der USA – gegründet auf Macht und Geld. So stellte Trump die reichste Regierungsmannschaft in der Geschichte der USA auf, das heißt mit ehemaligen Top-Managern der Investmentbank Goldmann Sachs. Ebenso stammten die Finanzminister von Bill Clinton und George W. Bush aus dieser Bank (auch *„Government Sachs"* genannt). Solche Banken haben mit ihren Zockereien die Welt-Finanzkrise ab 2008 verursacht. Auch der bis 2019 Präsident der Europäischen Zentralbank, dem verlängerten Arm der US-Finanz-Industrie, Mario Draghi, war bei Goldmann Sachs tätig, damals als Vize-Präsident.

Aber nicht eine neue Finanz-Blase wäre für Deutschland das Gefährlichste, sondern den USA, welche für das Entstehen des *„Islamischen Staats (IS)"* und damit auch für den Flüchtlingsstrom

und den Terrorismus in Deutschland mit verantwortlich sind, militärisch weiter zu folgen. Ob Europa durch Pro-Europäer gerettet wird, welche die *„Stärkung"* der EU predigen und in einer Neuauflage des Kalten Krieges als notorische *„Atlantiker"* die *„Wertegemeinschaft"* mit den USA, d. h. eine weitere Amerikanisierung Deutschlands, beschwören, interessiert Trump herzlich wenig. – Welche *„Werte"?* Darunter versteht er etwas ganz anderes.

Vielmehr ist Deutschlands immer noch koloniale Abhängigkeit von den USA, das unter einem Präsidenten Trump ja selbst *„Protektionismus"* betreibt, zu beseitigen und endlich Selbständigkeit in Form einer *„Assoziierung im europäischen Wirtschaftsraum"* anzustreben! (siehe später). Um unabhängiger zu werden, sind die wirtschaftlichen Rahmenbedingungen in Deutschland, einschließlich der gesellschaftlichen Kernstrukturen, entscheidend zu korrigieren – ohne die Bereitschaft zur weltweiten wirtschaftlichen Kooperation aufzugeben. Um die erforderlichen neuen Aufgaben gegenfinanzieren! zu können, sind grundsätzliche Umgestaltungen hinsichtlich der Bundeseinnahmen, aber auch hinsichtlich der Stellung Deutschlands in Europa erforderlich.

Was steckt hinter Trumps Forderung der Erhöhung der europäischen Militärausgaben im Rahmen der NATO?

Die Verbindungen der USA zu faschistoiden und korrupten Regimen im Verlauf ihrer imperialen Geschichte dienten auch dazu, die Zahl der weltweiten Stützpunkte zu vergrößern. Mit mehr als 40 Ländern bestehen mehr oder minder dubios zustande gekommene militärische Vereinbarungen. Seit dem römischen Reich sind die USA der Staat, der die meisten Soldaten außerhalb seines Territoriums stationiert hat – eine Geldmaschine für die Aktionäre der Rüstungsindustrie – wenn diese Maschine am Laufen gehalten wird. Angesichts der bereits im 19. Jahrhundert praktizierten *überseeischen Aggressions- und Expansionspolitik* in der *Karibik* und im *Pazifik* (siehe später) ist es nicht verwunderlich, dass auch heute mindestens 100 Kriegsschiffe der USA ständig in allen Gewässern der Welt präsent sind.

Kein Staat der Welt hat soviel Truppen im Ausland stationiert oder in Kriegseinsätzen wie die USA (von zwei Millionen Militärangehörigen: über ein Drittel im Jahre 2011). So kommen die Teilnehmer dieses gigantischen nach Übersee ausgelagerten Arbeitsbeschaffungsprogramms überproportional aus den unterprivilegierten Schichten der Farbigen und Hispanics, darunter 170.000 Frauen. Im Irak- und Afghanistan-Krieg wurden zu 20% Soldaten oder Soldatinnen eingesetzt, die nach den US-Armee-Kriterien zur untersten Intelligenzstufe gehörten. Hierbei handelte es sich zu einem hohen Prozentsatz um Analphabeten. Vor allem in den südlichen Staaten der USA gibt es Regionen, in denen große Teile der Bevölkerung die Landessprache nicht einmal annähernd beherrschen und die nicht in der Lage sind, im Supermarkt ihr Wechselgeld nachzurechnen. Die amerikanischen Kriegsopfer kann man ja entsprechend der calvinistisch-puritanisch sozial-darwinistischen faschistoiden Ideologie der *„Leistungsgesellschaft"* als *„natürliche Auslese"* der sowieso *„von Gott Verworfenen"* ohne Skrupel aus der Bevölkerungsstatistik streichen. Über die körperlich und geistig Verstümmelten darf man hinwegsehen. Zivile Opfer des Feindes lassen sich problemlos als *„Kollateralschäden"* abbuchen.: Im Jahre 2018 wurden in den US-Kriegseinsätzen 3.804 Zivilisten getötet und 7.189 verletzt - und das auch mit Hilfe der Bundeswehr als *„Hilfsscherriff"* der USA.

Das Abwälzen der lebensgefährlichen *„patriotischen"* Pflichten auf die unteren Schichten zugunsten der am Kriege Verdienenden ist in der amerikanischen Geschichte nichts Ungewöhnliches. Dies wurde besonders dreist und öffentlich gehandhabt: Schon zu Beginn des amerikanischen Unabhängigkeitskrieges im Jahre 1775, der durch die *wirtschaftlichen Interessen einer vermögenden Oberschicht* ausgelöst wurde, hieß es: *„Zu Offizieren werden jeweils die Wohlhabendsten am Ort gemacht."* Unter den einfachen Soldaten, die in „erster Linie" dem Kriegsrisiko ausgesetzt wurden, kursierte dagegen der Spruch: *„Wir sind verkauft."* Dies traf buchstäblich insbesondere auf die **etwa *30.000***

Deutschen zu, die gegen Zahlung entsprechender Geldleistungen an ihre Fürsten in einem damals schon üblichen „Leasing-Verfahren" von ihren amerikanischen „Eignern" regelrecht verheizt wurden.

Gibt es irgendeinen Grund anzunehmen, die USA hätten ihre Einstellung bezüglich der *lukrativen Rolle der Rüstungsmaschinerie* geändert? Was steckt hinter der Forderung Donald Trumps, die europäischen Militärausgaben im Rahmen der NATO drastisch zu erhöhen? Dies soll natürlich nur dazu dienen, **Europa (einschließlich Deutschlands) in weitere, für bestimmte Kreise der USA gewinnbringende, kriegerische Entwicklungen noch stärker als bisher einzubinden und aus dem gleichen Profitinteresse heraus die Rüstungsmaschine gut geölt am Laufen zu halten.** So will Deutschland nach dem Stand von 2019 in den kommenden Jahren seinen Militärhaushalt um 40 Milliarden Euro verdoppeln. Schon wenige Wochen nach Trumps Amtsantritt im Januar 2017 stiegen die Aktien amerikanischer und europäischer Rüstungsunternehmen – mit der Aussicht auf einträgliche Geschäfte in diesem *„Bombengeschäft"* – dramatisch.

Bereits die *„Pilgerväter"* hatten höchst materielle Motive

Nicht umsonst enthält das Reformationsdenkmal in Genf, das vor allem zum Gedenken an Johannes Calvin (1509-1564) errichtet wurde, auch eine Darstellung der *Mayflower* und der puritanisch-calvinistischen *„Pil-*

gerväter", die mit diesem Schiff 1620 von England aus das *"Gelobte Land"* Amerika erreichten.

Johannes Calvin, der Reformator französischer Herkunft in der Nachfolge Martin Luthers und Urvater der puritanischen „*Pilgerväter"*, hatte in Genf die Religionsdiktator einen „*Gottesstaates"*, die Gottesherrschaft einer *christlichen* „*Scharia"* errichtet. Von Calvins Gegnern wurde Genf als das „*neue Rom"* bezeichnet. Bei einer Bevölkerungszahl von 20.000 wurden in der Stadt in den Jahren 1558 und 1559, also innerhalb von nur zwei Jahren, insgesamt 414 Verfahren wegen Verstoßes gegen die Kirchenordnung abgewickelt. Hinrichtungen von Opponenten waren an der Tagesordnung: Wegen Verletzung der neuen protestantisch-calvinistischen Ordnung wurden auf Empfehlung des „*Konsistoriums"*, des Leitungsgremiums der calvinistischen Gemeinde unter dem Vorsitz Johannes Calvins, allein von 1542 bis 1546 58 Menschen dem Scharfrichter übergeben und 78 Einwohner aus der Stadt verbannt. In nur einem Jahr verbrannte man 14 „*Hexen"* auf dem Scheiterhaufen.

1620, als die „*Pilgerväter"* nach Amerika aufbrachen, hatte die Wirtschaftskrise in England den Höhepunkt der letzten fünfzig Jahre erreicht.[93] Der Puritaner John Winthrop, der 1630 in einer zweiten Auswanderungsaktion, finanziert durch die Massachusetts Company, etwa 700 Menschen an Bord von elf Schiffen über den Atlantik führte, hatte sich bereits in England um das Los der zahlreichen Armen gekümmert. 1629 nennt Winthrop die verzweifelte wirtschaftliche Situation in England als *eigentlichen* Grund der Auswanderung:

"Es ist nun so, dass Kinder, Diener und Nachbarn, vor allem wenn sie arm sind, als größte Last betrachtet werden ... Unser Land ist seiner Bewohner überdrüssig geworden. Es ist, als ob der Mensch, das höchste aller Lebewesen, niederer und nichtswürdiger wäre als der Staub, auf den wir treten, und weniger Wert hätte als ein Pferd oder als ein Schaf."

---

[93] *J. E. Rogers: Six Centuries of Work and Wages, New York, 1890, S. 73, 103*

Schon 1584 hatte der englische Seefahrer und Abenteurer Sir Walter Raleigh im Auftrag der englischen Königin Elisabeth I. im heutigen US-Bundesstaat Virginia einen englischen Stützpunkt errichtet. Den Spaniern sollte ihre bereits ausgebaute koloniale Vormachtstellung in diesem Teil der Welt streitig gemacht werden. 1607 gründet dort die *„Virginia Company"*, die von der englischen Krone dafür eine „Lizenz" erhalten hatte, eine Siedlung. Zu Ehren König James I. erhält sie den Namen Jamestown. Bereits 1618 – also zwei Jahre vor der Mayflower-Überfahrt – exportiert man jährlich 20.000 Tonnen Virginia-Tabak nach England. Diese günstigen wirtschaftlichen Bedingungen waren den *„Pilgervätern"* wohlbekannt. Von ihrem eigentlichen Ziel kommen sie jedoch aufgrund widriger Winde erheblich ab. Nördlich von Virginia gründen sie die Kolonie Plymouth (im heutigen Bundesstaat Massachusetts).

Die nach Amerika gelangten „Puritaner", deren Glauben auf dem Calvinismus basierte, führten die Tradition des Genfer Gottesstaates Calvins in der neuen Heimat fort. Der *"Babylonischen Gefangenschaft"* der *"Alten Welt"* entronnen, haben sie, der *Auserwählungs- und Vorherbestimmungslehre* Calvins entsprechend, von der „Freiheit" eine hohe Meinung – aber nur, wenn sie diese anderen gegenüber beanspruchen. An die Stelle der Unfreiheit setzen sie nicht etwa die Freiheit als generelle Maxime, sondern sie gängeln sich gegenseitig. Ein bigotter Konformitätsdruck nach dem Vorbild Calvins theokratischem Genfer Gottesstaates mit zahlreichen speziellen Vorschriften, Intoleranz, Prüderie, Heuchelei und Reglementierung prägt den Alltag. Tägliches Bibelstudium ist Pflicht. Abweichler, die ihr Christentum nicht eng genug auslegen, peitschen sie aus, kerkern sie ein oder treiben sie in die Wildnis. Unverheiratete, die geschlechtliche Beziehungen unterhalten, werden wie das Vieh mit einem Brandmal versehen oder man schneidet Abtrünnigen die Ohren ab. Ab 1635 kommt es zur Bildung von Splittergruppen, welche sich gegen die bestehenden totalitären Praktiken wenden und die Siedlung verlassen. Die *„Quäker"* gründen sogar schließlich einen eigenen Staat – Pennsylvania, der nach William Penn benannt wird. Diese beginnende Trennung in konservative und liberale Gruppen schlägt sich bis heute in einer **scharfen Polarisierung der amerika-**

nischen **Gesellschaft** nieder. Der grundsätzliche gesellschaftliche Gegensatz entlud sich dann bereits im Bürgerkrieg von 1861-1865 zwischen den Nord- und Südstaaten. Wirtschaftliche Probleme vor dem Hintergrund der Sklaverei waren dafür maßgeblich. 1641 wird in die puritanische Gesetzgebung die Todesstrafe für „Atheismus" aufgenommen. Diese brutalen Praktiken aus der Anfangsphase des Puritanismus in Amerika verschwinden nicht etwa mit der Zeit. Mit der Festigung der Gemeinschaft nehmen sie zu: 1659 werden vier abweichlerische "Links-Puritaner", die für Gewissensfreiheit eingetreten waren, hingerichtet. 1692 finden in dem neuenglischen Dorf Salem und in umliegenden Gemeinden _„Hexen"_-Prozesse statt. 20 Auswanderer richtet man hin. Zahlreiche Menschen machen mit dem Kerker Bekanntschaft, etliche sterben in der Haft. Ein Stimmrecht in Angelegenheiten der Gemeinschaft haben (bis 1690) nur die Puritaner.

Die Ausrottung der indianischen Urbevölkerung und die Sklaverei bilden das Fundament der Entstehung der USA

Die Indianer als nicht _„auserwählte"_ _„Untermenschen"_ wurden ganz einfach physisch vernichtet, indem sie wie Vieh in Reservate getrieben wurden. Ein großer Teil kam hierbei um, weil man ihnen die Lebensgrundlage entzogen hatte. Von den nach Schätzungen bis zu 60 Millionen Indianern waren laut Volkszählung des Jahres 1901 nur noch 270.000 übriggeblieben. Heute würde man sagen, dass es sich um einen Genoizid unvorstellbaren Ausmaßes gehandelt habe. Erst 1920 zog die US-Regierung die letzten bewaffneten Aufseher aus den Reservaten ab.

Sogar US-Präsident Theodore Roosevelt, dessen Vater niederländisch-jüdischer Herkunft war, betonte noch im Jahre 1905 in makabrem sich dem _„Mainstream"_ anbiedernden Rassismus die Notwendigkeit der Vernichtung der amerikanischen Ureinwohner:

„Den Indianern ihre Jagdgründe zu lassen, bedeutet, unseren Kontinent zottigen Wilden zur Verfügung zu stellen. Es blieb nur *die Alternative, sie auszumerzen. Unser Land ist kein Tier-schutzgebiet für schmutzige Wilde."* [94]

Darüber hinaus wurden allein zwischen 1680 und 1786 **2,13 Millionen Afrikaner in das „Gelobte Land" verschleppt, um als Sklaven auf den Plantagen ihrer puritanischen „Herrenmenschen" zu arbeiten:** in dem Land, das in seiner Unabhängigkeitserklärung des Jahres 1776 behauptete, die gleichen universellen Rechte *aller* Menschen zu vertreten und dessen Nationalhymne das *„Land der Freien"* preist. Der damalige US-Präsidentschaftskandidat Abraham Lincoln, der als Vorbild für den farbigen Präsidenten Barak Obama hingestellt wurde, äußerte sich am 15. September 1858 zum Verhältnis zwischen Schwarzen und Weißen:

„Es gibt eine physische Verschiedenheit zwischen beiden Rassen, die es für immer ausschließen wird, dass Schwarze und Weiße auf der Basis sozialer und politischer Gleichheit miteinander leben. Die weiße Rasse hat eine übergeordnete Stellung." [95]

Die amerikanische „Freiheit": Die reichen Amerikaner sagten sich 1776 von England los und schufen sich die „Unabhängigkeitserklärung"

[94] *Rolf Winter: Ami go home, 1989, S. 55*
[95] *Debatte mit Stephen Douglas. The Collected Work of Abraham Lincoln, 1953, Vol. 3, S. 145 f.*

Die Behauptung, die amerikanische „Unabhängigkeitserklärung" von 1776 sei das Ergebnis eines neuen generellen Freiheits- und Demokratie-Ideals gewesen, ist eine historisch nicht haltbare Verklärung. Die Unabhängigkeitserklärung ist vielmehr auf handfeste wirtschaftliche Gründe zurückzuführen, die in erster Linie eine bestimmte Schicht betrafen: Reiche, zumindest Wohlhabende, vor allem Kaufleute, einflussreiche Kreise und Importeure sahen ihre Profite geschmälert. Um einen uneingeschränkten lukrativen Seehandel zu gewährleisten, strebten sie eine Loslösung der Kolonien von England an. Im September 1774 kommen 56 Vertreter der Kolonien zu einem Kongress in Philadelphia (Pennsylvania) zusammen, um das weitere Vorgehen in dieser Angelegenheit festzulegen. In der Präambel eines von ihnen abgeschlossenen Gemeinschaftsvertrags wird eindeutig die finanzielle Frage in den Mittelpunkt gestellt.

Am 4. Juli 1776 sagen sich in Philadelphia die amerikanischen unter englischer Verwaltung stehenden Kolonien vom Mutterland los. Die hierzu unter der Federführung des Anwaltes und späteren Präsidenten Thomas Jefferson ausgearbeitete „Unabhängigkeitserklärung" hatte ihren Ursprung offensichtlich in dem Finanzstreit der Kolonien mit dem Mutterland. Wenn in der Unabhängigkeitserklärung die vom „Schöpfer verliehene Freiheit" erwähnt wird, ist dies gleichfalls vor dem Hintergrund zu sehen, dass die Kolonisten die Freiheit beanspruchten, für sich selbst Regelungen zu treffen, die ihre finanzielle Situation betrafen. Denn angesichts der amerikanischen Geschichte müsste es wie Hohn klingen, zu unterstellen, die Aussagen der Unabhängigkeitserklärung über die „Freiheit" und „Gleichheit" wären als allgemeine Menschenrechtserklärung gedacht gewesen. Vielmehr wurden sogar nach der späteren amerikanischen Verfassung von 1787 derartige Menschenrechte ausdrücklich nur weißen männlichen Amerikanern, nicht aber Frauen, Sklaven oder freien Schwarzen zugebilligt. Der Hauptverfasser der Unabhängigkeitserklärung und Plantagenbesitzer, Thomas Jefferson, und mehrere Väter der amerikanischen Verfassung hielten sich Sklaven. Auch die damals sich schon in voller Blüte befindliche Vernichtung der indianischen Ureinwohner wäre schwerlich mit derartigen – wie meist unterstellt – generellen Aussagen der Unabhängigkeitserklärung über die *„Freiheit* und *Gleichheit"* aller Menschen in Einklang zu bringen gewesen. Ganz abgesehen davon, dass die Lehre der *„Vorherbestimmung"* des Calvinismus, welche die Kolonisten vertraten, den Feststellungen der Unabhängigkeitserklärung hinsichtlich der *„gleichen Erschaffung"* und der vom *„Schöpfer verliehenen Freiheit"* diametral entgegenstand. Nach der Lehre Calvins hat Gott bei der Erschaffung des Menschen ja bereits eine strikte Einteilung in *„Auserwählte"* und *„Verdammte"* vorgenommen. Dagegen wurde die Gleichheit aller Menschen als *allgemeines* Menschenrecht erst 1789 während der französischen Revolution im „Alten Europa" gefordert.

Auch die US-Verfassung von 1787 wurde durch den *führenden Finanzklüngel* geschaffen. – Diese präsidiale Scheindemokratie besteht bis heute –

Die amerikanische Verfassung von 1787 kam keineswegs *„demokratisch"* zustande. Sie hatte so gut wie gar nichts mit Demokratie, mit Volksherrschaft, zu tun: Die 55 „Verfassungsväter" hatten sich staatsstreichartig selbst dazu ernannt, ohne vom Volk beauftragt gewesen zu sein und ohne dass die Bürger die Verfassung nachträglich bestätigten. Ausnahmslos handelte es sich bei dieser Gruppe um Vertreter des führenden Finanz-Klüngels oder deren Helfershelfer aus der Oberschicht, das heißt um Großgrundbesitzer, Großkaufleute, Reeder, Importeure, Bankiers etc. Nach der Verfassung waren nur Landbesitzer wahlberechtigt. Das waren aber nur vier bis zehn Prozent der Bevölkerung.[96] George Washington, der erste Präsident, konnte so nur *elf Prozent* der Stimmen der Bürger auf sich vereinen, obwohl die Verfassung mit den Worten

---

[96] *Charles A. Beard: An Economic Interpretation of the Constitution of the United States, 1913*

84

beginnt „*We the People ..*" (*„Wir, das Volk ...*"). Die wirtschaftliche Macht dieser puritanischen Oberschicht basierte – schon damals – auf einem *„globalisierten"* Ausbeutungsverfahren, dem *„Atlantischen Dreieckshandel"*. Das heißt: Schiffe brachten zunächst Sklaven aus Afrika nach Amerika. Von Amerika gingen dann landwirtschaftliche Produkte, die aus der Sklavenwirtschaft stammten, vor allem Zucker und Baumwolle, nach Europa. Anschließend brachten die Schiffe aus Europa veredelte Güter und Nahrungsmittel nach Amerika zurück.

Die finanziell Führenden errichteten eine *präsidiale Scheindemokratie*. An diesem ausgesprochen *antidemokratischem* System hat sich in den USA *bis heute nichts geändert*. Die USA sind eine *„Pseudo-Demokratie"* mit einer feudalistischen Herrschaft der Reichen, die *„Moneykratie"* eines regierenden *„Geldadels"*, geblieben:

- Nur 16 Geld-Dynastien stellten bis Mitte der 1980er Jahre 8 US-Präsidenten, 3 Vizepräsidenten, 30 Senatoren, 65 Abgeordnete des Repräsentantenhauses, 12 Gouverneure und 9 Minister der Bundesstaaten.[97]
- Parteien in den USA gleichen Aktiengesellschaften, in denen diejenigen, die das meiste Kapital einbringen, die Richtung und das Management bestimmen. Bei zusammen vier Wahlen zum Repräsentantenhaus mit jeweils 1740 Mandaten, wurden insgesamt nur 30 Abgeordnete nicht wiedergewählt. Sogar beim Obersten Sowjet in Moskau ging es lebendiger zu. Diese Kontinuität bei den Mandatsträgern ist nicht etwa das Zeichen einer reibungslos funktionierenden Demokratie, sondern Ausdruck der von der wohlhabenden Schicht schon bei der Gründung der Vereinigten Staaten von Amerika etablierten und auf Biegen und Brechen behaupteten Machtverhältnisse mit demokratischen Verzierungen. Die Kontinuität ist buchstäblich *erkauft*: Die auf Dauer festgefügte Struktur der beiden Gremien der sogenannten Volksvertreter des Senats und des Repräsentantenhauses beruht auf der dahinter stehenden Finanzmacht.

---

[97] *Stephen Hess: America's Political Dynasties, 1997*

Der soziale Stand der „Volksvertreter" spricht Bände. Die Parteien erhalten Geldgeschenke von entsprechenden Interessengruppen. Die Gelder werden meist als Spenden für Wahlkampfkosten deklariert. Durchschnittlich 50% der eingegangenen Mittel, die als vorweggenommene Bestechung anzusehen sind, stammen aus diesen „Einflusskäufen". Das „Fund-raising" entscheidet darüber, wer politische Macht ausübt. In dieses Bild fügt sich das unglaubliche Ausmaß der nicht abreißenden staatlichen und gesellschaftlichen Korruption seit Beginn des Bestehens der USA nahtlos ein. Schilderungen hierüber füllen ganze Bibliotheken.

Die „Globalisierung" unter amerikanischer Regie begann schon Mitte des 19. Jahrhunderts

Die Entstehungsgeschichte der Vereinigten Staaten von Amerika spricht, was die Skrupellosigkeit ihrer Expansion und Machtausdehnung angeht, Bände. Bei der Durchsetzung einer aggressiven Expansions-Politik waren die Amerikaner von Anfang an erfinderisch: Der territorialen Erweiterung der neuenglischen Gebiete standen zunächst die spanischen Besitztümer im Wege. Zur ideologischen Untermauerung wurde argumentiert: Die „Auserwählten" seien nach gut calvinistisch-puritanischem Muster „vorherbestimmt", alle übrigen nordamerikanischen Territorien im Auftrag der „göttlichen Vorsehung" vom spanischen Joch des (katholischen) „Antichristen", d. h. des Papstes, zu befreien. Zunächst jedoch werden Louisiana für 15 Millionen Dollar von

Frankreich, Alaska für 7,2 Millionen von Russland, New Mexiko, Florida und dann Kalifornien für ein paar Millionen von Spanien gekauft.

Aber bereits frühe US-Präsidenten, zum Beispiel Jefferson, Adams und Buchanan, hatten Anspruch auf Mittel- und Südamerika als amerikanische *„Einflusssphäre"* erhoben. William H. Seward, Gouverneur und Außenminister, propagiert ab 1844 ein amerikanisches *„Informal Empire"* *(„Informelles Imperium")*. An den Hauptverkehrswegen des Pazifiks seien amerikanische *„Stützpunkte"* anzulegen, um den Welthandel zu beherrschen.[98] Ab 1845 setzt sich das Schlagwort von der *„offenbaren Bestimmung" („Manifest Destiny")* der USA durch. Die Ausdehnung (vorerst bis zum Pazifik) sei *„gottgewollt"* und *„unabwendbar"*. Diese theologische Konstruktion im Dienste der amerikanischen finanziell begründeten Expansionspolitik war ohne Mühe auch auf weitere Domänen des *„Antichristen"*, d. h. auf andere Regionen unter spanischem katholischem Einfluss – und das sogar weltweit – auszudehnen. **Also schon etwa ab 1845 wurde eine religiös bemäntelte wirtschaftliche *„Globalisierung"* unter amerikanischer Regie angestrebt.**

Auch im ehemals spanischen katholischen **Mexiko**, das Donald Trump jetzt durch eine *„Mauer"* abschotten möchte, trat Amerika als neue Kolonialmacht aggressiv in Erscheinung. Nach Grenzkriegen mit den USA von 1845 bis 1848 musste Mexiko die Gebiete nördlich des Rio Grande, insbesondere Texas und Kalifornien, an die USA abtreten und verlor damit fast die Hälfte seines Territoriums. Die Landbesitzer wurden gewaltsam enteignet. Um 1900 entfielen etwa die Hälfte aller Investitionen in der mexikanischen Wirtschaft auf amerikanisches Kapital. 1913 war Mexiko weltweit der drittgrößte Erdölproduzent. 80% der Exporte gingen in die USA. Hiervon profitierten fast ausschließlich große US-Konzerne, die in Mexiko investiert hatten, und eine kleine Zahl einheimischer Günstlinge. Das übrige Volk verelendete in dem traditionell religiös untermauerten Zwei-Klassen-System der Reichen und

---

[98] *Hans Ulrich Wehler: Der Aufstieg des amerikanischen Imperialismus, 1974/1987, S. 12,15,16,26*

Almosenempfänger. Landarbeiter gerieten in lebenslange Schuldab-hängigkeit gegenüber ihren Herren. Erst ab 1934 wurde die mexika-nische Erdöl-Industrie nach zahlreichen Aufständen gegen die herr-schende Regierung, die von den USA korrumpiert war, nationalisiert.

Der Senat in Washington erklärte die **Japaner**, ähnlich wie die Indianer zu zweitklassigen Menschen. 1858 erscheinen Kriegsschiffe der US-Navy vor der japanischen Küste, um Japan zum *„freien Handel"* zu zwingen. Japan öffnet daraufhin fünf Häfen für amerikanische Güter.

William M. Evarts, US-Außenminister von 1877-1881, hatte im Falle innenpolitischer wirtschaftlicher und sozialer Probleme bereits vorsorglich eine weitere Expansion der USA angekündigt:

> *„Wir werden durch den unwiderstehlichen Druck unserer inneren Entwicklung nach außen gedrängt."* [99]

Neben der Vernichtung der Indianer und der Sklaverei gibt die weitere Kolonialgeschichte der Vereinigten Staaten beste Einblicke in ihre Mentalität:

Die Karibik wird zum „Hinterhof" der USA, der Pazifik wird amerikanisiert

Der *„unwiderstehliche Druck nach außen"* entlädt sich zuerst auf der Zucker-Insel *Cuba*. Der amerikanische Raubzug und der weltweite Aufstieg Amerikas beginnt nicht von ungefähr in dieser wichtigsten Plantagen- und Sklaven-Kolonie der bisherigen Kolonialmacht Spanien. Vor allem Politiker der amerikanischen Südstaaten und deren purita-nischen, ebenfalls sklavenhaltenden, Plantagenbesitzer waren schon

---

[99] *Hans Ulrich Wehler: Der Aufstieg des amerikanischen Imperialismus, 1974/1987, S. 26*

sehr früh an Cuba interessiert. Mehrere US-Präsidenten hatten wiederholt die Eroberung bzw. den Kauf der Insel von Spanien gefordert. In Geheimverhandlungen, die im *„Ostend Manifesto"* von 1854 dokumentiert sind, hatte Spanien das Ansinnen der USA, Cuba für 120 Millionen Dollar zu kaufen bereits dankend abgelehnt. Die Wirtschaft Cubas war aber bereits damals durch die Vereinigten Staaten unterwandert und dominiert.

Unter dem Vorwand, revolutionäre Bestrebungen zu unterstützen, greifen die USA 1898 militärisch in Cuba ein: Dies bildet den Auftakt des vom April bis August *1898* dauernden **Spanisch-Amerikanischen Krieges**, in dem die USA der bisherigen Weltmacht Spanien weltweit die Führung entreißen. So wird am 3. Juli 1898 vor Cuba die gesamte spanische Atlantikflotte von der weit überlegenen US-Marine vernichtend geschlagen. Cuba kommt zunächst unter US-Verwaltung und bleibt unter amerikanischer wirtschaftlicher und politischer Vorherrschaft. Bis 1933 besetzen die USA die Insel viermal; bis zur Revolution unter der Führung Fidel Castros im Jahre 1959 bleibt Cuba ein Vasallenstaat der USA.

Im Juli 1898 okkupieren die USA in ihrem *„Hinterhof"* die Karibik-Insel **Puerto Rico**. Das Land wird eine amerikanische Übersee-Kolonie. 1917 werden die Puertoricaner zu amerikanischen Staatsbürgern erklärt. Die erste Hälfte des 20. Jahrhunderts ist von Kämpfen der Insel-Bewohner um ihre Unabhängigkeit geprägt. 1941 wird Puerto Rico schließlich ein assoziierter Staat der USA.

Der Begriff *„Bananen-Republik"* wird zum geflügelten Wort. In **Guatemala** bestimmt die United Fruit Company schon sehr früh Politik und Wirtschaft. Im benachbarten *Honduras* gehören 95% der Bananen-Plantagen US-Firmen. Mit Hilfe einheimischer Diktatoren und Despoten der ehemals spanischen Kolonien, zum Beispiel in **Nikaragua** dank der Somoza-Familie, dehnen die USA ihren Einflussbereich in Mittelamerika aus. Über 40.000 Tote kommen auf das Konto des Clans. Bis 1933 sind ständig US-Marines in Nikaragua stationiert, ebenso wie in der *Domi-*

nikanischen Republik. Diese entwickelt sich zu einem finanziell völlig in amerikanischer Hand befindlichen Protektorat.

Die kolumbianische Provinz **Panama** wird von den USA unter dubiosen Umständen für zehn Millionen Dollar von Kolumbien gekauft und die Kanalzone zum amerikanischen Hoheitsgebiet erklärt. Panama muss mehr als 40 militärische US-Interventionen über sich ergehen lassen. **Haiti** bleibt zwei Jahrzehnte besetzt und wird wie eine Kolonie beherrscht.[100]

Die an Bodenschätzen reichen **Philippinen** (u. a. mit großen Goldvorkommen) besaßen als Drehscheibe des ostasiatischen Marktes für Spanien im pazifischen Raum eine große wirtschaftliche Bedeutung. Die US-Asien-Flotte besiegt am 1. Mai 1898 im Verlauf des *Spanisch-Amerikanischen Krieges* in der Bucht von Manila, der Hauptstadt der Philippinen, ebenso wie gerade vor Cuba, die technisch weit unterlegene spanische Flotte. Der Krieg auf den Philippinen ist in den USA von rassistischen Ausfällen hinsichtlich der asiatischen *„Untermenschen"* begleitet. Die Zivilbevölkerung wird in eingezäunte Dörfer gesperrt, um die Unterstützung der Aufständischen zu unterbinden. In US-Regierungs-dokumenten bezeichnet man die Dörfer als *„concentration camps"*. Bis zur einer Million Einheimische kommen durch die Militäraktionen und durch Hungertod infolge der Umzäunungen, die den Dorfbewohnern ihre landwirtschaftliche Lebensgrundlage entziehen, ums Leben. Unverzüglich enteignet die neue Kolonialmacht große Teile der Bauernschaft, um Monokulturen für den Bananen-Export anzulegen. Die Wirtschaft des Landes wird bald von US-Firmen, einheimischen Günstlingen und Marionetten der Besatzungsmacht dominiert. US-Präsident William McKinley bezeichnet den Erwerb der Inselgruppe als ein *„Gottesgeschenk"*. Die Philippinen stehen bis zur Besetzung durch die Japaner im Zweiten Weltkrieg im Jahre 1941, also 43 Jahre, unter amerikanischer Verwaltung. Erst 1946 wird ihnen die formelle Unabhängigkeit zugestanden.

---

[100] *Eduardo Galeano: Die offenen Adern Lateinamerikas. Die Geschichte eines Kontinents, 2004*

Präsident wird Ferdinand Marcos, der mit seinem Clan eine korrupte und blutige Diktatur errichtet. Nach bürgerkriegsähnlichen Unruhen flieht er mit seiner Familie in die USA. Donald Trump errichtete auf den Philippinen als Immobilien-Mogul einen „Trump-Tower".

Im Juni 1898 erobern amerikanische Truppen die Pazifik-Insel *Guam*. Nach den Spaniern werden die USA die neue Kolonialmacht. Die Insel, einschließlich ihrer Bewohner, gelangt 1899 als „Außengebiet" der Vereinigten Staaten unter amerikanische Verwaltung. Dieser Status ist bis heute beibehalten worden. Guam wurde zu einem wichtigen Luft- und Marinestützpunkt der USA im Pazifik ausgebaut.

1887 erkaufen sich die USA auf dubiose Weise das Recht zur Errichtung eines Marinestützpunktes in Pearl Harbour auf *Hawaii*. Nach der Eroberung der Pazifikinseln Indonesien und Guam im *Spanisch-Amerikanischen Krieg* des Jahres 1898 wird die strategische und wirtschaftliche Bedeutung Hawaiis (das keine spanische Kolonie war) für Amerika unübersehbar. Der wirtschaftliche Wert der Inselgruppe war sowieso offensichtlich. Deshalb annektieren die USA Hawaii schon während des Spanisch-Amerikanischen Krieges kurzerhand ohne Militäreinsatz. Hierzu reicht ihnen eine gemeinsame Entschließung *(„Joint resolution")* vom 7. Juli 1898 des US-Senats und des Repräsentantenhauses. Dem neuen US-Territorium wird eine amerikahörige Verwaltung aufgezwungen. Die Machtübernahme löst erheblichen Widerstand unter den Hawaiianern aus. Bereits 1901 gründet der Amerikaner James Dole auf Hawaii die Hawaiian Pineapple Company. Nach dem verstärkten Zuzug von US-Amerikanern und Asiaten, die unter anderem in den Ananas-Plantagen eingesetzt werden, sinkt die einheimische Bevölkerung zur Minderheit im eigenen Land herab. So wird Hawaii ohne Komplikationen 1959 nach einem sogenannten Volksentscheid der 50. Bundesstaat der USA. Heute macht die einheimische Bevölkerung der Hawaiianer und Polynesier nur noch ein Zehntel der Gesamtbevölkerung aus. In der sozialen Hierarchie bilden sie die unterste Schicht.

Die USA durchdrangen die deutsche Wirtschaft bereits nach dem Ersten Weltkrieg

Bereits 1923 schließt Amerika einen *„Freundschaftsvertrag"* mit Deutschland, nur wenige Zeit nachdem man maßgeblich zu seinem beinahe totalen Niedergang beigetragen hatte. 1924 ist es bezeichnenderweise ein Bankier, Charles G. Dawes, der durch eine Anleihe von 800 Millionen Goldmark, die Amerika gewährt, eine *„Stabilisierung"* der deutschen Währung erreichen will. Eine mildtätige Aktion? Keinesfalls – Man brauchte eine wirtschaftliche Gesundung, um mit Hilfe des *„Dawes-Plans"*, später des *„Young-Plans"*, die deutsche Wirtschaft langfristig vampirhaft aussaugen und finanziell unterwandern zu können. In Anbetracht der guten Erfahrungen wird man auch nach dem Zweiten Weltkrieg, diesmal mit Hilfe des *„Marshall-Plans"*, eine ähnliche Aktion starten. Durch die gewaltigen Geldmittel kommt die deutsche Wirtschaft in Schwung. Der ersten Anleihe des Dawes-Plans folgt die nächste und weitere mit hohen Zinsen, auch für langfristige Projekte. Deutschlands Verschuldung wächst immer weiter. Es ist zu einer Kolonie der New Yorker Börse geworden. Bereits zur Zeit der Weimarer Republik gewinnt amerikanisches Kapital durch Beteiligungen, Kreditgewährung und Fusionen einen erheblichen Einfluss auf die deutsche Wirtschaft. Im Jahre 1929 übernimmt zum Beispiel General Motors (GM) die Adam Opel AG.

Die Schlüsselindustrien Deutschlands waren mit amerikanischem Kapital buchstäblich durchsetzt. Vermögenswerte wie Fabriken und Maschinen wurden wegen der von vorneherein eingeplanten Unmöglichkeit der Schuldenrückzahlung de facto sofort an amerikanische Banken verpfändet. Mit Hilfe dieses Verfahrens mussten von den Reparationen in Höhe von 36 Milliarden Mark, die Deutschland von 1924 bis 1931 zu leisten hatte, 30 Milliarden Mark auf neue Kredite umgeschuldet werden. Durch diese Finanzstrategie gelangten die wichtigsten deutschen Industriezweige dauerhaft in amerikanische Verfügungsgewalt.[101] Gerade aber diese Industriezweige dienten nicht nur zufällig oder unbemerkt der Wiederaufrüstung und damit Hitlers Krieg, der dann den betreffen US-Kreisen erneut zu Reichtum verhalf. Sie nahmen die Entfesselung eines neuen Krieges zum eigenen Vorteil billigend in Kauf.[102] Kein dubioser Verschwörungshysteriker, sondern der renommierte US-Geschichtsprofessor Antony C. Sutton, der sich auf erstklassige Primärquellen stützt, kommt hinsichtlich des Einsatzes amerikanischen Kapitals nach dem Ersten Weltkrieg zu folgendem Ergebnis:

„Der Beitrag, welchen der amerikanische Kapitalismus an die deutschen Kriegsvorbereitungen vor 1940 leistete, kann nur als phänomenal bezeichnet werden. Er war zweifellos entscheidend für die deutsche Militärkapazität." [103]

Die amerikanischen Investitionen waren nicht lediglich Ausdruck eines „cleveren" Geschäftssinns, sondern wurden, wie es in der amerikanischen Geschichte schon bisher zu beobachten war, zur gezielten wirtschaftlichen Unterwanderung vorgenommen. Bei den fremdbestimmten deutschen Unternehmen handelte es sich im Wesentlichen um gigantische Kartelle, die in den frühen 1930er Jahren meist durch amerikanische Direktoren bzw. Aufsichtsratsmitglieder geleitet wurden, so zum Beispiel um die Vereinigten Stahlwerke und die IG Farben. Zur IG Farben gehörten in Spitzenzeiten etwa 200 Werke sowie ca. 400 deutsche und 500 ausländische Firmenbeteiligungen. Als Beiträge und Spenden an die Nationalsozialistische Deutsche Arbeiterpartei (NSDAP) leisteten die IG Farben (die auch das Giftgas „Zyklon B" für die Konzentrationslager produzierten) regelmäßig Millionenbeträge, zum Beispiel von 1938 bis 1944 jährlich in Höhe von 7,4 bis 13,4 Millionen

---

[101] *E.R. Carmin: Das schwarze Reich, 2006*
[102] *James Steward Martin: All honarable men, 1950*
[103] *Antony C. Sutton: Wall Street und der Aufstieg Hitlers, 2008*

Reichsmark.[104] In den Vereinigten Stahlwerken, zeitweise Europas größtem Stahlkonzern, waren fast alle deutschen Eisen-, Stahl- und Bergwerksgesellschaften zusammengefasst.

Die IG Farben und die Vereinigten Stahlwerke spielten die Schlüsselrolle bei der Herstellung kriegswichtigen Materials. 1937/38 produzierten die beiden Konzerne zum Beispiel 95% des deutschen Sprengstoffs.

Amerikanische Großindustrieelle als faschistische Komplizen Nazi-Deutschlands – bis hin zur Wartung der IBM-Lochkartenleser In den KZ

Als die amerikanischen Soldaten mit der deutschen Wehrmacht in Berührung kamen, waren sie erstaunt, dass die feindlichen Nazis Militär-Lkw der vertrauten heimischen Marke Ford fuhren. Die Tochterfirma der Henry Ford Motor Company, Detroit, Ford Deutschland, hatte insgesamt 78.000 Lkw und 14.000 Kettenfahrzeuge für die deutsche Wehrmacht produziert. Ford Deutschland und die Tochterfirma von General Motors, Opel, waren die größten Hersteller deutscher Panzer und Lkw. Die beiden amerikanischen Industrie-Giganten waren also ein wesent-

---

[104] *Wolfgang Zdral: Der finanzierte Aufstieg des Adolf H., 2002*

licher und integraler Bestandteil der Waffenschmiede der Nazis.[105] Henry Ford war ein ausgewiesener Antisemit. Diese Einstellung tat er in seiner Zeitung, die er in Dearborn, Michigan, besaß, desöfteren kund. Im Juli 1938 erhielt er die höchste Auszeichnung, die Deutschland an einen Ausländer zu vergeben hatte, den *„Adlerschild des Deutschen Reiches".* Einen Monat später wurde der für Opel zuständige Manager von General Motors, James Mooney, ebenfalls mit einem hohen deutschen Orden geehrt.[106] Der ITT-Konzern lieferte wichtige Ausrüstungen für das interne Kommunikationsnetz der Nationalsozialisten und für deutsche Bomben. Der ITT-Gründer Sosthenes Behn spendete Himmlers SS beträchtliche Geldmittel. Der IBM-Konzern lieferte Hollerith-Lochkarten-Maschinen, welche der Organisation der Wehrmacht, der Rüstung und der Juden-vernichtung dienten. Selbst nach Kriegsbeginn wurden die Geschäfte mit Hilfe eines amerikanischen Treuhänders fortgesetzt. *Techniker reisten bis in die Konzentrationslager, um die IBM-Lochkarten-Leser zu warten.*[107]

Die amerikanischen ideologischen und wirtschaftlichen Komplizen Hitlers standen als *„Brüder im Geiste"* selbstverständlich nicht vor dem Nürn-berger Kriegsverbrecher-Tribunal. Der ehemalige Reichswirtschafts-minister Hjalmar Schacht, der dann aber im Zusammenhang mit dem Putsch-Versuch des 20. Juli 1944 verfolgt wurde, wollte bei den Nürnberger Prozessen auf die Funktion der amerikanischen Industrie als Bestandteil der Nazi-Kriegsmaschinerie näher eingehen. Diese Pein-lichkeit der *„Kollaboration mit dem Feinde"* wurde jedoch als nicht zur Sache gehörig rechtzeitig abgebogen.

---

[105] *Charles Higham: Trading with the enemy: an exposé of the Nazi-American money plot 1933-1949, 1983*
[106] *Charles Higham: American Swastika/the Shocking Story of Nazi Collaborators in Our Midst from 1933 to the Present Day, 1985; Washington Post, 30.11.1998; The Nation, 24.1.2000*
[107] *Edwin Black: IBM und der Holocaust, 2001*

Bretton Woods: Amerika verdrängt 1944 England als „Welt-Bankier"
– Weltbank und Internationaler Währungsfonds als Instrumente des Dollar-Imperialismus –

Zu den Verlierern des Zweiten Weltkriegs ist auch Groß-Britannien zu zählen. Infolge der Kriegsereignisse gerieten die Briten in eine extreme Schuldnerposition gegenüber den USA. Das Handelsdefizit erreichte ein nie gekanntes Ausmaß. Die Amerikaner waren ebenso wie nach ihrem Kriegseintritt im Ersten Weltkrieg zur Gläubiger-Nation aufgestiegen. England musste sich bei New Yorker Banken verschulden. Seit dem verlorenen Unabhängigkeitskrieg, den die USA gegen England von 1775-1781 führten, sollte Amerikas „Mutterland" nun seine größte Demütigung erfahren. Der entscheidende Schritt beim Aufstieg der USA zur weltweit dominierenden Finanzmacht geschah symbolträchtig und fast beleidigend für das nun vollends in die Knie gezwungene England im Juli 1944, also noch während des Zweiten Weltkriegs, auf der Konferenz von Bretton Woods, New Hampshire im Zentrum der früheren neuenglischen US-Staaten. [108] Dort musste sich England von den USA die bis dahin zu einem großen Teil mit Hilfe des englischen Pfundes gespielte lukrative Rolle des „Welt-Bankiers" entreißen lassen.

44 Staaten ließen sich in Bretton Woods mehr oder minder durch die USA als monetäre Führungsmacht ein Dollar-Monopol aufnötigen. Ihre eigenen Wechselkurse waren nunmehr am Dollar auszurichten. Die USA blieben dagegen in ihrer Währungs-, Kredit und Schuldenpolitik völlig autonom. Die Welt konnte jetzt mit wertlosen Dollars überschwemmt werden. Das Weltwährungssystem basierte von nun an auf dem Dollar als Leitwährung – und nicht mehr wie bisher hauptsächlich auf dem englischen Pfund Sterling. Die treibende Kraft bei der finanziellen Vorherrschaft war und ist bis heute die sich praktisch in Privathand der

---

[108] *http://einestages.spiegel.de/external/ShowTopicAlbumBackground/a46 30/10/12/F.html#: 12.8.2009*

US-Finanzindustrie befindliche US-Notenbank (Fed) An ihrem Gängelband hängt heute die Europäische Zentralbank.

Weltbank und Internationaler Währungsfonds als Instrumente des Dollar-Imperialismus

Der währungspolitische Coup von Bretton Woods war im Jahre 1944
auch das Ergebnis eines weltweiten Stabwechsels im Öl-Geschäft:
Die USA hatten sich inzwischen in heftiger Konkurrenz, unter anderem
zu Groß-Britannien, im Nahen Osten zur führenden Öl-Macht entwickelt.
Als Instrumente des Dollar-Leitwährungssystem von Bretton Woods wurden zur Lenkung des Weltfinanzsystems zu Gunsten der USA. die
Internationale Bank für Wiederaufbau und Entwicklung (die spätere
Weltbank) und der *Internationale Währungsfonds (IWF)* installiert. Diese
Institutionen sind Instrumente des Dollar-Imperialismus: Sie vergeben
auch heute noch – unter der Regie der USA – Kredite an Entwicklungsländer, welche dazu dienen, die dortigen wirtschaftlichen Ressour-
cen hauptsächlich zugunsten der USA auszubeuten. Die Weltbank und
der Internationale Währungsfonds sind personell eng mit der US-Finanz-
industrie verfilzt. **Der IWF vergibt Kredite an ärmere Länder mit der
Auflage, öffentliche lebenswichtige Güter, wie zum Beispiel die
Wasserversorgung, zu privatisieren. Da manche Staaten – von
vornherein erkennbar – nicht in der Lage sind, diese Forderungen
zu erfüllen, kaufen sich internationale, vor allem US-Unternehmen,
in den einheimischen Markt ein. Diese Länder sind daher der
Profitgier des Dollar-Imperialismus ausgeliefert.**

Die Potsdamer Konferenz 1945 und die amerikanischen Gewinne:
„Die deutsche Kuh so lange wie möglich melken!"

Die Sowjetunion hatte insgesamt 27 Millionen Tote (Soldaten und Zivilisten) des Zweiten Weltkriegs zu beklagen, die USA dagegen nur etwa 400.000 getötete Soldaten. Man sollte angesichts dieses Zahlenverhältnisses von 1: 68 meinen, die Sowjetunion hätte einen erheblich größeren Anspruch an Wiedergutmachungsleistungen gehabt. Aber ihr wurden die im Februar 1945 in Yalta von den USA zugesagten Reparationen aus dem wirtschaftlichen Herzen Deutschlands, dem Ruhrgebiet, von den Westalliierten anschließend strikt verweigert. Obwohl *die dauerhafte deutsche Teilung schon lange vor dem Kriegsende von den Siegermächten beschlossene wurde,*[109] gingen die Sowjetunion und die USA *mit völlig unterschiedlichen Konzeptionen vor, um sich ihren Siegeranteil zu sichern.* Die Sowjetunion führte umfangreiche Demontagen durch, bis hin zu den in die Sowjetunion verbrachten Eisenbahnschienen. Die USA dagegen dachten **entsprechend ihrer bisherigen imperialen Tradition** langfristiger und systematischer: *„Die deutsche Kuh sollte solange wie möglich gemolken werden."* Diese aussagekräftige Metapher im Zusammenhang mit den erwarteten amerikanischen Gewinnen stammt von Edwin Pauly, einem US-Delegationsmitglied der *„Potsdamer Konferenz",* die vom 17. Juli bis zum 2. August 1945 stattfand. Pauly war bezeichnenderweise Präsident mehrerer kalifornischer Öl-Gesellschaften.[110] Der britische Premierminister Sir Winston Churchill hatte ja ohne Umschweife sogar verlangt:

---

[109] *Wilfried Loth: Die Teilung der Welt – 1941-1945; 1980*
[110] *Wolfgang Benz: Potsdam 1945; 1994, S. 107*

98

„ ... die Hauptsache ist, Deutschland geteilt zu halten, und wenn nur für fünfzig Jahre." [111]

Dem angestrebten Ziel der dauerhaften deutschen Teilung kam man bereits mit dem am 5. Juni 1947 verkündeten *Marshall-Plan* näher: Die USA hatten, ebenso wie im Ersten Weltkrieg, im Zweiten Weltkrieg mit dem geringstmöglichen Einsatz entscheidend dazu beigetragen, Deutschland in die Knie zu zwingen. Auch nach dem Zweiten Weltkrieg war mit ihrem *egozentrischen Profitstreben als Triebkraft der „Hilfe" für die Besiegten* zu rechnen. Für die finanzielle Durchdringung Deutschlands nach dem *Ersten* Weltkrieg hatten die USA den *Dawes-* beziehungsweise *Young-Plan* benutzt (siehe vorne). **Nach dem Zweiten Weltkrieg beschrieb der eigentliche Schöpfer des Wiederaufbau-Programms, des sogenannten *Marshall-Plans (European Recovery Program – ERP)*, der stellvertretende US-Wirtschaftsminister Will Clayton, den tatsächlichen Zweck der sogenannten Hilfsmaßnahmen mit entlarvender Offenheit:**

„Lasst uns zugeben, dass unsere Absichten die Bedürfnisse und Interessen der Vereinigten Staaten zum Hintergrund haben ... Wir brauchen Märkte. Wir brauchen große Märkte, auf denen wir verkaufen und kaufen können." [112]

Dabei vertrat Clayton – wie das in der amerikanischen Politik nicht außergewöhnlich ist – auch eigene Interessen. Er war eng mit einer der größten Handelsfirmen liiert, die in Europa gute Geschäfte machen wollte. Selbst die Präambel des Marshall-Plan-Gesetzes legte als Ziel der *„Hilfsmaßnahmen"* fest, *die „Macht und Stabilität der Vereinigten*

---

[111] *Klaus-Jörg Ruhl: Neubeginn und Restauration. Dokumente zur Vorgeschichte der Bundesrepublik Deutschland 1945-1949; 1989, S. 22*
[112] *Rolf Winter: Ami go home; 1989, S. 16*

Staa-ten" zu sichern[113] und konnte damit kaum die eigensüchtigen Ziele der USA verhüllen. US-Präsident Theodore Roosevelt war nämlich bereits im Oktober 1944 davon ausgegangen, dass es am Kriegsende nach Wegfall der kriegsbedingten Rüstungsproduktion in den USA 4,5 Millionen Arbeitslose geben würde. Alle wirtschaftlichen Aktionen der USA im Rahmen des sogenannten Kalten Krieges mussten daher offensichtlich dazu herhalten, auch *eine horrende Arbeitslosigkeit nach dem Zweiten Weltkrieg in den USA zu verhindern.* Roosevelts Außenminister Cordell Hull ging näher darauf ein:

„ ... ohne ein anderes Land übervorteilen zu wollen, werden wir dafür zu sorgen haben, dass die amerikanische Industrie ihren angemessenen Anteil an den Märkten der Welt bekommt." [114]

Zu dieser Zeit also wurde die Grundlage der weiteren Durchdringung Europas, insbesondere West-Deutschlands, mit amerikanischem Kapital gelegt.

Durch den Zusammenschluss der Britischen und Amerikanischen Besatzungszone zur *„Bi-Zone"* am 1. Januar 1947 wurden dann die Weichen für eine definitive und langfristige Teilung Deutschlands in einen West- und Ostteil gestellt. Vor allem die amerikanische Besatzungsmacht bestimmte in West-Deutschland den Lauf der Dinge. Endgültig wurde die Zielrichtung am 12. März 1947 in der nach dem US-Präsidenten Harry S. Truman benannten *Truman-Doktrin* offiziell bestätigt. Der am 5. Juni 1947 verkündete *Marshall-Plan* war Teil der Strategie und leitete den Beginn der stabilen Teilung Deutschlands ein.

---

[113] *„Gesetz für wirtschaftliche Zusammenarbeit von 1948": Hans-Jürgen Schröder: Marshall-Plan und westdeutscher Wiederaufstieg, 1990, S. 65,66*
[114] *John Lewis Gaddis: United States and the Origin, 1972: Roosevelt and Hull: 17.10.1944*

Die CIA: Geheimorganisation zur Verteilung von Bestechungsgeldern nach dem Zweiten Weltkrieg – auch in Deutschland

Der New York Times-Journalist Tim Weiner berichtet über den Beginn der organisierten „politischen" Kriegsführung der USA nach dem Zweiten Weltkrieg mit Hilfe eines 1947 neu gestalteten Geheimdienstes, der *Central Intelligence Agency* – CIA.[115] Sie sollte – de facto als staatliche Geheimorganisation – mit Hilfe „verdeckter Operationen" („Covert Actions") weltweit, auch in Europa bei den ehemaligen Kriegsverbündeten, aber insbesondere in West-Deutschland, konkret Politik betreiben. Hierunter fiel die gezielte Steuerung öffentlicher Meinungsträger unter massivem Einsatz finanzieller Mittel. **In West-Europa, einschließlich der Bundesrepublik, diente die Tarnorganisation der CIA *Congress for Cultural Freedom (CCF)* der Bestechung und Beeinflussung von Intellektuellen und Medien.** Die Vereinigung steuerte in West-Europa, vor allem in West-Deutschland, Schriftsteller, Künstler hochrangige Politiker, Gewerkschaftler etc. gegen entsprechende Zahlungen oder durch die Gewährung von Vergünstigungen, um die Vertretung amerikanischer Wirtschaftsinteressen im sogenannten *Kalten Krieg* voranzutreiben.[116]

---

[115] *Tim Weiner: CIA – Die ganze Geschichte, 2008*
[116] *Westdeutscher Rundfunk, 26. Mai 1999: Germany – Made in USA. Wie US-Agenten Nachkriegsdeutschland steuerten; Who Paid the Piper? The CIA and the Cultural Cold War, Frances Stonor Saunders, 1999*

Wie die Amerikaner eine *„deutsch-amerikanische Freundschaft"* herbeizauberten:
– Die russisch-amerikanische Blockade-Show 1948/49 im Dienste beiderseitiger finanzieller Interessen –

Heute muss man sich fragen, ob man bei ausreichender Kenntnis der US-amerikanischen *finanziell begründeten imperialen Geschichte, d. h. ihrer Taktik mit Besiegten umzugehen und ihre Vorteile zu suchen* – aber auch der wahren Motive der Sowjetunion eigentlich nicht schon bei der *„Blockade"* 1948/49 hätte misstrauisch werden müssen. Wurden die Deutschen im *großem Stil getäuscht und betrogen? Waren sie einem gigantischem Schwindel, einem abgekarterten Spiel aufgesessen, das dazu dienen sollte, die Teilung Deutschlands im wirtschaftlichen Interesse der Siegermächte langfristig zu gewährleisten?* Welche unwiderlegbaren Indizien sprechen dafür?

Musste es den **Amerikanern** mit ihrer *eingewurzelten imperialen merkantilen Mentalität* nicht sehr viel daran gelegen sein, in Anbetracht der *Vernichtungsorgie der Flächenbombardierung* und Einäscherung Dresdens, Hamburgs, Berlins und zahlreicher anderer deutscher Städte, einschließlich der Ausmerzung eines Großteils ihrer Zivilbevölkerung so schnell wie möglich ein *„business as usual"* zur erreichen? Diese anglo-amerikanischen offensichtlichen Kriegsverbrechen müssten doch *irgendwie* so schnell wie möglich aus dem kollektiven Gedächtnis der Deutschen gelöscht werden. Die Luftangriffe trugen teilweise die aufschlussreichen Code-Bezeichnungen *„Millennium"* und *„Gomorra"*. Dem Weltenrichter wollte man schon jetzt mit *„Feuerstürmen"* apokalyptischer Dimension unter die Arme greifen. Dabei handelte es sich um die *„Vernichtung eines bereits am Boden liegenden Gegners, ohne militärischen Sinn und strategische Notwendigkeit"*.[117] An

---

[117] *Jörg Friedrich: Der Brand - Deutschland im Bombenkrieg 1940-1945; 2002, S. 108, 109*

hunderttausenden überwiegend Frauen und Kindern wurde ein eindeutiger Völkermord begangen, nach Auffassung vieler Historiker prinzipiell vergleichbar mit den Atombombenabwürfen im August 1945 auf Hiroschima und Nagasaki, die *gleichfalls militärisch überflüssig* waren. So räumte der damalige US-Präsident Harry S. Truman, der den Abwurfbefehl erteilte, in seinen Memoiren ein, dass der Einsatz der Massenvernichtungswaffe lediglich dazu dienen sollte, *die Sowjetunion daran zu hindern, noch in Japan einzugreifen und damit ihre Einflusssphäre auszuweiten.*[118]

Musste es nicht weiterhin, was die *USA* betrifft, ihr Bestreben sein, die mit ihrem *ausdrücklichen* Einvernehmen mit der Sowjetunion im Potsdamer Abkommen *sanktionierte Vertreibung der Deutschen aus den Gebieten jenseits der Oder und Neiße* unvorstellbaren Ausmaßes im eigenen *„Geschäftsinteresse"* so schnell wie möglich durch eine *„vertrauensbildende Maßnahme"*, d. h. durch die Abwehr der Berlin-Blockade mit Hilfe der *„Luftbrücke"* vergessen zu machen? Die Vertreibung der Deutschen war ja die Folge der *„West-Verschiebung"* Polens. Die West-Alliierten hatten im Potsdamer Abkommen die Aneignung Ost-Polens durch die Sowjets eindeutig *gutgeheißen.* Das bedeutete zwangsläufig die Vertreibung der dort ansässigen Polen in Richtung Westen – und als zwingende Folge dessen die Vertreibung der Deutschen aus ihrer Heimat. (Sogar schon vorher hatten doch bereits im *Hitler-Stalin-P*akt vom 23. August 1939 die beiden Diktatoren ihre Absicht bekundet, Ost-Europa unter sich aufzuteilen.) Da Hitler als Vertragspartner ausgefallen war, traten jetzt die West-Alliierten de facto an seine Stelle. Zur Vertreibung der Deutschen stellt der Historiker Alfred de Zayas fest:

„Aber ein sehr wichtiges Ergebnis des Krieges hat ... offensichtlich nicht die Aufmerksamkeit gefunden, die es verdient: Die Flucht und Vertreibung von 15 Millionen Deutschen aus ihrer Heimat in Mittel- und Osteuropa. ... Mehr als 2

---

[118] *Harry S. Truman: Memoiren, Bd. I, 1955, S. 421 f.*

*Millionen Deutsche haben die erzwungene Auswanderung nicht überlebt. ... Das menschliche Elend, das diese Umsiedlung vor allem in den Jahren 1945-48 hervorrief, gehört zu den schlimmsten Kapiteln des zwanzigsten Jahrhunderts. ... Kaum jemand hat **die Rolle erörtert, die Großbritannien und die Vereinigten Staaten übernahmen, als sie die Ausweisung der Deutschen guthießen.***"* [119]

Das Vorgehen der *USA* gegen die Blockade Berlins durch die Russen war für viele der Beweis einer neu entstandenen „deutsch-amerikanischen Freundschaft". Die Amerikaner mutierten bei dieser Gelegenheit für eine große Zahl der Deutschen als Kontrast zur Nazizeit plötzlich zum Urbild der Demokratie – welch ein Trugschluss!

Das eigentliche Ziel der *Sowjetunion* bei der Blockade von West-Berlin war es offensichtlich, **mit Hilfe eines *abschreckenden Beispiels* die *Ostblockstaaten langfristig unter ihrer Knute zu halten.* Nicht zu vergessen ist, dass die für die Sowjetunion *lebenswichtigen Repa-rationsgüter auf Dauer durch die Ostblock-Länder hindurch aus Ost-Deutschland sicher herausgeschafft werden mussten.* Von osteuropä-ischen Staaten war aber teilweise eine aktive militärische und sonstige Unterstützung Hitler-Deutschlands, bis hin zu eigenen *„SS-Divisionen",* im Kampf gegen die Sowjetunion ausgegangen. Denn in manchen Ostblock-Staaten bestand eine *über Jahrhunderte gewachsene schwer-wiegende Feindschaft* gegenüber der Sowjetunion, hauptsächlich in den baltischen Ländern, in Polen und in Rumänien, bis hin zum Polnisch-Sowjetischen Krieg kurz nach dem Ende des Ersten Weltkriegs. *Für die Sowjetunion besaß die möglichst lang andauernde Fügsamkeit des Ostblocks höchste Priorität.*

---

[119] *Alfred M. de Zayas: Die Anglo-Amerikaner und die Vertreibung der Deutschen, 1985, S. 17*

Nach dem Verlauf der *bisherigen imperialen Entwicklung der USA* war zu erwarten, dass man mit den übriggebliebenen Deutschen bald-möglichst – im *finanziellen amerikanischen Interesse* – ins Geschäft kommen wollte. Ab September 1947 wurden deshalb in den USA, die neuen Banknoten für Westdeutschland gedruckt. Die Einführung der *„West-Mark"* im Juni 1948 war für die Sowjets der willkommene Anlass für die Propaganda-Veranstaltung der *„Blockade"* West-Berlins. Das Ereignis bildete nur *die* Kulisse für die Durchsetzung der finanziellen Interessen der Siegermächte. Ihnen war sowieso klar, dass eine Rücknahme der separaten *„Währungsreform"* für den Westen Deutschlands schon deshalb unrealistisch gewesen wäre, weil inzwischen die Westmächte in ihrem Einflussgebiet wirtschaftlich und verwaltungsmäßig mit Hilfe der von ihnen etablierten westdeutschen Verwaltungen vollendete Tatsachen geschaffen hatten. Gleiches galt natürlich auch für Ost-Deutschland. **Die USA und die Sowjetunion taten von Anfang an alles, um die ja bereits *vor Kriegsende* beschlossene definitive deutsche Teilung, den *„Status quo",* in trauter Eintracht und im gemeinsamen Interesse zu zementieren.**

Alles spricht dafür, dass es sich bei der Blockade West-Berlins durch die Sowjetunion vom Juni 1948 bis Mai 1949 um ein Unter-nehmen handelte, das dazu dienen sollte, die längerfristigen wirtschaftlichen Vorteile sowohl der USA als auch der Sowjetunion abzusichern. Das heißt: Aus der Blockade-Veranstaltung zogen die USA und die Sowjetunion gleichermaßen (im mehr oder minder stillem Einvernehmen) ihren Nutzen. Beide Seiten hatten aus gewichtigen finanziellen Erwägungen heraus ein dringendes Inte-resse daran, die *„Wunde der deutschen Teilung so lange wie möglich offen zu halten!"* Dazu war auch im europäischen Maßstab die Blockbildung letztlich im Interesse der Profitmaximierung der *„Militärisch-Industriellen-Komplexe"* der USA und der Sowjetunion im sogenannten *Kalten Krieg* zu hegen und zu pflegen, auch wenn dabei Theater-Donner, wie bei der Blockade, zum Einsatz kommen würde. Eine langfristige Polarisierung, das heißt ein nachhaltiger Ost-West-Gegensatz, auch der Deutschen untereinander, musste

mit allen Mitteln eingeleitet und aufrecht erhalten werden, um Wiedervereinigungsabsichten schon im Keime zu ersticken.

Das Ziel der *USA* war es, die Westdeutschen als *„Atlantiker"* über Jahrzehnte hinweg zu einer wirtschaftlichen Kooperation mit ihnen auf Kosten der deutschen Einheit bereit zu machen. Durch die *„Hilfsaktion"* des Blockadebruchs sollten Argumentationshilfen für das Bestehen einer urplötzlichen sogenannten *Deutsch-Amerikanischen Freundschaft* geliefert werden. Wie schon bei der *bisherigen wirtschaftlichen Expansionsstrategie* der USA immer wieder zu beobachten, war es ihr Bestreben, auch mit Hilfe einheimischer Kollaborateure, unverzüglich nach einem Krieg sich aus *Profitinteressen* als *„Garant der Freiheit"* sowie als *„Schutzmacht"* auszugeben. Private, vor allem religiös motivierte, Hilfsbereitschaft *(„Care-Pakete")* wurde im Dienste politischer und wirtschaftlicher Ziele instrumentalisiert. Vor diesem Hintergrund kam es zu einem *obskuren Schattenboxen, zu einer Show, einem gigantischen Täuschungsmanöver, einem abgekarteten Spiel mit verteilten Rollen* auf Kosten der hungernden und frierenden West-Berliner.

Der Ausgang des *als Teil des sogenannten Kalten Krieges inszenierten Schaukampfs* stand von vorneherein fest: Denn es ist genauso unsinnig wie abwegig zu behaupten, die Amerikaner hätten sich durch die Russen nach dem gerade erst mühsam errungenen Sieg über Nazi-Deutschland jemals aus dessen Hauptstadt vertreiben lassen! Ebenso hätte die Sowjetunion, hätte sie die Versorgung der westlichen Teile Berlins ernsthaft verhindern wollen, mit ihren damals in Ost-Deutschland stationierten 350.000 Soldaten eine *perfekte* Abschnürung West-Berlins leicht erreichen können. Dies geschah aber offensichtlich nicht und war auch nicht beabsichtigt. Auch eine volle und dauerhafte Versorgung der West-Berliner Bevölkerung hätte keine *„Luftbrücke"* der Welt zustande gebracht. Nur – eine derartige Eskalation war für das Erreichen des *Propaganda-Effekts des inszenierten Spektakels* der zeitweiligen Versorgung West-Berlins auf dem Luftwege im augenzwinkernden Einverständnis der Siegermächte überhaupt nicht nötig.

Die Sowjetunion musste natürlich angesichts der vielfältigen menschlichen Verbindungen zwischen dem Ost- und Westteil Berlins ein
elementares Interesse daran haben, die Bevölkerung eines Teils einer
Millionenstadt, deren anderen Teil sie besetzt hielt, nicht verhungern
oder erfrieren zu lassen. Schließlich war sie in Anbetracht der beim
Rückzug der Nazis aus der Sowjetunion praktizierten Taktik der
„Verbrannten Erde" darauf angewiesen, Reparationen – auch aus der
„laufenden Produktion" – ihrer besetzten Ost-Zone zu erhalten.
*Reparation aus dem industriellen Herzen Deutschlands, dem Ruhrgebiet
hatte man der Sowjetunion ja ausdrücklich versagt.* Es war also auf
lange Sicht eine Kooperation mit der ostdeutschen Bevölkerung unentbehrlich. Zur Sowjetisch Besetzten Zone gehörte als wichtiger Bestandteil Ost-Berlin. *Schwerlich hätte man im Falle der vorsätzlichen Tötung
von Verwandten oder Freunden der Ost-Berliner im anderen Teil der
Stadt mit einer Zusammenarbeit mit den Russen rechnen können.* Hinzu
kommt, dass in West-Berlin viele Arbeitskräfte wichtiger Industrie-
betriebe, die sich hauptsächlich *gerade* in *Ost-Berlin* befanden, wohnten.
Deshalb wurde ein weitgehendes Unterlaufen der sowjetischen
Blockade, sogar im innerdeutschen Handel, von den Besatzungsmächten einvernehmlich begünstigt und geduldet.

So gab es zwischen den Westsektoren Berlins und Ost-Berlin und der
Berlin umgebenden *"Sowjetische Besetzten Zone"* – neben persönlichen Versorgungsmöglichkeiten – sogar weiterhin *offizielle Wirtschaftsbeziehungen sowie Handelsverträge* zwischen Firmen in den
westlichen Bezirken und Ost-Lieferanten. Der US-Geheimdienst hegte
deshalb offenbar in seinem *„Intelligence Report"* Nr. 23 vom 23.
Oktober 1948 – also nachdem die Blockade bereits vier Monate
andauerte – *Zweifel an der Wirksamkeit der gesamten Propaganda-
Aktion.* Der Geheimdienst stellte besorgt die Frage, inwieweit West-
Berlin denn überhaupt *„blockiert"* sei und konstatierte einen *„anhaltenden erheblichen Güteraustausch"*.[120] Eingefleischte *„Atlantiker"* und
Anhänger der demonstrativen urplötzlichen *„Deutsch-Amerikanischen*

---

[120] *Volker Koop: Kein Kampf um Berlin?, 1998*

(Nachkriegs)-Freundschaft" sowie der *„Schutzmacht"*-Version wenden ein, die Abschnürung sei eben entweder nicht perfekt gelungen oder die Sowjetunion habe sie bewusst moderat gehandhabt, um zur Realisierung ihres Expansionsdranges im Rahmen der *„Weltrevolution"* einen Keil zwischen die West-Alliierten und die West-Berliner zu treiben, damit diese sich dem Osten anschließen. Die Absurdität eines derartigen unterstellten möglichen *„Anschlusses"* der West-Berliner an die deutschen kommunistischen Marionetten der Sowjetunion in Ost-Berlin ist allerdings schon allein am Ablauf der späteren Staatsbesuche amerikanischer Präsidenten in Berlin ablesbar. Diese glichen den Huldigungen eines Kolonialvolkes und demonstrierten augenfällig die Orientierung der im Vergleich mit ihren ärmlichen ostdeutschen *„Brüder und Schwestern"* erheblich bessergestellten Westdeutschen.

Dem unvoreingenommenen Betrachter bleibt es überlassen, welcher Version der Berlin-*„Blockade"* er in Anbetracht der historischen Rahmenbedingungen und der Interessenlage der Siegermächte den Vorzug geben möchte.

„Kalter Krieg": Augenzwinkernde Komplizenschaft als Voraussetzung für die Durchdringung der Bundesrepublik mit US-Kapital

45 Jahre lang bis zur Wiedervereinigung im Jahre 1990 und noch darüber hinaus wurde und wird der verklärte und gesteuerte Glaube an die Vertrauenswürdigkeit der *äußerst fragwürdigen Demokratie-Praxis* der USA und an ihre *„Schutzmacht"-Funktion* sorgfältig kultiviert:

Die USA seien der Schutzschild gegen die sowjetischen militärischen Expansionsabsichten im Rahmen der *„Weltrevolution"* gewesen. Demgegenüber lag die Sowjetunion mit ihren 27 Millionen Weltkriegs-Toten *völlig am Boden und war jahrzehntelang auf die Reparationen aus ihrer Besatzungszone angewiesen.* Vor allem interessierte Finanz- und Wirtschaftskreise stilisierten jedoch die lebensfremde Legende einer sowjetischen Nachkriegs-Aggressivität zur zweckgerichteten Ideologie einer *„Wertegemeinschaft"* mit den USA hoch. **Die Tatsache, dass die langfristige deutsche Teilung ja schon vor dem Kriegsende von** *sämtlichen* **Kriegssiegern beschlossen wurde, passt nicht in dieses Weltbild. Dies führte zwangsläufig zu einer bis zuletzt andauernden** *substantiellen* **deutschlandpolitischen Passivität. Viele Westdeutsche waren aber nicht nur – wie sie sich gerne sehen – Opfer des sogenannten** Kalten Krieges**, sondern auch dessen aktive Gestalter und Nutznießer – schon aufgrund der massiven** US-Kapitaldurchdringung **der Bundesrepublik.**

Bereits während der römischen Besatzungszeit hatten die deutschspra-chigen Stämme *westlich des Rheins* ein starkes Untertanen- und Obrig-keitsdenken entwickelt, das sich im *Katholizismus des „Heiligen Römi-schen Reiches Deutscher Nation"* weiter ausprägte. Im (zweiten) deutschen (Kaiser)reich nach 1871 wurde diese Mentalität in ganz Deutschland besonders deutlich. Die Hohenzollern waren seit 1613 Calvinisten, d. h. autoritätsgläubige Herrscher *„von Gottes Gnaden"* (siehe vorne). Der Untertanengeist setzte sich dann im „Dritten Reich" als ausgesprochene Hörigkeit gegenüber Hitler fort. Auch nach dem Zweiten Weltkrieg hatte sich diese in der deutschen Geschichte wurzelnde Geisteshaltung unter der amerikanischen Siegermacht, aber auch in Ostdeutschland, grundsätzlich nicht verändert. Unter dem Eindruck der bis heute propagandistisch weidlich ausgeschlachteten Blockade-Show um West-Berlin entwickelten sich viele Westdeutsche zu fanatischen und kritiklosen "Atlantikern", d. h. zu Anhängern einer demonstrativen sogenannten „Deutsch-Amerikanischen Freundschaft". Den USA billigte man bis hin zum Vietnamkrieg Narrenfreiheit zu. Der „West-Integration" wurde – um den Preis der deutschen Einheit – aus eigensüchtigen Motiven der Vorzug gegeben. Hierzu gaben sich genügend deutsche Kollaborateure her, die dabei nicht leer ausgingen. Argumentiert wird dabei auch heute noch, ohne die Hilfe der Amerikaner hätte es für die Westdeutschen wirtschaftlich schlecht ausgesehen. Die benachteiligten Ostdeutschen werden dabei geflissentlich übersehen. **Die Frage, warum von westdeutscher Seite insbesondere in den letzten Jahrzehnten nichts Substantielles für die Wiedervereinigung getan wurde, wird mit durchsichtigen Scheinargumenten und Ausflüchten beantwortet.**

Die westdeutsche Politik gegenüber den amerikanischen „Freunden" bzw. der „Schutzmacht" (ganz gleich, ob ab 1949 unter konservativer oder später sozialliberaler Ägide) glich 45 Jahre lang der Unmündigkeit von Bewohnern der bisher von Amerika „erworbenen" Kolonien. Dies bedeutete auch die Übernahme und unterwürfige Imitation kultureller und sprachlicher Elemente der Siegermacht. So sind in 45 Jahren – im Gegensatz zu anderen europäischen Ländern – mehr Anglizismen in die deutsche Sprache eingegangen als in mehreren Jahrhunderten! nach der römischen Besetzung Germaniens Lehnwörter lateinischen Ursprungs.[121]

---

[121] Hermann Zabel: Denglisch, nein danke!: Zur inflationären Verwendung von Anglizismen und Amerikanismen in der deutschen Gegenwartssprache, 2003

Der deutsch-amerikanische Familien-Clan auf höchster Ebene: Konrad Adenauer/John McCloy/Lewis Douglas: Lasst uns gemeinsam das US-Kapital vermehren!

Schon in der Weimarer Republik und in der Nazizeit hatten die USA Deutschland wirtschaftlich und finanziell regelrecht durchdrungen (siehe vorne). Um diese lukrativen Verbindungen wieder aufleben zu lassen, bedienten sich die USA nach dem Zweiten Weltkrieg zuverlässiger, auf beiden Seiten des Atlantiks wirtschaftlich einflussreicher, Helfer und Gewährsleute. Nichts wurde dem Zufall überlassen. Die Protagonisten dieser *„Connection"* waren nicht *„Irgendwer"*. Innerhalb einer, besonders im anglo-amerikanischen Raum bewährten, Vetternwirtschaft waren sie in Familien-Clans versippt und verschwägert. Die finanziellen Verbindungen dieser *„Klüngel"* reichten bis in die Nazizeit zurück. **Die deutsch-amerikanische Nachkriegspolitik während der Adenauer-Zeit bestimmten offensichtlich auch familiäre Bindungen auf höchster Ebene:**

John McCloy: Hoher Kommissar der US- Militärregierung in Deutschland (1949 - 1952), ein naher Verwandter von Bundeskanzler Konrad Adenauer

Im eroberten Westdeutschland war John McCloy der mächtigste Mann. Er war von 1949 bis 1952 *„Hoher Kommissar der „Amerikanischen Militärregierung in Deutschland".* In den letzten Jahren wurde bisher geheimes Material der *„National Archives"* der USA über die politisch-kulturelle Infiltration und Steuerung Deutschlands freigegeben. Danach hatte John McCloy laut einem Operationsplan mit dem Decknamen *„Pocket Book"* die Aufgabe, einen lebensfähigen (west)deutschen Staat aufzubauen, die Teilung aufrecht zu erhalten und Westdeutschland als Abbild Amerikas zu errichten.[122] McCloy residierte auf dem Petersberg in

---

[122] *Kai Bird: The Chairman, Biografie John McCloys, 1992*

Königswinter bei Bonn, beinahe Tür an Tür mit Konrad Adenauer, Bundeskanzler von 1949 bis 1963, der im benachbarten Rhöndorf wohnte.

McCloys Ehefrau, Ellen, eine geborene Zinsser (gestorben 1986), war mit Konrad Adenauer eng verwandt. Einer der, wie er sich selbst bezeichnet, *„Gründungsväter der amerikanischen Botschaft"* in der Bundesrepublik Deutschland, Joachim von Elbe, äußerte sich hierzu (pikanterweise auf der Web-Seite der Botschaft): Über diese verwandtschaftliche Beziehung Mc-Cloys zu Adenauers zweiter Frau, *„Gussi"* (Auguste, geb. Zinsser, gestorben 1948), sei in Deutschland *„der Mantel des Schweigens gelegt"* worden, weil das Bekanntwerden dieser Verbindung *„nicht besonders hilfreich"* gewesen wäre:

> *„Die Großväter seiner Frau und von Frau Adenauer waren Brüder. Frau Adenauers Großvater war mit seinen Brüdern nach Amerika ausgewandert, aber später nach Köln zurückgekehrt. Während McCloys Zeit in Deutschland wurde über diese Verbindung der Mantel des Schweigens gelegt, da es weder für McCloy noch für Adenauer besonders hilfreich gewesen wäre, wenn der Eindruck der Begünstigung entstanden wäre."* [123]

Die Frauen Adenauers und McCloys waren Enkelinnen des einflussreichen Industriemagnaten Frederic G. Zinsser, Inhaber der Zinsser Chemical Company und Partner von J. P. Morgan & Co. Der Bankier und ausgewiesene Antisemit John Pierpont Morgan, einer der reichsten Männer der Welt und Mitgründer der amerikanischen Notenbank, des Federal Reserve System (Fed), hatte unter anderem die riesige United Steel Company geschaffen und war Anteilseigner der deutschen IG Farben. Nach dem Zweiten Weltkrieg war das Morgan-Bank-Imperium in Westdeutschland intensiv in die Realisierung des Marshall-Plans eingebunden. Von den fünf großen US-Investment-Banken waren nach der

---

[123] *http://usa.usembassy.de/etexts/ga4d-elbe.htm*

Welt-Finanzkrise 2008 nur noch die zwei stärksten übrig geblieben: Goldmann Sachs und J. P. Morgan. Heute ist der JP Morgan Chase & Co. Bank- und Investment-Trust die zweitgrößte Finanzgruppe der USA.[124]

Lewis Douglas: Oberster Finanz-Chef der US- Militärregierung in Deutschland, ein naher Verwandter von Bundeskanzler Konrad Adenauer

Lewis Douglas, Oberster Finanz-Chef in der *„Amerikanischen Militärregierung in Deutschland"*, war ebenso wie sein Vorgesetzter John Mc Cloy, ein naher Verwandter von Bundeskanzler Konrad Adenauer. Die New York Times vom 17. August 1992 ging anlässlich des Todes von Peggy Douglas, geborene Zinsser, der Schwester von John McCloys Ehefrau Ellen, auf die Verbindung Adenauers zweiter Frau *„Gussi"* (Auguste), geborene Zinsser, mit der Zinsser Chemical Company ein:[125]

"Mrs. Douglas was born in Hastings-on-Hudson, N.Y., and graduated from Smith College. Her family founded the Zinsser Chemical Company. Her sister, Ellen, married John J. McCloy, an adviser to several American Presidents, and a cousin married Konrad Adenauer, a Chancellor of West Germany."[126]

Diese enge verwandtschaftliche Beziehung des deutschen Bundeskanzlers zu einflussreichen amerikanischen Industrie-Kreisen erhält dadurch ein besonderes Gewicht, dass Peggy Douglas, geborene

---

[124] *Glen Yeadon, John Hawkins, The Nazi Hydra in America, 2001, Ch. VII, P. 9; http://de.wikipedia.org/wiki/John_Pierpont_Morgan*
[125] *New York Times, 17.8.1992: Bruce Lambert: "Peggy Z. Douglas, a fund-raiser and champion of arts, dies at 94."*
[126]*http://query.nytimes.com/gst/fullpage.html?res=9E0CE4D91E3CF934A 2575BC0A964958260*

Zinsser, die Ehefrau von Lewis Douglas war,[127] dem obersten Finanz-Chef[128] der amerikanischen Militärregierung in Deutschland. Diese überwachte die wirtschaftliche Umsetzung des *Marshall-Plans* und die Bildung der *Bi-Zone*, d. h. den Zusammenschluss der amerikanischen und britischen Besatzungszone Deutschlands am 1. Januar 1947. Dadurch wurden die Weichen für die Einführung der West-Mark im Juni 1948 gestellt. Für die dauerhafte Teilung in West- und Ostdeutschland sowie für die bis heute andauernde massive *Unterwanderung der Bundesrepublik mit US-Kapital* wie bereits nach dem Ersten Weltkrieg (siehe vorne) waren somit die besten Voraussetzungen geschaffen. Die koloniale Ausplünderung Deutschlands konnte beginnen. Lewis Douglas, dessen Vater eine Kupfermine in Arizona besaß, war 1933 zum Vorsitzenden der US-Haushaltsbehörde ernannt worden. Von 1934-37 war er Vizepräsident des riesigen Chemie-Konzerns American Cyanamid Company, von 1944-65 Direktor bei der General Motors Corporation[129], der Mutterfirma von Opel, die ein integraler Bestandteil der Waffenschmiede der Nazis war (siehe vorne).

Konrad Adenauer, „Kanzler der Alliierten" (1949-1963) – Gesamtdeutsche Wahlen wollte er nicht.

Konrad Adenauer, Bundeskanzler von 1949 bis 1963, war als **naher Verwandter der ranghöchsten Mitglieder der** *Amerikanischen Militärregierung in Deutschland* am besten geeignet, wie in der Präambel des Marshall-Plans gefordert, *„die Macht und Stabilität der Vereinigten Staaten"* auf westdeutschem Gebiet zu sichern. Nicht umsonst, und nicht nur aus Gründen der alphabetischen Reihenfolge, stand er an der Spitze der sogenannten *Weißen Liste*. Diese hatte das Alliierte

---

[127] *http://www.nndb.com/people/792/000130402/*
[128] *http://en.wikipedia.org/wiki/Lewis_Williams_Douglas*
[129] *Michael Wala: Winning the Peace: Amerikanische Aussenpolitik und der Council on Foreign Relations, 1945-1950; 1990, S. 117*

Oberkommando bereits Anfang 1945 erstellt, um nach dem Kriege Schlüsselpositionen in Westdeutschland zu besetzen.[130] Konrad Adenauer war der Garant der ja bereits beschlossenen dauerhaften deutschen Teilung: Die Interessen seines deutsch-amerikanischen Familien-Clans sowie die des dahinterstehenden Klientels vertrat er ohne Rücksicht auf das gesamtdeutsche Gemeinwohl.

Aber bereits kurz nach dem Ersten Weltkrieg hatte er ja alles getan, um Deutschland in einen westlichen und östlichen Teil zu spalten: 1920, Präsident des Preußischen Staatsrats geworden, war er einer der Wortführer der separatistischen rheinischen Bestrebungen zur Gründung einer *„Westdeutschen Republik"*. Diese Projekte wurden von französischer Seite konspirativ unterstützt.[131] Schon kurz nach den revolutionären November-Ereignissen des Jahres 1918 organisiert Adenauer ein Treffen mit mehr als 60 Oberbürgermeistern sowie Mitgliedern der Nationalversammlung und der Preußischen Länderversammlung. Dieses findet am 1. Februar 1919 in der Domstadt Köln statt. Einziger Tagesordnungspunkt: Die Gründung einer *„Rheinischen Republik"*. Adenauer:

„ ... Preußen beherrschte Deutschland, beherrschte auch die in West-Deutschland vorhandenen, nach ihrer gesamten Gesinnungsart an sich mit den Entente-Völkern sympathisierenden Stämme. Würde Preußen geteilt werden, die westlichen Teile Deutschlands zu einem Bundesstaat, der **Westdeutschen Republik**, *zusammengeschlossen, so würde dadurch die Beherrschung Deutschlands durch eine vom Geiste des Ostens, vom Militarismus beherrschtes Preußen unmöglich gemacht ..."* [132]

---

[130] *Klaus-Jörg Ruhl: Neubeginn und Restauration. Dokumente zur Vorgeschichte der Bundesrepublik Deutschland 1945-1949; 1989, S. 124*
[131] *Martin Schlemmer: „Los von Berlin". Die Rheinstaatbestrebungen nach dem Ersten Weltkrieg, 2007*
[132] *RBB (Rundfunk Berlin-Brandenburg): www.preußenchronik.de//ereignis_jsp/key=chronologie_009900.html*

Im Jahre 1923 kommt es dann tatsächlich zum Versuch der Gründung einer *„Westdeutschen Republik"*. Separatisten-Vereinigungen bringen, teilweise mit Unterstützung der französischen Besatzungstruppen, eine größere Zahl von Stadt- und Gemeindeverwaltungen gewaltsam unter ihre Kontrolle. Der Putsch verläuft jedoch nach kurzer Zeit im Sande.[133]

Nach dem *Zweiten* Weltkrieg können die Spitzen der rheinischen Industrie und Wirtschaft mit Konrad Adenauer als ihrem eifrigsten Förderer und Nutznießer endlich ihren schon nach dem *Ersten* Weltkrieg unternommenen Versuch, eine deutsch-französische wirtschaftliche Machtkonzentration im Westen Deutschlands zu schaffen, zum erfolgreichen Ende führen. Damit wird die wirtschaftliche Teilung Deutschlands in einen *West-* und *Ostteil* besiegelt. Damals sollte eine *„Westdeutsche Republik"* errichtet werden. Jetzt entsendet der mit Hilfe der Amerikaner an die Macht gelangte Kanzler der am 23. Mai 1949 gegründeten Bundesrepublik Deutschland sehr schnell Vertreter in die *Internationale Ruhrbehörde*. Diese sollte die Produktion von Eisen und Stahl im Ruhrgebiet überwachen. Schon am 28. April 1949 hatten Großbritannien, Frankreich, die USA und die Beneluxstaaten ein entsprechendes Abkommen, das *„Ruhr-Statut"*, unterzeichnet. Die enge Zusammenarbeit mit den Siegermächten bringt Konrad Adenauer den Spottnamen *„Kanzler der Alliierten"* ein. Diese Bezeichnung hatte der SPD-Vorsitzende und ehemalige KZ-Insasse Kurt Schumacher in einer Bundestagssitzung benutzt. Dabei waren Schumacher wahrscheinlich die engen familiären Verbindungen Adenauers zu einflussreichen amerikanischen Wirtschaftskreisen gar nicht einmal bekannt.

Am 9. Mai 1950 stellt der französische Außenminister Robert Schuman einen Plan vor, der weitere vollendete Tatsachen der deutschen Teilung schaffen sollte. Nach dem *„Schuman-Plan"* waren die französische und deutsche Kohle- und Stahlindustrie einer gemeinsamen Behörde (*„Haute Autorité"*) zu unterstellen. Frankreich, die Benelux-Staaten, Italien und

---

[133] *Martin Schlemmer: „Los von Berlin". Die Rheinstaatbestrebungen nach dem Ersten Weltkrieg, 2007*

die Bundesrepublik sollten die Europäische Gemeinschaft für Kohle und Stahl (*EGKS*), auch *Montanunion* genannt, bilden. Am 18. April 1951 wird der Vertrag in Paris unterzeichnet. Obwohl zwar bereits im Juni 1948 (also noch vor der DDR-Gründung im Oktober 1949) in Ost-Deutschland die gut bewaffnete „*Kasernierte Volkspolizei*" geschaffen worden war, diente der Schuman-Plan, der Vorläufer der 1957 entstandenen „*Europäischen Wirtschaftsgemeinschaft*" *(EWG)*, letztlich aufgrund der schon damals eingeleiteten westeuropäischen Vernetzung sehr viel effektiver dazu, die Teilung Deutschlands zu zementieren. Wie die CIA hierbei durch Bestechung von Bundestagsabgeordneten nachhalf: siehe später. Die westdeutsche Kohle- und Stahlindustrie wurde zur *Rüstungsindustrie* ausgebaut und Westdeutschland in das dann bald folgende westliche Militär- und Wirtschaftsbündnis einge-gliedert.

Konrad Adenauer will „*freie Wahlen*" in Gesamtdeutschland verhindern und macht, um wenigstens die Wahlen in Westdeutschland zu gewinnen, den Heimatvertriebenen Hoffnung auf Rückkehr in ihre Heimat

Die Besitzstandswahrung in der westdeutschen Republik auf Kos-ten Gesamtdeutschlands, stimmte mit dem anglo-amerikanischen Bestreben, Deutschland zum eigenen Vorteil so lange wie möglich geteilt zu halten überein. So ist es nicht verwunderlich, dass die Adenauer-Regierung keinen Versuch unternahm, die DDR von Seiten der Bundesrepublik unter konkreten Zugzwang zur Her-stellung der deutschen Einheit zu setzen, also die Nagelprobe vorzunehmen. Dieser Versuch wurde von westdeutscher Seite aus guten Gründen auch gar nicht erst unternommen. Denn schon 1946 hatte Konrad Adenauer befürchtet, dass bei einer Wiederverei-nigung seine Partei und damit er selbst durch die SPD aus dem Rennen geworfen würden. Vor dem Zonenausschuss der CDU, dem

obersten CDU-Parteigremium der Westzone hatte er davor gewarnt, dass

bei „*Gleichstellung der Ostzone die Sozialdemokraten* bei *gesamtdeutschen Wahlen die Mehrheit bekommen würden*".[134]

Unterstützt durch Konrad Adenauer und andere Vertreter der offiziellen Politik wurde noch Anfang der 1950er Jahre zum Zwecke des Stimmenfangs bei den Heimatvertriebenen die Illusion genährt, in die ja *nur* „unter polnischer" bzw. „russischer *Verwaltung*" stehenden „*Ostgebiete*" zurückkehren zu können. Die Bundeszentrale für politische Bildung bemerkt hierzu:

> „*Bei den Wahlen waren die Vertriebenen während der fünfziger Jahre .... eine umworbene Gruppe. Alle Parteien - mit Ausnahme der KPD – forderten bei einem Friedensvertrag die Wiederherstellung Deutschlands in den Grenzen von 1937. Auch Konrad Adenauer vertrat nachdrücklich diese Forderung, obgleich er sich klar darüber war, dass die Gebiete jenseits von Oder und Neiße für die Deutschen verloren waren und er mit dieser Forderung auf den Widerstand der Hohen Kommissare stoßen musste. Maßgebliche Persönlichkeiten der Bundestagsparteien sprachen auf Treffen der Heimatvertriebenen und unterstützten das Recht der Vertriebenen auf Heimat.*"[135]

---

[134] *http://de.wikipedia.org/wiki/Konrad_Adenauer#Adenauer_an_der_Macht; https://www.wikiwand.com/de/Konrad_Adenauer*
[135] *Bundeszentrale für politische Bildung: Die Vertreibung der Deutschen aus den Gebieten jenseits von Oder und Neiße: 6.4.2005:Josef Foschepoth, Potsdam und danach. Die Westmächte, Adenauer und die Vertriebenen, in: W. Benz (Anm. 5), S. 70-90,. S. 86 ff.*

Die CIA steuert 1950 durch Bestechung von Bundestagsabgeordneten die Annahme des „Schuhman-Plans", d. h. den Aufbau einer Rüstungsindustrie – und auch nach der „Wende" 1989/90 herrschte innerhalb der Elite in Ost und West wieder Einigkeit und Kumpanei

Abgeordnete des deutschen Bundestags „beeinflusste" die CIA so „erfolgreich", dass dem Schuman-Plan im Bundestag zugestimmt wurde. Die CIA berichtet darüber in einem inzwischen veröffentlichten „Top Secret"-Dokument vom 1. August 1952 voller Stolz:

> "CIA also influenced the successful ratification of the Schuman Plan by the Bundestag and its popular acceptance by the West German people."

Thomas Braden, Ex-Abteilungschef der CIA, der die Aktivitäten in Europa koordinierte, erläuterte später, was unter der „Beeinflussung" der Abgeordneten zu verstehen sei, etwas genauer:

> „So ist sie eben, die CIA. Waren deutsche Politiker, die für den Schuman-Plan stimmten, in Geldnöten, sollten sie es von der CIA bekommen." [136]

Aber auch sonst hatte die CIA vorgesorgt: Es war ein streng geheimer „Psychologischer Strategieplan für Deutschland" mit der Tarnbezeichnung „Pocket-Book" entwickelt worden. [137] Die CIA steuerte und finanzierte Kräfte, welche die öffentliche Meinung im Sinne der US-

---

[136] *WDR (Westdeutscher Rundfunk), Phoenix: 2.3.2003: Dokumentation, Joachim Schröder: Germany – Made in USA:*
http://www.lernzeit.de/sendung.phtml?detail=155292
[137] *Kai Bird: The Chairman, Biografie John McCloys, 1992*

Wirtschaftsinteressen manipulieren sollten. Hierzu diente als Tarnorganisation der *Congress for Cultural Freedom* – CCF. Die massive Einflussnahme geschah nicht ohne Grund: Die Politik der *„West-Integration"* und einer schnellen „Wiederbewaffnung" mit Hilfe von *US-Wehrtechnik* ab Oktober 1950 nicht lange nach dem Kriegsende, was den entsprechenden amerikanischen Wirtschaftskreisen zu Milliardengewinnen verhalf, stieß in der westlichen Öffentlichkeit auf nicht geringen Widerstand. Hierzu trugen die Wiedereinstellung einer größeren Zahl Nazi-Generäle sowie die rasante gesellschaftliche Wiedereingliederung von Nazi-Eliten mit tatkräftiger Unterstützung der Amerikaner bei (auch durch John McCloy als ranghöchstem Mitglied der Amerikanischen Militärregierung in Deutschland und nahem Verwandten Konrad Adenauers). Noch im Jahre 1959 entstammten etwa 300 Offiziere der Bundeswehr der Waffen-SS.[138] Die starke Durchsetzung der westdeutschen Gesellschaft mit ehemaligen Nazi-Eliten in Politik und Wirtschaft erstreckte sich bis hin zum Mitverfasser und Kommentator der Nürnberger Rassegesetze Dr. Hans Globke. Als Verwaltungsjurist hatte er im NS-Innenministerium Verordnungen verfasst, welche die verwaltungsmäßige Erfassung der Juden (durch Namensänderung im Pass und Judenstern) und damit deren Deportation erst ermöglichten. Von 1953 bis 1963 war er, obwohl seine Vergangenheit bekannt war, als Chef des Bundeskanzleramts Adenauers rechte Hand.[139] Bis in die 1960er Jahre hinein hätten im Bundestag ehemalige NSDAP-Mitglieder die größte Fraktion stellen können.

Aber auch nach der „Wende" 1989/90 trat die Kumpanei innerhalb der staatlichen Eliten *erneut* anschaulich in Erscheinung (*„Eine Krähe hackt der anderen nicht die Augen aus."*). So wurden von der „Gauck-Behörde", welche die Akten des DDR-Staatssicherheitsdienstes verwahrt, ehemalige hauptamtliche Stasi-Mitarbeiter, die teilweise Schlüs-

---

[138] *Frank Pauli: Wehrmachtsoffiziere in der Bundeswehr – Das kriegsgediente Offizierskorps der Bundeswehr und die Innere Führung 1955 bis 1970, 2010*
[139] *Klaus Bästlein: Der Fall Globke. Propaganda und Justiz in Ost und West, 2018*

selpositionen innehatten, in den Bundesdienst übernommen. Aber auch die sonstigen Partei- und Regierungsakten der DDR befinden sich wieder in altbewährten Händen. Sie werden im Bundesarchiv Berlin-Lichterfelde mit Hilfe von nach der „Wende" in den Bundesdienst übernommener teilweise hochrangiger ehemaliger Mitarbeiter des *Instituts für Marxismus-Leninismus beim Zentralkomitee der SED*, dem „Braintrust" der DDR-Regierung, verwaltet. Die Beschäftigten sind teilweise im höheren Beamtendienst des Bundesarchivs tätig. In diesem Zusammenhang ist zu erwähnen, dass die PDS als SED-Nachfolgepartei unter ihrem damaligen Vorsitzenden Gregor Gysi die SED-Mitgliederkarteien, einschließlich der „Zentralen Kaderregistratur" mit 55.000 Akten der „*Nomenklaturkader",* d. h. der DDR-Eliten, mit allein drei Millionen Dokumenten, nicht lange nach der Wende bequem vernichten konnte[140] – im Gegensatz zu den größtenteils noch heute vorhandenen Akten des Staatssicherheitsdienstes, obwohl dieser doch nur *„Schild und Schwert der Partei",* d. h. *Zuarbeiter* der Elite, war. Die ehemals *tatsächlich* „*Herrschende Klasse"* der DDR entsorgte unter den Augen des „*Klassenfeindes"* unangefochten ihre Vergangenheit.

Dabei hätte es sich Erich Honecker sicherlich nicht träumen lassen, dass seine Akten des SED-Politbüros, dessen Vorsitzender er war, einmal in der ehemaligen SS-Kaserne in Berlin-Lichterfelde gemeinsam mit den SS-Akten, im Bundesarchiv mit Hilfe seiner ehemaligen Parteigenossen verwahrt werden würden. Die SS-Akten wurden durch die Amerikaner, die ja selbst einmal mit den Nazis paktiert hatten (siehe vorne), bis zu ihrem Abzug in Berlin-Zehlendorf sicherheitshalber unter Verschluss gehalten. Ironie des Schicksals: Honecker war tatsächlich sogar schon einmal *persönlich* in dieser Kaserne – lange vor seinen Akten: Als Sekretär des kommunistischen Jugendverbandes war er aus seiner saarländischen Heimat in die Reichshauptstadt geeilt, um bei der Untergrundarbeit gegen die Nazis mitzuhelfen. Am 4. Dezember 1935 nahm ihn die Gestapo fest und schaffte ihn zunächst in die Kaserne

---

[140] *Die Welt/N 24 Digitalzeitung: So trickreich entsorgte die SED ihre Vergangenheit, 17.05.2010*

„Leibstandarte SS-Adolf Hitler" in Berlin-Lichterfelde,[141] dem späteren Bundesarchiv. Schließlich wurde er im Zellengefängnis Berlin-Moabit als Untersuchungshäftling inhaftiert. Manchmal schließt sich in der Geschichte der Kreis. Nach der „Wende" triumphierte man erneut über ihn – wieder im Gefängnis Moabit – (obwohl im *„Einigungsvertrag"* von 1990 wohlweislich kein Wort über die strafrechtliche Verfolgung Verantwortlicher enthalten ist).

Weltweit gab es Helfer Amerikas bei der Ausbeutung ihrer eigenen Länder

Die USA machten weltweit faschistoide Diktatoren zu ihren Komplizen, um diese Länder *finanziell auszusaugen.* Um nur einige zu nennen: Ferdinand Marcos auf den **Philippinen**, Francois Duvalier („Papa Doc") auf **Haiti**, der Samoza-Clan in **Nikaragua**, Syngman Rhee in **Süd-Korea**, der Schah von **Persien**, Ngo Diemh in **Vietnam**, Joseph-Désiré Mobutu in **Zaire**, Antonió Salazar in **Portugal**. 1963 wird der **irakische Staatspräsident** Abdel Karim Kassem mit Unterstützung der CIA entmachtet und ermordet. Er hatte die Iraq Petroleum Company in Staatseigentum überführt und damit die ausländischen Öl-Firmen aus dem Land gejagt (nach dem Irak-Krieg erhielten im Jahre *2008* die Öl-Konzerne Chevron, Exxon, Mobil, Shell, BP und Total wieder Förderlizenzen). In **Chile** wird dessen frei gewählter Präsident Salvador Allende mit Hilfe der CIA und der Militär-Junta unter Pinochet gestürzt und in den Tod getrieben.

---

[141] *Bundesarchiv: SAPMO-BArch DY 30/2411, Bl. 87*

28 Jahre (1961-1989) Einigkeit der USA mit der Sowjetunion über die „Absperrung der Sektorengrenze" in Berlin zum wirtschaftlichen Vorteil der Siegermächte

Nach Recherchen des Zeithistorikers Rolf Steininger **war die Absicht der *Aufrechterhaltung der deutschen Teilung* in einem Strategie-Papier (*„Operation Pocket Book"* [142]) des Planungsstabs des *US-State Departments* vom Frühjahr 1961, also noch vor dem Mauerbau im August des Jahres,** *erneut* **eindeutig festgelegt worden.** Laut Steininger kommt zwar in den US-Akten (die bisher nicht zugänglich waren) niemals das Wort „Mauer" vor, jedoch sei von einer *„Absperrung der Sektorengrenze"* die Rede.[143] Unter diesen Voraussetzungen findet am 3./4. Juni 1961 ein Treffen zwischen US-Präsident John F. Kennedy und dem Kreml-Chef Nikita S. Chruschtschow in Wien statt. Die Fluchtbewegung von Ost nach West hatte beängstigende Ausmaße angenommen. Die DDR drohte buchstäblich auszubluten. Chruschtschow hatte bereits mit der Umwandlung West-Berlins in eine *„Freie Stadt"* gedroht. Kennedy und Chruschtschow betonen in Wien mehrmals einmütig und demonstrativ, unbedingt das Gleichgewicht der Kräfte, d. h. insbesondere hinsichtlich der Berlin-Frage, beibehalten zu wollen. **Auch in dieser Phase der deutschen Nachkriegspolitik sind sich die beiden Haupt-Siegermächte des Zweiten Weltkriegs** *noch immer einig,* **die Polarisierung in Deutschland mit allen Mitteln zum beiderseitigen finanziellen Vorteil stabil zu halten.** Dieses Aufeinanderhetzen der Deutschen in Ost und West war ja bereits mit Hilfe des obskuren Schattenboxens der Blockade Berlins zu Lasten der West-Berliner erfolgreich auf die Spitze getrieben worden. *Die Wunde der deutschen Teilung musste unbedingt weiterhin offen gehalten werden!* Doch dieses Komplott der Siegermächte USA und Sowjetunion

---

[142] *Rolf Steininger: Der Mauerbau. Die Westmächte und Adenauer in der Berlinkrise 1958-1963, 2001, S.161*
[143] *Deutscher Depeschendienst (ddp): Pressemitteilung vom 8.8.2002: http://zis.uibk.ac.at/publikationen/einzel/ddp.html*

zur möglichst lang anhaltenden Teilung Deutschlands zum gegenseitigen Vorteil hatte ja bereits *vor dem Kriegsende* seinen Anfang genommen.[144]

Die beiden von Kennedy in Wien geforderten sogenannten *Essentials*, das heißt der freie Zugang nach West-Berlin und die Wahrung der Rechte der West-Alliierten, wurden von Chruschtschow widerspruchslos zur Kenntnis genommen. Dies war ein **Blanko-Scheck** hinsichtlich des weiteren Vorgehens. Eine Kopie der Niederschrift über das Wiener Treffen wurde dem Ersten Sekretär des Zentralkomitees der SED Walter Ulbricht von sowjetischer Seite offiziell übermittelt. Sie befindet sich heute im Bundesarchiv Berlin-Lichterfelde. Das Dokument lag den Mitgliedern des SED-Politbüros am 20. Juni 1961 zur Einsichtnahme vor.[145] Damit war *„grünes Licht"* für den Beginn des Mauerbaus am 13. August 1961 gegeben.

---

[144] *Wilfried Loth: Die Teilung der Welt – 1941-1945; 1980*
[145] *Heiner Timmermann: 1961 – Mauerbau und Außenpolitik, 2002, S. 341; Bundesarchiv: SAPMO-BArch, Büro Walter Ulbricht, DY 30/3663, Bl. 48-127*

Die Sozialdemokraten vor dem US-Rüstungs-Karren: „Ich weiß, dass Willy Brandt Geld von der CIA erhalten hat."

Im Westen Deutschlands identifizierte man sich volle 45 Jahre lang nach Kriegsende mit fadenscheinigen Argumenten bis zur Wiedervereinigung im Jahre 1990 mit den Zielen der USA – einer Nation, deren Neigung zur Gewalt, Unterdrückung, finanzieller Ausbeutung und Bevormundung anderer Völker offensichtlich psychopathische Züge trägt. Man verharrte trotzdem in einer peinlichen opportunistischen „Unterwürfigkeitsstarre". Eine derartige traditionell deutsche „Nibelungentreue" legten von 1969 bis 1982 auch die Sozialdemokraten mit den Bundeskanzlern Willy Brandt und Helmut Schmidt an den Tag. Nach einer Großen Koalition mit der CDU ab 1963 übernahmen sie gemeinsam mit der Freien Demokratischen Partei (FDP) die Regierungsverantwortung. In diesem Zeitraum entfällt ein Großteil der Mauer-Toten, die bis heute ausschließlich der östlichen! Seite angelastet werden. Stattdessen hätte von westdeutscher Seite alles! was möglich gewesen wäre, getan werden müssen, um den allen humanitären Grundsätzen Hohn sprechenden Zustand der deutschen Teilung mit ihren schrecklichen Folgen so schnell wie möglich zu beenden!

Stattdessen setzten die Sozialdemokraten, zunächst unter Bundeskanzler Willy Brandt, die bisherige Politik des Status Quo, jetzt mit Hilfe der „Neuen Ost-Politik", fort. Nur, dass die alte Strategie der CDU zur Aufrechterhaltung des deutschlandpolitischen Schwebezustands nun neue Kleider trug. **Weiterhin meinte man, auf substantielle Maßnahmen zur Herbeiführung der Einheit durch die Deutschen selbst! verzichten zu müssen.** Infolge der bereits verstrichenen Zeit vergrößerten sich aber mit jedem Jahr der Verzögerung einer definitiven Lösung der deutschen Frage schon aus rein soziologischer Sicht die Schäden:

• Bereits im Zweiten Weltkrieg wurde eine Unzahl von Familien zerstört und danach die verbliebenen Rest-Teile infolge der Flucht

von 15 Millionen Deutschen aus den Ostgebieten weiter ausein-
andergerissen.

- Diese Entwicklung setzte sich als Ergebnis der Teilung Deutschlands
fort: Erstens: Wegen der Flucht von zusätzlich ca. vier Millionen
Menschen seit Gründung der DDR in Richtung Westdeutschland,
insbesondere in den Jahren kurz vor dem Mauerbau 1961. Zweitens:
Infolge des Mauerbaus dann endgültig getrennter Familien. Die hier-
aus resultierenden nicht nur wirtschaftlichen, sondern auch gesell-
schaftlichen Verwerfungen traten schon damals offen zu Tage.
Drittens: Durchaus absehbar war die Verschärfung der soziolo-
gischen Probleme, die nach einer chaotischen Wiedervereinigung als
Folge intensiver Abwanderung entstehen würden So hat allein
zwischen 1991 und 2015 der Osten von seinen 17 Millionen
Bewohnern fast 1,9 Millionen Menschen an den Westen verloren.
Gut die Hälfte davon sind junge Erwachsene zwischen 18 und 30
Jahren, vor allem mit Abitur oder Fachhochschulreife. Aber die CDU-
Regierung hatte ja auffällig eilig – allen Grundsätzen der Vernunft
widersprechend – nach Inkrafttreten des *„Einigungsvertrages"* am 3.
Oktober 1990 versichert, die *„Einheit Deutschlands"* sei *„vollendet"*.

**Die Nichterfüllung der – nach dem Grundgesetz geboten gewesenen
– *aktiven* Einigungspflicht ist, was die Verantwortlichen in der
Bundesrepublik betrifft, auch seit der Regierungsübernahme durch
die Sozialdemokraten! schon aus humanitärer Sicht unentschuld-
bar. Die sogenannte *„Neue Ost-Politik"* der SPD, einschließlich der
„Politik der kleinen Schritte", diente letztlich nur als Vorwand für die
Fortsetzung der Untätigkeit.**

Alle – auch schon von der CDU benutzten – Entschuldigungsgründe
waren an den Haaren herbeigezogen, sowohl in der konservativen
Adenauer-Ära bis 1963 (also bis nach dem Mauerbau 1961) als auch
insbesondere in der Zeit, in der die Sozialdemokraten von 1969 bis 1982
unter den Bundeskanzlern Willy Brandt und Helmut Schmidt an der

Macht waren. Mit Hilfe diverser Ausflüchte und Vernebelungstaktiken sollte die Einheit Deutschlands bis zum Sankt-Nimmerleinstag vertagt oder sogar vergessen gemacht werden. Als durchsichtige Begründungen dienten propagandistische Argumentationsmuster und Vertröstungen auf in die Irre führende Scheinlösungen wie zum Beispiel:

- Man müsse einen *„Friedensvertrag"*, der Sache der Kriegssieger sei, abwarten: 57! Staaten hatten sich am Krieg gegen Deutschland beteiligt.
- *„Der Schlüssel der deutschen Einheit"* läge *„in Moskau"*.
- Man müsse sich mit der deutschen Einheit bis zur Fertigstellung des *„Europäischen Hauses"* gedulden.
- Mit Hilfe eines *„Wandels durch Annäherung"* müsse die *„Mauer durchlässiger"* gemacht werden. Hierbei konzentrierte man sich in jahrelangen aufwändigen Verhandlungen auf die Erringung teilweise winziger *„menschlicher Erleichterungen"*. Dies war im Einzelfall für die Betroffenen zwar nützlich und diente dem Zusammenhalt der Nation. Das eigentlich *vorrangige* Problem bestand aber darin, *substantielle* Maßnahmen zur Schaffung der Einheit Deutschlands zu ergreifen. *Niemand! – auch nicht die Sowjetunion! –* hätte die Bundesrepublik daran hindern können, die Initiative zu ergreifen! – insbesondere als sich seit Anfang der 1980er Jahre im Ostblock, einschließlich der DDR, massiver Widerstand gegen den Kommunismus regte.

Eine Initiative zur Herstellung der staatlichen Einheit Deutschlands, hätte natürlich von *West-Deutschland* ausgehen müssen. Von der Beton-Fraktion der eingefleischten Kommunisten in der DDR, die nur ihre Privilegien der „Herrschenden Klasse" im Kopf hatten und eine Aufweichung durch die SPD, ihre „Mutterpartei", befürchteten, waren Aktivitäten für grundlegende Veränderungen nicht zu erwarten. Die DDR-Führung hätte also spätestens ab der Regierungsübernahme durch die Sozialdemokraten unter *permanenten politischen Zugzwang* gesetzt werden müssen, um ihr eine Schuld

bezüglich der *Verhinderung konkreter Maßnahmen* zur Herbeiführung der Deutschen Einheit *eindeutig anlasten* zu können und sie damit in die Defensive zu treiben – sie *„vorführen zu können"*. In diesem Falle wären die durchaus vorhandenen oppositionellen Kräfte der DDR *nicht erst 1989* zum Zuge gekommen (siehe später: Friedensbewegung und oppositionelle Gruppen). Eine aktive Solidarität des westlichen Teils Deutschlands wäre für diese Gruppierungen die beste Unterstützung gewesen. Aber ein *offizieller Vorschlag* zum Beispiel zur Schaffung eines *gemeinsamen „Ausschusses zur Herstellung der deutschen Einheit"* passte nicht in die politische Landschaft. Die westdeutsche deutschlandpolitische *substantielle* Untätigkeit hatte spätestens vor dem Mauerbau im August 1961 eine ethisch nicht mehr vertretbare Dimension erreicht. Als die Fluchtbewegung das bekannte Ausmaß annahm, war davon auszugehen, dass die in der DDR („Der doofe Rest") verbliebenen *„Brüder und Schwestern"* schon allein dadurch schwerste Schäden davontragen würden. Aber in der Bundesrepublik waren ja die überwiegend jüngeren und leistungsfähigen Flüchtlinge als Arbeitskräfte hoch willkommen. In der regierungstreuen Springer-Presse wurden sie wie Helden gefeiert.

In der Adenauer-Zeit beschränkte man sich auf Sonntags-Reden zur Herbeiführung der *„Deutschen Einheit"*. Mit einem zusätzlichen freien Tag als *„Feiertag"*, dem *„17. Juni"*, erfreute man die westdeutschen Bürger. Dagegen tricksten die Sozialdemokraten, die deutsche Einheit müsse zunächst durch eine *„Aussöhnung"* mit Polen „vorbereitet" werden. Allerdings wäre eine Garantie der polnischen Westgrenze – falls angesichts der bisherigen Politik der Bundesrepublik überhaupt eine demonstrative Notwendigkeit noch dazu bestanden hätte – auch Hand in Hand mit der Deutschen Einheit zu bewerkstelligen gewesen. Sogar die Heimatvertriebenen-Verbände hatten ja bereits 1950! offiziell auf jegliche Eigentumsrechte verzichtet.

Der Höhepunkt und das vorläufige Ende der sozialdemokratischen Verzögerungstaktik, das *„Ende der Fahnenstange"* **zur** *Verhinderung* **der deutschen Einheit, war 1972 mit dem** *„Grundlagen-*

vertrag" erreicht. Mit seiner Hilfe zauberte man die kunstvolle Konstruktion der *„zwei Staaten* in *Deutschland"* hervor. Auf Biegen und Brechen sollte die deutsche Teilung zugunsten derjenigen, die daran in Deutschland, und vor allem in den USA verdienten, in die Länge gezogen werden.

So gab es den *„Innerdeutschen Handel"* – vorher *„Interzonenhandel",* [146] der zu einem nicht unerheblichen Teil auf der Zwangsarbeit politischer DDR-Häftlinge basierte. Rund 6.000 westliche Unternehmen haben mit der DDR Geschäfte gemacht. Sie bezogen von jenseits der Mauer billige Waren und verkauften sie mit hohem Gewinn weiter. Dass beispielsweise das Versandhaus Quelle über die Häftlingsproduktion im Bilde war, belegen Unterlagen des Staatssicherheitsdienstes. [147]

Die DDR-Führung war selbstverständlich für jegliche Aufwertung und jedes Jahr ihrer Machtverlängerung dankbar. Instinktiv spürten man aber wohl (oder wusste es vielleicht sogar schon) dass die DDR im Interesse der US-Ost-Expansionspolitik früher oder später *geopfert* werden sollte – wenn die Zeit reif dafür wäre. Dieser Zeitpunkt, *„den Wagen gezielt zum günstigsten Moment an die Wand zu fahren"* wurde bereits *Anfang der 1980er Jahre* unter der Regentschaft von US-Präsident Ronald Reagan anvisiert (siehe später).

Das sozialdemokratische *„Auf-Zeit-Spielen"* zur Verhinderung realer deutscher Einigungsbemühungen

- wirkte sich nicht nur schädlich hinsichtlich der Verschärfung öko-nomischer und sonstiger Probleme in der DDR aus. Da erschien es den Sozialdemokraten doch unproblematischer, die oppositionellen Kräfte der DDR, die in die Fänge des Staatssicherheitsdienstes geraten waren, im Rahmen des *„Häftlingsfreikaufs"* in die Bundes-republik zu holen. Für insgesamt etwa 30.000 Freikäufe wurden 3,5

---

[146] *Peter Krewer: Geschäfte mit dem Klassenfeind. Die DDR im Innerdeutschen Handel 1949–1989, 2005*
[147] *Deutschlandfunk: DDR-Zwangsarbeiter-Ausbeutung nach Plan, 31.5.2014*

Milliarden DM aus Steuermitteln aufgewendet.[148] – Oder man ließ in großem Umfang finanziell aufwendig durch das Ministerium für innerdeutsche Beziehungen subventionierte und steuerlich absetzbare Pakete durch wohltätige Organisationen in die DDR zur Schließung von Versorgungslücken schicken, die sich durch die Kommando- und Planwirtschaft ergaben.[149]. Hierbei handelte es sich ohne Zweifel um anerkennenswerte humanitäre Maßnahmen. Bedeutend humaner wäre es allerdings gewesen, wenn man die Forderung des Grundgesetzes *„Einigkeit und Recht und Freiheit"* für *alle* Deutschen wörtlich genommen hätte und *konkrete* Maßnahmen zur Herbeiführung der *„deutschen Einheit"* in Angriff genommen worden wären.

• Dass die West-Berliner auf ihrer Insel in der DDR die *eigentlichen* *„Eingemauerten"* waren, nahm die SPD-Führung am idyllischen Rhein wohl nur am Rande zur Kenntnis. Zehntausende West-Berliner sahen sich gezwungen, sich Feriendomizile – die nur mindestens 200 Kilometer entfernt von Berlin nach mühsamem Passieren der DDR erreichbar waren – zu schaffen.

Auch die heute nach nunmehr dreißig Jahren *„Deutscher Einheit"* bestehenden wirtschaftlichen und sozialen Probleme, nunmehr in Gesamtdeutschland, sind zu einem großen Teil das Ergebnis einer katastrophalen Deutschlandpolitik. Die *„Agenda 2010"* der SPD-Schröder-Regierung, die letztlich größtenteils auf die *substantielle Passivität* hinsichtlich der Herbeiführung der deutschen Einheit – auch der SPD-Regierung – zurückzuführen ist, belastet noch heute große Teile des deutschen Volkes drastisch.

Thomas Braden, Abteilungsleiter der CIA, der die Aktivitäten zur Steuerung der Deutschland-Politik koordinierte, erklärte nach seinem Ausscheiden aus der CIA:

---

[148] *Thomas von Lindheim: Bezahlte Freiheit. Der Häftlingsfreikauf zwischen beiden deutschen Staaten, 2011; Bundesarchiv B 285*
[149] *Christian Härtel, Petra Kabus (Hrsg.): Das Westpaket, 2000*

„Ich weiß, dass Willy Brandt Geld von der CIA erhalten hat." [150]

Ein Höhepunkt der Unterwürfigkeit gegenüber der Siegermacht USA wurde mit *Helmut Schmidt*, SPD-Bundeskanzler von 1974 bis 1982, erreicht:

Die Sowjetunion beginnt Mitte der 1970er Jahre, SS-20-Mittelstrecken-Raketen in ihr Atomwaffen-Arsenal aufzunehmen, mit denen nur Ziele in Europa, nicht aber in den USA, erreicht werden konnten. Schmidt behauptet, das strategische Gleichgewicht in Europa sei in Gefahr. Er weiß aber genau, dass aufgrund der *schon bisher* sowieso schon aufgrund der geografischen Gegebenheiten vorhandenen *haushohen militärischen Überlegenheit* des Ostblocks in Europa in einem Schein-gefecht im Dienste der US-Rüstungsindustrie durch die Stationierung gleichwertiger US-Waffen nur die lukrative Fortsetzung des Status quo in Deutschland im Rahmen des *„Kalten Krieges"* gesichert werden soll. Vehement fordert der *„Nachrüstungs-Kanzler"* trotzdem die Aufstellung einer neuen Generation amerikanischer Mittelstrecken-Raketen, der Pershing II und von Marschflugkörpern (Cruise Missiles), falls Abrüs-tungsverhandlungen (was bereits absehbar war) erfolglos bleiben sollten. Am 12. Dezember 1979 wird in Brüssel dieser sogenannte *NATO-Doppelbeschluss* gefasst. Aber nach der Verleihung der Ehrendok-torwürde durch die John Hopkins University in Baltimore, USA, im Jahre 1976 hatte Helmut Schmidt ja bereits, sich den Amerikanern anbiedernd, in seiner Dankesrede erklärt:

„In einem gewissen Maße, glaube ich, sind wir alle Amerikaner geworden." [151]

---

[150] *WDR (Westdeutscher Rundfunk), Phoenix: 2.3.2003: Dokumentation, Joachim Schröder: Germany – Made in USA:*
http://www.lernzeit.de/sendung.phtml?detail=155292
[151] *Die Zeit, 23.07.1976*

Anfang der 1980er Jahre wenden sich viele Deutsche *generell gegen die Angst-Propaganda des Kalten Krieges hinsichtlich der Führung eines begrenzten Atomkrieges in Europa mit Mittelstrecken-Raketen und gegen das Szenario eines atomaren Gefechtsfeldes Deutschland.* Sie beginnen, sich gegen das *gesamte* System der sogenannten Abschreckung – und damit *letztlich gegen die Anwesenheit ausländischer Truppen auf deutschem Boden* – zu wenden. Am Bonner Regierungssitz finden Demonstrationen mit hunderttausenden Bürgern statt.

Ebenso wie die West-Deutschen dachten viele Menschen in der DDR. Nach dem Vorbild der westdeutschen Friedensbewegung formieren sich „unter dem Dach" der Evangelischen Kirche Anfang der 1980er Jahre eine Vielzahl regelmäßig zusammenkommender *„Friedenskreise"*. Unter dem unmissverständlichen Motto *„Frieden schaffen ohne Waffen!"* – *„Schwerter zu Pflugscharen!"* fordern sie ebenfalls in der DDR eine Abrüstung. Dabei werden die in der DDR zum Standard-Repertoire gehörenden Friedens-Parolen geschickt genutzt. Allein im Bereich der Evangelischen Kirche Berlin-Brandenburg macht der Staatssicherheitsdienst 28 Friedenskreise aus.[152] **Keiner der politisch Verantwortlichen in der SPD hielt es wegen angeblicher „Alternativlosigkeit" für nötig, die gesamtdeutsche substantielle Gemeinsamkeit der weit verbreiteten Aversion im Osten wie im Westen gegenüber ausländischen Truppen auf deutschem Boden zu nutzen, um *konkrete* Maßnahmen zur Überwindung der Teilung zu ergreifen und damit unwillige Mitglieder der SED-Führung unter Zugzwang zu setzen.[153] Die Sozialdemokraten ließen sich zur Freude der amerikanischen und deutschen Rüstungsindustrie und zur Aufrechterhaltung der Pfründe aller derer, die vom Weiterbestehen der deutschen Teilung**

---

[152] *Dietmar Linke: Niemand kann zwei Herren dienen, 1988, OV „Anstifter", Band 1, Anhang, Bl. 254-255*
[153] *Reinhard Weißhuhn: Der Einfluss der bundesdeutschen Parteien auf die Entwicklung widerständigen Verhaltens in der DDR der achtziger Jahre; in Materialien der Enquete-Kommission „Aufarbeitung von Geschichte und Folgen der SED-Diktatur in Deutschland", 1995, Bd. VII 1, S. 994-1000*

profitierten, vor den Karren des Status quo spannen. Grundsätzliche Unterschiede zur ihrer einhelligen Zustimmung zu den Kriegskrediten vor dem Ersten Weltkrieg bestanden nicht. Allzu gerne verwiesen sie nunmehr nach dem Zweiten Weltkrieg mit dem offensichtlichen Gefühl der Erleichterung, das ureigenste folgenreiche deutsche Problem nicht selbst angehen zu müssen, auf eine obskure Verantwortung der Siegermächte.

Gerd Poppe, einer der führenden Bürgerrechtler der DDR, äußerte sich zum vollständigen Versagen der Verantwortlichen in der Bundesrepublik bei der Unterstützung DDR-Oppositioneller und bei der Herstellung der deutschen Einheit wie folgt:

„Im Unterschied zu führenden Politikern in Ost und West sah die unabhängige Friedensbewegung der achtziger Jahre in der Festigung des Status quo der beiden Machtblöcke eine Friedens-gefährdung und nicht eine Möglichkeit der Friedenssicherung. Die kritische Einstellung der oppositionellen Gruppen in der DDR bezog sich nicht nur auf das SED-Regime, sondern auch auf die Haltung der Bundesregierungen und der bundesdeutschen Parteien. Während die Regierungen Schmidt und Kohl die ostmitteleuropäische und DDR-Opposition vollständig ignorierten, trafen sie zugleich Entscheidungen, durch die kommunistische Diktaturen stabilisiert wurden. Ein dauerhafter Frieden konnte nach den Vorstellungen der „blockübergreifenden" Gruppen nur mit der Überwindung des Status quo erreicht werden, d. h. mit dem schrittweisen Abbau beider Blöcke und schließlich ihrer Auflösung. Diverse Modelle zur Reduzierung der Blockkonfron-tation wurden entworfen. Ungeachtet ihrer jeweiligen Realitäts-tüchtigkeit belebten sie die seit langem vernachlässigte Diskus-sion über die europäische und deutsche Teilung." [154]

---

[154] *Gerd Poppe: Begründung und Entwicklung internationaler Verbindungen; in: Eberhardt Kuhrt, Hansjörg F. Buck, Gunter Holzweißig*

Wie weit die deutsche „Nibelungen-Treue" vieler gegenüber den US-„Freunden" sogar heute noch reicht, kam im Zusammenhang mit einer im Bundestag eingebrachten Kleinen Anfrage vom 25. Juni 2008 ans Tageslicht. Dabei ging es um die katastrophalen Sicherheitsmängel der noch in Deutschland deponierten schrottreifen amerikanischen Atomwaffen aus der Zeit des „Nachrüstungs-Kanzlers" Helmut Schmidt. Die Stationierung dieser Relikte des Kalten Krieges mit der Sprengkraft von 150 Hiroschima-Bomben in Büchel in der Eifel ergibt unter der heutigen Militärstrategie zwar wieder einen Sinn, da viele ja an einer Neuauflage des „Kalten Krieges" offensichtlich dringend interessiert sind. Aufschlussreich jedoch ist, was die USA im Zusammenhang mit der Atomwaffenlagerung in Büchel von einer „Wertegemeinschaft" mit Deutschland und der „deutsch-amerikanischen Freundschaft" tatsächlich halten: In einem Geheimbericht des US-Luftwaffe des Jahres 2008, der an die Öffentlichkeit gelangte, werden die schweren Sicherheitsmängel aufgeführt und gleichzeitig darauf hingewiesen, dass ja die „amerikanischen Sicherheitsstandards für Deutschland nicht gelten!"[155] Bis heute befinden sich amerikanische Atomwaffen in Büchel.

(Hrsgb.): Opposition in der DDR von den 70er Jahren bis zum Zusammenbruch der SED-Herrschaft, 1999, S. 354
[155] Focus, 21.6.2008; Stern, 25.4.2009

Der „*Enkel*" Adenauers, Helmut Kohl, schiebt die Wiedervereinigung vor sich her:

Der „*Alternativlose*" und die Alibi-Veranstaltung des „*europäischen Hauses*"

Als Helmut Kohl 1982 Bundeskanzler einer CDU-geführten Regierung wurde, konnte er gar nicht schnell genug versichern, die von der SPD eingeleitete „*Politik der kleinen Schritte*" gegenüber der DDR und der Verhandlungen über „*menschliche Erleichterungen*" würden fortgesetzt werden. So verewigte man die deutsche Teilung durch Abmilderung und Verharmlosung der Folgen des Mauerbaus: Etwa 1.000 Mauertote, zahlreiche Verletzte und anderes kaum bezifferbares menschliches Leid infolge der deutschen Teilung wurde in unverantwortlicher Weise in Kauf genommen. Dass die 45 Jahre deutscher Teilung schweren Schaden angerichtet hat, ist schon aus der Tatsache erkennbar, dass die Euphorie der Deutschen über den Fall der Mauer – als solchen – am 9. November 1989 auch nach nunmehr über dreißig Jahren kaum abgeebbt ist.

Das Weltbild des als „*Enkel*" Adenauers geltenden Helmut Kohl ließ eine andere Lösung als die Zementierung des Status quo in Deutschland, d. h. die für viele materiell vorteilhafte „*West-Integration*" nicht zu. Natürlich wurde es so sehr einfach, eine (angeblich „*alternativlose*") Lösung innerhalb des „*europäischen Hauses*" zu propagieren oder wahlweise die Verantwortung der „*Schutzmächte*" oder die allgemeine Weltlage vorzuschieben. Dies hatten den Vorteil, dass man den massiven antikommunistischen Widerstand, der bereits Anfang der 1980er Jahre im Ostblock, einschließlich der DDR, gegen die totalitären Regierungssysteme aufgekommen war, gar nicht erst zur Kenntnis zu nehmen brauchte.

Die **CDU** schloss nahtlos an die alte Adenauer-Politik der deutschlandpolitischen *substantiellen* Passivität, Ignoranz und *„Politik der
Stärke"* an. Dabei hätte man sich sogar, was eine *sachgerechte
Transformierung* der DDR-Plan- und Kommandowirtschaft in ein markt-
wirtschaftliches System bei der Gestaltung der deutschen Einheit
anbelangt, auf konkrete Erkenntnisse stützen können, welche zwei
staatliche Einrichtungen in der Bundesrepublik bis zur Wiedervereinigung
permanent geliefert haben. So war bereits am 24. März 1952 – 14 Tage
nachdem Stalin den Westmächten Verhandlungen über die Wiedervereinigung Deutschlands angeboten hatte *(„Stalin-Note")* – beim
damaligen Ministerium für gesamtdeutsche Fragen der *„Forschungsbeirat für die Wiedervereinigung Deutschlands"* geschaffen worden.
Dieser wurde im Zuge der neuen *„Ostpolitik"* Willy Brandts in
*„Forschungsstelle für gesamtdeutsche wirtschaftliche und soziale
Fragen"* umbenannt. Der personell gut ausgestattete deutschlandpolitische *„Brain-Trust"* mit Sitz in Bonn und Berlin, der bis zur
Wiedervereinigung bestand, war 1952 beauftragt worden,

> *„aufgrund fundierter Erkenntnisse Empfehlungen auf wirtschaft-
> lichem Gebiet einschließlich der Landwirtschaft, des Verkehrs
> und der Finanzen auszuarbeiten, die den Bundesministerien in
> Fragen der Wiedervereinigung Deutschlands als Unterlagen für
> ihre Erwägungen dienen können."* [156]

Die Aufgabe wurde über Jahrzehnte hinweg erfüllt, führte jedoch
bekanntlich zu *keiner Initiative der Bundesregierung zur Herbeiführung
der Wiedervereinigung.* Die Einrichtung erfüllte offensichtlich lediglich
eine Alibi-Funktion. Der folgende Vorwurf deutschlandpolitischer Experten aus dem Jahre 1999 hinsichtlich der Ignoranz gegenüber bereits
vorhandener Denkmodelle und Szenarien des Forschungsbeirats für eine
sachgerechte Gestaltung der deutschen Einheit kam natürlich um
Jahrzehnte zu spät:

---

[156] *Bundesarchiv: B 137/937, B 3930*

„Rückwirkend wird man konstatieren können, dass es bei der ökonomischen Durchführung der überraschenden Vereinigung gut getan hätte, die Einsichten des Forschungsbeirates zur Kenntnis zu nehmen. Während er in der 70er Jahren nicht in die politische Landschaft passte, war er 1990 schlicht in Vergessenheit geraten." [157]

Der Forschungsbeirat war seinerzeit zu dem Schluss gekommen, dass eine *sofortige* Währungs- und Wirtschaftsreform unmöglich sei und zunächst in einer *Übergangsphase* die DDR-Währung stabilisiert werden müsse. Daneben sei eine Reprivatisierung der volkseigenen Betriebe vorzusehen. Dies sollte auf dem Wege der Rückgabe oder Veräußerung geschehen, wobei die Betriebe *vorübergehend* einer *Treuhandverwaltung* unterstellt würden, um die Firmenrechte früherer Inhaber prüfen zu können.

Bei der zweiten Institution, die entsprechende fundierte Erkenntnisse hinsichtlich der wirtschaftlichen und sonstigen Vereinigung Deutschlands hätte liefern können, handelt es sich um eine seit 1969 auf die ökonomischen und gesellschaftlichen Probleme der deutschen Teilung spezialisierte Bundesbehörde, das ***Gesamtdeutsche Institut – Bundesanstalt für gesamtdeutsche Aufgaben*** (BfgA) mit Sitz in Bonn und Berlin. Die Behörde hätte den *absehbar längeren Einigungsprozess* auf vielfältige Weise kompetent begleiten und mitgestalten können. So hatte der Vizepräsident des Gesamtdeutschen Instituts, Ernst Eichengrün, nach der *„Wende"* ein 34seitiges Referendum über die Umstrukturierung der Behörde verfasst. Ironie des Schicksals: Nach der Wiedervereinigung wurde er an die *„Erinnerungsstätte für die Freiheitsbewegungen in der deutschen Geschichte"* in Rastatt versetzt, die dem Bundesarchiv untersteht. Dem Präsidenten des Gesamtdeutschen Instituts wurden

---

[157] *Werner Weidenfeld, Karl-Rudolf Korte: Handbuch zur Deutschen Einheit, 1949-1989-1999; 1999, S. 227*

außerdem konkrete Vorschläge unterbreitet, wie der Besucherdienst der Behörde in Berlin, der jährlich etwa 300.000 Besucher betreute, in eine „Gesamtdeutsche Begegnungs- und Informationsstelle" umzuwandeln sei. Denn nach der Wende im Herbst 1989 bis zur Wiedervereinigung am 3. Oktober 1990 – und dann später bis zur Auflösung der Behörde Ende 1991 – hatten in großem Umfang Gruppen aus der DDR bzw. dann ehemaligen DDR an den Informationsveranstaltungen des Besucherdienstes teilgenommen. Darunter befand sich eine erhebliche Zahl von Gruppen mit wirtschaftlich, gesellschaftlich und politisch hochrangigen Teilnehmern.

Auch das Gesamtdeutsche Institut war instrumentalisiert: Nicht zuletzt diente es ebenso wie der Forschungsbeirat für Fragen der Wiedervereinigung Deutschlands im Wesentlichen dazu, darüber hinwegzutäuschen, dass nichts Substantielles für die Wiedervereinigung getan wurde. Dorothee Wilms, Ministerin für innerdeutsche Beziehungen in der CDU-Regierung, welche die deutsche Einheit zuvor als „vollendet" erklärt hatte, wurde nach der Auflösung des Ministeriums bezeichnenderweise Kuratoriumsvorsitzende der Konrad-Adenauer-Stiftung in Rhöndorf bei Bonn. Hier schließt sich der Kreis: Denn Adenauer hatte bereits 1946 vor dem CDU-Zonenausschuss gesamtdeutsche Wahlen und damit eine mögliche Wiedervereinigung unter Hinweis auf das Übergewicht der Sozialdemokraten in der Ostzone abgelehnt.[158]

---

[158] http://de.wikipedia.org/wiki/Konrad_Adenauer#Adenauer_an_der_Macht; https://www.wikiwand.com/de/Konrad_Adenauer

Wie schafften die USA ihre finanzielle Expansion in Europa?
– Gorbatschow als Werkzeug der USA –

Nach landläufiger Auffassung war der seit 1985 als Generalsekretär der KPdSU amtierende Michail Gorbatschow *Initiator* der Aufhebung der Nachkriegsordnung in Europa und des Zerfalls der Sowjetunion. *Doch er legte keinesfalls die Grundlagen der „US-Osterweiterung".* Sie wurde von langer Hand minutiös durch die USA vorbereitet. Gorbatschow war lediglich am Ende der *Ausführende.* Die Änderung der politischen Verhältnisse in Europa und in der Sowjetunion hatte, neben dem *traditionellen hegemonialen Bestreben der USA,* ihre wirtschaftliche Einflusszone – in Europa nunmehr in Richtung Osten – auszudehnen, *tiefgreifende wirtschaftliche Gründe sowohl auf Seiten der Sowjetunion als auch der USA:*

Das Wettrüsten hatte den *„Militärisch-Industriellen-Komplexen"* in beiden Staaten zu riesigen Gewinnen verholfen. Die gigantischen Rüstungsetats führten aber auch, nachdem der Bogen überspannt wurde, zu ernsthaften finanziellen Schwierigkeiten in der Sowjetunion *und* in den USA. *Bei einer Fortsetzung des Rüstungswettlaufs wäre die Finanzblase wegen der schwerwiegenden strukturellen wirtschaftlichen Schwäche der USA nicht erst im Jahre 2008 geplatzt.* **In den 80er Jahren musste** *den* **USA** *eine* **wirtschaftliche Expansion als** *lebensnotwendig* **erscheinen. Die Lösung des Problems musste schnell erfolgen:** Denn die Pro-Kopf-Verschuldung hatte einen Welt-Spitzenwert erreicht. Es war eine *„weiße Armut"* entstanden, die man bisher nur von den Schwarzen kannte. Im Bundesstaat Iowa erhielten 2.000 ehemalige Farmer Lebensmittelgutscheine. Im Staat Gorgia konnten von den 50.000 Farmern 22.000 ihre Hypotheken nicht mehr abtragen. Ende der 1980er Jahre hatten sich die USA zum weltweit größten Schuldner entwickelt. Die Staatsverschuldung hatte sich in sieben Jahren verdoppelt und erreichte Ende der 1980er Jahre fast die Hälfte des Brutto-Inlandsprodukts. Die Automobilindustrie sank zu dieser Zeit in die Bedeutungslosigkeit herab, ebenso die Elektro- und Computerindustrie. Das resultiert daraus, dass in der Reagan-Ära fast die *Hälfte* aller Staatsausgaben für den *„Militärisch-Industriellen-Komplex"* aufgewendet wurden. Der Wohlstand der wohlhabenden Schicht vergrößerte sich drastisch. 10.000 Bomben des Hiroshima-Typs hätten die Erde gleich mehrfach vernichten können.

Zunächst hatte man auf Seiten der USA und der Sowjetunion, um sich *finanziell Luft zu verschaffen*, bereits eine Kostenreduzierung im Wege einer teilweisen Abrüstung herbeigeführt. So kam es schon 1972 zur Unterzeichnung des ABM-Vertrages (Anti-Ballistic Missiles). Von 1969 bis 1979 wurden die SALT-Verhandlungen (Strategic Arms Limitation Talks) zur nuklearen Rüstungsbegrenzung geführt und entsprechende Verträge unterzeichnet.

Regisseur einer grundlegenden Änderung der politischen Machtverhältnisse in Europa waren die USA: Die bereits im Westen Deutschlands vorhandenen Gewinnmöglichkeiten sollten so weit wie möglich in Richtung Osten ausgedehnt werden (siehe vorne: „Direktinvestitionen der USA in den neuen Bundesländern und Osteuropa"). Für diese *„Osterweiterung"* war der Schlüssel die DDR! Eine Einheit Deutschlands, welche systematisch und durchdacht zustande gekommen wäre, hätte den traditionellen *finanziellen Interessen der USA* fundamental entgegengestanden. Die DDR musste unbedingt zum passenden Zeitpunkt zu einem *abrupten chaotischen Zusammenbruch* gebracht werden, der den Zusammenfall des übrigen Ostblocks, einschließlich der Sowjetunion, *unweigerlich zur Folge haben würde. Der Wagen musste gezielt und überlegt an die Wand gefahren werden!* Nur so war eine spätere optimale wirtschaftliche Einflussnahme der USA in Ostdeutschland und in den ehemaligen Ostblockstaaten, deren Wirtschaft mit der der DDR im Rat für Gegenseitige Wirtschaftshilfe (RGW) eng verflochten war, möglich:

Bereits zehn Tage nach dem Amtsantritt von Präsident Ronald Reagan hatte die von ihm neu geschaffene *„National Security Planning Group"*

(NSPG) am 30. Januar 1981 eine „verdeckte Offensive", d. h. CIA-Aktionen („covert actions") zur „Eindämmung" („Containment") des Kommunismus beschlossen. Diese Strategie wird später als "Reagan-Doktrin" bezeichnet. Alles lief natürlich wie üblich auf eine wirtschaftliche Expansion der USA hinaus. Die Realisierung dieses „Master-Plans mit vier Säulen" umfasste

1. die wirtschaftliche Schwächung der Sowjetunion

2. die Schwächung der DDR im Umweg über die Sowjetunion

3. die Kooperation mit dem polnischen Papst zur Änderung der Machtverhältnisse in Polen mit Hilfe von CIA-Geldern

4. den „Kauf" Ungarns zur Öffnung seiner Grenze nach Österreich.

Das komplizierteste Problem – aber auch dessen Lösung in Form des angestrebten unkontrollierten „Maurerfalls" – stellte für die USA offensichtlich die DDR dar, mit dem größten Risikofaktor: ihr Partei- und Staats-Chef Erich Honecker, saarländischer, das heißt westdeutscher, Herkunft. Durch eine entscheidende Entkräftung der im Ostblock führenden DDR-Wirtschaft musste der sowjetische Einflussbereich von den Rändern der eng verzahnten Ostblock-Wirtschaft her aufgeweicht werden. Allerdings durfte die künstlich herbeizuführende Verstärkung der – schon vorhandenen – wirtschaftlichen Probleme der DDR nicht so einschneidend sein, dass es zu einer wie auch immer gearteten Annäherung an die Bundesrepublik – auch mit Hilfe Honeckers – hätte kommen können. Wie war dieser Drahtseilakt zu vollführen?

Schon in einem CIA-Bericht des Jahres 1977 über die „künftige maximale Ölförderung" („Peak Oil") hatte der US-Geheimdienst den Öl-Bereich der UdSSR als ihren künftigen wirtschaftlichen Schwachpunkt ausgemacht. Die CIA hatte errechnet, dass **eine Minderung des Öl-**

Weltmarktpreises um nur *einen* Dollar je Barrel der Sowjetunion jährliche Verluste von bis zu einer Milliarde Dollar bringen würde. [159]

Die Strategie zur Realisierung der (wirtschaftlichen) US-Osterweiterung muss unverzüglich nach der Amtsübernahme Ronald Reagans im Januar 1981 im Rahmen der geplanten *„verdeckten Offensive" („covert actions")* des angeblichen *„Kampfes gegen den Kommunismus"* mit Hilfe des von den USA abhängigen korrupten Saudi-Arabiens, dem weltweit größtem Öl-Exporteur, in Angriff genommen worden sein. Zwischen 1980 und 1987 stürzte der Marktpreis für ein **Barrel Rohöl von 39,50 auf 9,75 Dollar.**[160] Die Sowjetunion **musste ihre eigenen Erdöl-Exportpreise** *entsprechend drastisch herabsetzen* **und geriet dadurch in ernsthafte wirtschaftliche Schwierigkeiten.** Der sowjetische Partei- und Staatschef Leonid I. Breschnew teilt SED-Generalsekretär Erich Honecker deshalb schon am 27. August 1981 mit:

„Ihnen ist auch bekannt, dass wir gezwungen sind, beträchtliche Mengen an Erdöl und Erdölerzeugnissen in kapitalistische Länder zu verkaufen, um Valutamittel für den Ankauf von Getreide und Lebensmitteln zu gewinnen, auf deren Import wir nicht verzichten können." [161]

---

[159] *Stefan Karner in: Der Zerfall des Sowjetimperiums und Deutschlands Wiedervereinigung, 2016*
[160] *Peter Schweizer: Victory: The Reagan administration´s secret strategy that hastened the collapse of Soviet Union, 1994; Jon Greenberg: Ronald Reagan´s son says his father got the saudis to pump more oil to undercut USSR in order to drive down prices and undermine the soviet economy: Townhill.com website, 13.3.2014*
[161] *Bundesarchiv: SAPMO-Barch, DY 30/J4/2/2A/2422*

Die sowjetischen Erdöllieferungen an die *DDR* seien deshalb erheblich zu verringern – wie sich herausstellt um mehr als 10%, von jährlich 19 Millionen auf 16,8 Millionen Tonnen. Wenn aber die DDR *auch nur auf relativ geringe Mengen an Erdöl verzichten müsste*, würde sie aufgrund ihrer besonderen Wirtschaftsstruktur unweigerlich selbst in ernsthafte Schwierigkeiten geraten.

Hier schlug nicht nur die Unbeweglichkeit der Plan- und Kommando-wirtschaft voll durch, die immer noch dem Notmanagement der deutschen Kriegswirtschaft glich. Fehlende Mengen an Erdöl konnten wegen Devisenmangels auch nicht aus dem *„Nichtsozialistischen Wirtschaftsgebiet"* eingeführt werden. Mineralprodukte wurden vor allem dringend als Kraftstoffe im Verkehrswesen benötigt. Hierbei nahm der *Transport von Braunkohle eine Schlüsselstellung* ein.

Was die DDR-Diesel-Lokomotiven mit der Wende zu tun hatten

Anfang der 1980er Jahre mussten noch 80% der Eisenbahn-Transporte mit *Dieselloks* erfolgen (eine Elektrifizierung war noch nicht erfolgt). Auch der Transport der Braunkohle geschah hauptsächlich auf dem Schienenweg, vor allem zu den Braunkohle-Kraftwerken. Dabei wurde *ein Drittel* aller Gütertransport-Kapa-zitäten der Reichsbahn zur Beförderung der Braunkohle benötigt.[162]
Da eine *alles beherrschende massive Abhängigkeit von der Braunkohle* bestand, die der Haupt-Energie-Lieferant für die Wirtschaft und die privaten Haushalte war, nahm das Problem der **Kürzung der Mineralöllieferungen aus der Sowjetunion** dramatische Formen an: Wenn die lebenswichtige Versorgung mit Braunkohle gewährleistet bleiben sollte, *durfte die Treibstoffversorgung für ihren Bahntransport auf keinen Fall gekürzt werden.* Eine schmerzhafte und folgenreiche

---

[162] *Wolfgang Stinglwagner: Die Energiepolitik der DDR und ihre wirtschaftlichen und ökologischen Folgen; in: Eberhardt Kuhrt, Hansjörg F. Buck, Gunter Holzweißig (Hrsg.): Die Endzeit der DDR-Wirtschaft – Analysen zur Wirtschafts-, Sozial- und Umweltpolitik, 1999, S.189 ff.*

Reduzierung musste daher in anderen Bereichen auf Kosten auch des Umweltschutzes vorgenommen werden. Außerdem lieferte die DDR von ihren sowjetischen Mineralölbezügen von bis dahin 19 Millionen Tonnen jährlich regelmäßig 2 Millionen Tonnen Mineralölprodukte, zum Beispiel Benzin, in die Bundesrepublik. Dafür erhielt sie im Rahmen des Abkommens des Innerdeutschen Handels aus der Bundesrepublik Waren, die für sie unentbehrlich waren.

Die SED-Führung gerät aufgrund der verhängnisvollen Abhängigkeit von der Sowjetunion hinsichtlich der angekündigten Verminderung der Erdöl-Lieferungen *in Panik*. Schon am 4. September 1981 antwortet Honecker Breschnew auf dessen Schreiben vom 27. August *außergewöhnlich direkt*:

> Der Verlust auch nur eines Teils der sowjetischen Lieferungen würde sich *„außerordentlich negativ auf die Volkswirtschaft der DDR auswirken"*. "*Offen gesagt*", heißt es in Honeckers Antwort weiter, wären damit "*die Grundpfeiler der Existenz der Deutschen Demokratischen Republik untergraben.*" [163]

Honeckers Befürchtungen waren nicht übertrieben. Er sollte Recht behalten! Infolge der Reduzierung der sowjetischen Öllieferungen – die durch *die US-Preis-Manipulationen auf dem Welt-Ölmarkt* mit Hilfe Saudi-Arabiens *zielgerichtet hervorgerufen worden waren* – kam es in der sowie schon ineffektiven Planwirtschaft der DDR zu erheblichen Verwerfungen. Investitionen wurden stark eingeschränkt, so dass häufig mit verschlissenen Industrieanlagen und veralteter Technik produziert werden musste.

Auch was Deutschland *insgesamt* betraf, waren sich die USA hinsichtlich der Verhinderung einer geordneten deutschen Einheit nach dem Zweiten

---

[163] *Bundesarchiv: SAPMO-BArch, DY 30/JIV 2/2A/2422*

Weltkrieg immer noch mit der Sowjetunion einig. Als Honecker nämlich in Anbetracht der prekären wirtschaftlichen Situation versuchte, Kontakte mit der Bundesrepublik durch einen Besuch in Bonn anzubahnen, zitierte ihn das Politbüro der KPdSU kurzerhand am 17. August 1984 nach Moskau. Beunruhigt durch eine mögliche wirtschaftliche Abhängigkeit der DDR von westlichen Krediten und eine – wie auch immer geartete – allmähliche Annäherung an die Bundesrepublik, untersagte die Kreml-Führung Honecker praktisch seinen geplanten Staatsbesuch in Bonn.[164] Neben Verteidigungsminister Dmitrij Ustinov attackierte ihn besonders der damalige ZK-Sekretär für Landwirtschaft, **Michail Gorbatschow!** Ustinow drohte dem DDR-Parteichef aus dem „Bruderland" voller Wut mit den Fäusten.[165]

Reagan veranlasst 1985 das *von den Erdöl-Lieferungen an die USA abhängige Saudi-Arabien*, als weltgrößtem Erdölexporteur, seine Ölförderung radikal zu steigern und die *Ölpreise drastisch zu senken:*[166] Kostete im November 1985 das Barrel Rohöl noch *30 Dollar*, waren es *fünf Monate später* nur noch *zwölf Dollar!* Die Sowjetunion, die zwangsläufig mit ihren Preisen gleichziehen muss-te, verlor innerhalb weniger Monate zehn Milliarden Dollar aus den entgangenen Einnahmen ihres eigenen Öl-Exports. *Der Welt-Öl-preisverfall bedeutete für sie eine Katastrophe.* Um ihre Devisen-bilanz aufzubessern, engagiert sie sich verstärkt auf dem Welt-markt, unter anderem durch eine enorme Erhöhung ihrer eigenen

---

[164] *Fred Oldenburg, Gerd-Rüdiger Stephan: Honecker kam nicht bis Bonn. Neue Quellen zum Konflikt zwischen Ost-Berlin und Moskau 1984; in: Deutschland Archiv, 28 (1995) 8, S. 798 ff.*

[165] *Jürgen Nitz, Zur Geschichte der deutsch-deutschen Geheimdiplomatie in den 80er Jahren, 2001, S. 106 f.*

[166] *Rainer Karlsch/Raymond G. Stokes: Faktor Öl, 2003, S. 247-383; Peter Schweizer, Victory. The Regan Administrations Secret Strategy that Hastened the Collapse of the Soviet Union, 1994; Bundeszentrale für politische Bildung: ttp://www.bpb.de/themen/Q1JX13,5,0, Die westdeutsche Ostpolitik und der Zerfall der Sowjetunion.html#art5; phoenix: Sendung 21.6.2011: Das Öl-Zeitalter (2/2)*

Öl-Exporte. Diese Mengen an Öl *fehlen ihr aber jetzt an anderer Stelle, auch zur Belieferung der DDR mit dem dort lebenswichtigen Rohstoff.*

Auch Infolge des nunmehr nötigen *verstärkten* Einsatzes von Braunkohle als Energiequelle in der DDR-Planwirtschaft verschlechterte sich in den 1980er Jahren die wirtschaftliche Lage wegen der *durch die USA inszenierten Drosselung der sowjetischen Erdöllieferungen.* Umweltprobleme sowie die Unzufriedenheit in der Bevölkerung nahmen zu. Dadurch weitete sich die schon permanent vorhandene *Ausreise-Bewegung* aus. *Dies trug 1989/90 entscheidend zum Untergang der DDR und damit des Ostblocks sowie der Sowjetunion bei – und bedeutete ganz einfach* eine Fortsetzung der *bisherigen wirtschaftlichen und finanziellen imperialen Tradition der USA!*

Ronald Reagans Aufforderung am 12. Juni 1987 in Berlin vor der Mauer-Kulisse des Brandenburger Tores: *„Mr. Gorbatschow, reißen Sie die Mauer ein!"* ist somit nur als betrügerische Halbwahrheit zu betrachten. *Die Rolle der USA in diesem buchstäblichen „Schmierenstück" verschwieg Reagan.* Als ehemaliger unbedeutender Hollywood-Schauspieler hatte er nun seinen großen Auftritt. Waren die von Gorbatschow benutzten Parolen *„Glasnost"* und *„Perestroika"* ebenfalls auch nur CIA-(Wort)-Schöpfungen der durch Reagan am 30. Januar 1981 installierten „Kreativ-Abteilung" der *„National Security Planning Group" (NSPG)?* Aber die geplanten *„verdeckten Aktionen"* zur abrupten und unkontrollierten Beseitigung der Mauer in Deutschland sollten noch an anderen Fronten wirksam werden.

Der Ostblock wurde gekauft:
– Wie der polnische Papst, die CIA und das Geld Amerikas bei der Wiedervereinigung Deutschlands nachhalfen –

Wie seit zweitausend Jahren drängte die Katholische Kirche danach, als Wegbereiterin und zugleich Nutznießerin staatlicher Macht ihren Einfluss auszudehnen – jetzt im Gleichklang mit dem Hegemonialstreben der USA. Endlich tat sich die Chance auf, ihre vor dem Sieg des Kommunismus in Osteuropa ausgeübte Macht zurückzugewinnen. Dabei ließ sich sogar ein Triumph über die im Jahre 1054 „abgefallene" orthodoxe Ostkirche erringen. Die Aktionen sollten mit Hilfe durchaus „weltlicher" Finanzmittel erfolgen. Die Schlüsselrolle spielte hierbei der 1978 zum Papst gewählte Pole Karol Wojtyla, bis dahin Erzbischof von Krakau. Bereits in dieser Funktion hatte der Kirchenfürst mit dem Sicherheitsberater des katholischstämmigen US-Präsidenten Reagan, dem Katholiken Zbigniew Brzezinski, einen regen Briefwechsel geführt. Während der Papstwahl hielt sich Brzezinski in Rom auf.

Nach den Angaben des *Watergate*-Enthüllers, dem Journalisten Carl Bernstein, und des italienischen Vatikan-Korrespondenten Marco Politi suchten CIA-Direktor William Casey und der ehemalige stellvertretende CIA-Direktor Vernon A. Walters (beide papstergebene Katholiken) ab 1981 regelmäßig Johannes Paul II. auf. Dabei ging es um die finanzielle Unterstützung der polnischen Gewerkschaft Solidarnosc.[167] Im April 1989 wurde Walters, der sich schon in Pension befand, „reaktiviert" und von George Bush als sein *„bestes Pferd im Stall"* zum *„Botschafter"* in Bonn ernannt. Zur Herbeiführung der „Wende" sollte der Jesuiten-Schüler wichtige Aufgaben übernehmen. Präsident George Bush, der als CIA Direktor Walters Vorgesetzter gewesen war, hatte den ehemaligen Kollegen für die Aufgabe in Deutschland mit den Worten begeistert: *„Dort*

---

[167] *C. Bernstein, M. Politi: Seine Heiligkeit: Johannes Paul II. und die Geheimdiplomatie des Vatikan, 1997*

wird es ums Ganze gehen." [168] Walters war schon 1953 im Iran beim Sturz von Mohammed Mossadegh, der die US-Ölfirmen aus dem Land gejagt hatte und bei der Ausschaltung Salvador Allendes in Chile erfolgreich tätig geworden. Nicht zu vergessen ist, dass ja schon am 30. Januar 1981 die von Ronald Reagan geschaffene *National Security Planning Group* (NSPG) beschlossen hatte, eine *„verdeckte strategische Offensive gegen die Sowjetunion"* durchzuführen. Laut Verteidigungsminister Caspar Weinberger sollte dabei *„Polen in den Mittelpunkt des amerikanischen Interesses"* gerückt werden.[169]

Unter der Führung des in enger Verbindung mit Papst Johannes Paul II. stehenden *„Arbeiterführers"* Lech Walesa entsteht in Polen mit US-Geldern die Gewerkschaftsbewegung Solidarnosc. Ronald Reagan sieht jetzt seine Zeit gekommen. In der Kontinuität der calvinistischen amerikanischen Tradition betrachtet er sich als auserwähltes und vorherbestimmtes Werkzeug Gottes. Dem Papst gesteht der Hollywood-Mime eine Nebenrolle zu. Reagans Vater war ein katholischer irischer Immigrant [170]. Vor dem britischen Parlament verkündet der US-Präsident, der sich mit streng katholischen Beratern umgeben hatte, er wolle einen *„Kreuzzug für die Freiheit"* gegen das *„Reich des Bösen"* führen.[171] Hier schlug nicht nur die Prägung des väterlichen militanten irischen Katholizismus sowie die Brutalität der calvinistisch-puritanischen Presbyterianer-Vorfahren Reagans durch. Offenbar hatte er in erster Linie, ebenso wie viele seine präsidialen Vorgänger, die *„Freiheit"* des amerikanischen *Handels und des Gewinnstrebens* bei dieser US-*„Osterweiterung"* im Sinn. Die CIA beginnt ab März 1982 jährlich mehrere

---

[168] *Vernon A. Walters: Die Vereinigung war voraussehbar, 1994, S.19*
[169] *Bundeszentrale für politische Bildung/Deutschlandradio/Zentrum für Zeithistorische Forschung, Potsdam: www.chronik-der-mauer.de/index.php/de/ Chronikcal/Detail/year/1981*
[170] *http://www.adherents.com/people/pr/Ronald_Reagan.html*
[171] *Rede vor beiden Häusern des britischen Parlaments, 8.6.1982*

148

Millionen Dollar nach Polen zu pumpen.[172] Diese Investition sollte sich für die US-Wirtschaft als äußerst gewinnträchtig erweisen.

Wie die USA den Wagen gezielt und terminiert an die Wand fahren ließen, um zum eigenen finanziellen Vorteil den Zusammenbruch der DDR – und damit des Ostblocks herbeizuführen

Anfang der 1980er Jahre hatte die DDR mit schwerwiegenden innen-politischen Schwierigkeiten zu kämpfen:

- Nach der *Konferenz für Sicherheit und Zusammenarbeit in Europa (KSZE)* im Jahre 1975 in Helsinki entstehen „unter dem Dach" der Evangelischen Kirche Menschen- und Bürgerrechts-Initiativen, die sich für eine *„Ausreise"* aus der DDR in die Bundesrepublik einsetzen.
- Parallel zur westdeutschen Friedensbewegung wächst im Verlauf des *„Nachrüstungsbeschlusses"* (siehe vorne) der Widerstand gegen die nukleare Hochrüstung *(„Schwerter zu Pflugscharen!";* *„Frieden schaffen ohne Waffen!").*

---

[172] *Bundeszentrale für politische Bildung/Deutschlandradio/Zentrum für Zeithistorische Forschung, Potsdam: www.chronik-der-mauer.de/index.php/de/ Chronikal/Detail/year/1981*

- Die wirtschaftlichen Schwierigkeiten verstärken sich infolge der US-Manipulationen des Ölpreises. Die Manipulationen hatten eine folgenreiche Verminderung der Öllieferungen der Sowjetunion an die DDR bewirkt. Daraus entwickeln sich Umweltprobleme und es bilden sich oppositionelle *„Umwelt-Gruppen"*.

Da die Zeit zur Übernahme der DDR offenbar noch nicht reif war und um eventuellen aus der Not geborenen Annäherungsversuchen der DDR an die Bundesrepublik zuvorzukommen, vermittelt zum großen Erstaunen der Öffentlichkeit der populärste *„Kommunistenfresser"* der Bundesrepublik, der CSU-Vorsitzende Franz Josef Strauß, zur vorläufigen Stabilisierung der SED-Herrschaft im Juli 1983 den sogenannten *Milliarden-Kredit*. Strauß verfügt aus seiner Zeit als Verteidigungsminister im Rahmen der NATO über beste Beziehungen zu einflussreichen und finanzkräftigen Kreisen in den USA. Das Darlehen in Höhe von zweimal 500.000 DM wird durch ein westdeutsches Bankenkonsortium gewährt, um die DDR in die Lage zu versetzen, im Außenhandel hohe Währungsreserven vorweisen zu können. Ein Teil des Geldes wird in Luxemburger Konten versteckt. Es sollte die Kreditwürdigkeit und die Normalität in allem, was die DDR betrifft, nach außen hin vorgetäuscht werden. Dies bestätigte nach der „Wende" der ehemalige Vorsitzende der Staatlichen Plankommission der DDR, Gerhard Schürer.[173]

Offensichtlich gab es also westliche maßgebliche Kreise, die vorerst an einer Stabilisierung der DDR interessiert waren, um sie im Rahmen eines *„perfekten Timings"* zur gegebenen Zeit *zum Null-Tarif* gewinnträchtig übernehmen zu können. Das heißt, man wollte *„den Wagen"* nur vorsätzlich *gezielt* und *ungebremst zum günstigsten Zeitpunkt* einer wirtschaftlichen Übernahme *„an die Wand fahren lassen"*:

---

[173] *Die Tageszeitung, TAZ, 23.9.2008*

150

Anfang 1989 sind sich die USA offenbar sicher, dass die DDR und damit der gesamte Ostblock mit Hilfe *Ungarns!* leckgeschlagen werden kann. Ungarn war ja bereits 1982 dem Internationalen Währungsfonds und der Weltbank beigetreten, die unter amerikanischer Regie agieren. Schon vor der Grenzöffnung gab es in Ungarn beträchtliche amerikanische Direktinvestitionen.[174] Außerdem hatte die von US-Präsident Ronald Reagan im Jahre 1981 geschaffene *„National Security Planning Group"* (NSPG) mit ihrer *„verdeckten Offensive"*, d. h. einschließlich CIA-Aktionen, im Wege der *Schwächung der DDR durch die Reduzierung der sowjetischen Öl-Lieferungen* und mit Hilfe des *polnischen Papstes* den Erosionsprozess des Ostblocks erfolgreich in Gang gesetzt. Der Master-Plan Präsident Reagans der angeblichen *„Eindämmung"* des Kommunismus, der sich dann als *„Ost-Erweiterung"* des *US-Wirtschafts-Imperialismus* entpuppte, sollte in die entscheidende Phase treten:

Im M ä r z 1 9 8 9 wird im Nationalen Sicherheitsrat der US-Regierung unter der Führung von George Bush, dem Vater von George W. Bush, ein *geheimes Memorandum* fertiggestellt, das konkrete Schritte in Richtung einer *„Wiedervereinigung"* Deutschlands vorsieht. Mitautorin ist Condoleezza Rice, die im Irak-Krieg 2004 von George W. Bush zur Verteidigungsministerin ernannt wurde. In dem Papier heißt es in professioneller Schwammigkeit und Doppeldeutigkeit, aber in eindeutiger Signalstärke für die Akteure:

„Selbst wenn wir bei der Überwindung der Teilung Europas durch mehr Offenheit und Pluralismus, Fortschritte machen, ist keine Vision des künftigen Europas denkbar, die nicht auch eine Stellungnahme zur deutschen Frage enthielte. In dieser Hinsicht können wir zwar keine sofortige politische Wiedervereinigung

---

[174] *Jürgen Illing: Ungarn. Friedrich-Ebert-Stiftung: Electronic ed., 2000. (FES-Analyse)*

*versprechen, sollten aber ein Angebot der Veränderung, der
Bewegung, abgeben."* [175]

Die Forderung, „Bewegung" in die Angelegenheit zu bringen, war
durchaus *wörtlich* zu verstehen. Nur wenn die innerdeutsche Mauer
unkontrolliert und chaotisch mit Hilfe Ungarns für DDR-Bürger durch-
lässig gemacht werden könnte, würde der gesamte Ostblock und damit
die Sowjetunion *abrupt* zusammenbrechen. Inwiefern Ungarn für die
Öffnung der österreichisch-ungarischen Grenze *über die bis dahin schon
vorhandene amerikanische finanzielle Einflussnahme hinaus* konkret
wiederum – nach altbewährter Methode – auch mit Hilfe der CIA
„gekauft" wurde, wird vielleicht einmal die Geschichtswissenschaft
ermitteln oder auch nicht.

Am 2. M a i 1989 beginnt Ungarn jedenfalls mit dem Abbau von
Grenzanlagen an der ungarisch-österreichischen Grenze.

Unmittelbar nach dem Beginn des Abbaus der Befestigungsanlagen in
Ungarn am 2. Mai 1989 setzen öffentlichkeitswirksame Aktionen von
DDR-Bürgerrechtlern ein. Sie nehmen eine demonstrative Kontrolle der
Stimmauszählung der Kommunalwahl am 7. M a i 1989 vor und stellen
dabei *„Wahlfälschungen"* zugunsten der *„Herrschenden Partei der
Arbeiterklasse"* fest. Dass es sich bei diesen *„Wahlen"* (die immer
annähernd hundert Prozent für den *„Demokratischen Block"* erbrachten)
um eine Farce handelte, die regelmäßig schon seit vierzig Jahren des
DDR-Bestehens inszeniert wurde, war sowieso allen Beteiligten von
vorneherein bekannt.

Am 27. J u n i durchtrennen der österreichische Außenminister Alois
Mock und sein ungarischer Amtskollege Gyula Horn gemeinsam
medienwirksam den Grenzzaun. Angesichts der durch das West-

---

[175] *Robert L. Hutchings: Als der kalte Krieg zu Ende war, 1999, S. 459*

Fernsehen verbreiteten Ereignisse in Ungarn flüchten vor allem während der Sommer-Urlaubszeit tausende DDR-Bürger in westdeutsche Botschaften des Ostblocks. DDR-weit beginnen Demonstrationen großer Teile der Bevölkerung. Im Sommer erreichen hunderte DDR-Bürger über Ungarn den Westen: Sie gelangen über die nicht mehr stark gesicherte Grenze nach Österreich Viele warteten zunächst ab. Auch im näher gelegenen Prag flüchten DDR-Bürger in die Deutsche Botschaft. Auf dem Botschaftsgelände drängen sich Anfang September 3.500 Menschen. Ungarn setzt das Abkommen mit der DDR über die Auslieferung von DDR-Flüchtlingen an die DDR außer Kraft.

Im J u l i 1989 besucht US-Präsident George Bush Polen und Ungarn. In Warschau vereinbart er die Umschuldung polnischer Auslandsverbindlichkeiten und sagt zu, sich bei der Weltbank (die ja unter amerikanischer Kontrolle steht) für die Gewährung eines Kredits in Höhe von 325 Millionen Dollar an Polen einzusetzen. In Budapest sichert Bush am 12. J u l i 1989 die Einrichtung eines Fonds im Umfang von 25 Millionen Dollar und den freien Zugang zum amerikanischen Markt zu.[176]

Am 25. A u g u s t 1989 findet auf Schloss Gymnich bei Bonn ein Geheimtreffen zwischen Bundeskanzler Helmut Kohl und Bundesaußenminister Hans-Dietrich Genscher auf der einen Seite und dem ungarischen Ministerpräsidenten Melós Németh sowie Außenminister Gyula Horn auf der anderen Seite statt. Aus einem Vermerk, den der Bundesaußenminister über ein Gespräch mit dem ungarischen Ministerpräsidenten fertigte, geht hervor, dass es bei der Öffnung der Grenze zum Westen und der Lösung des Problems der DDR-Flüchtlinge vor allem um Geld, gleich aus welcher westlicher Quelle, ging:

„Németh sagte, man sei in einer schweren ökonomischen Krise in Ungarn. Gleichzeitig müsste man die Umstellung zur Marktwirtschaft bewirken und es würden auch sofortige Ergebnisse erwartet ... (Ungarn) habe 5,6 Milliarden Schulden, von denen drei Milliarden nicht eintreibbar seien. Zwei Millionen Ungarn

---

[176] *Keesings Archiv der Gegenwart, 33545*

153

lebten unter dem Existenzminimum ... Ich frage Sie, Herr Bundeskanzler, können wir mit Ihrer Unterstützung rechnen? Ich meine nicht nur die Bundesrepublik, sondern den ganzen Westen." [177]

Laut einer Meldung des ungarischen Rundfunks hat Ungarn seine Grenzen nicht schneller geöffnet, um seine finanziellen Forderungen an den Westen in die Höhe zu treiben.[178] Ungarn erhielt schließlich einen Kredit der Bundesrepublik in Höhe von 500 Millionen DM.

Auf welchen Feldern des Schachspiels der CIA *„wichtige"* Figuren der oppositionellen Bewegung der *DDR* standen, beschreibt der damalige amerikanische Botschafter in der DDR Jerry Bindenagel im Jahre 2005:

> *„Eppelmann war Gesprächspartner, Thomas Krüger war wichtiger. Er und sein Kreis waren die wichtigsten Leute, außerdem Misselwitz und seine Leute. Sie waren die wichtigsten in den ersten Tagen. Eppelmann, Böhme und die anderen kamen später. Gregor Gysis Vater hat auch lange Kontakt mit uns gehabt und dadurch hatte dann auch sein Sohn Kontakt mit uns, aber der war kein Reformer, der war dann ein Nachfolger im Sinne der SED-Leute."* [179]

Die „Hilfsleistungen" der US-Botschaft, einschließlich deren CIA-Abteilung, geschahen natürlich nicht aus reinster christlicher Nächstenliebe. Welche Rolle die CIA bei der „Gestaltung" der deutschen Einheit unmittelbar vor dem Herbst 1989 bis zum 3. Oktober 1990, d. h. dem Tag

---

[177] *Bundesarchiv: B 136: Dokumente zur Deutschlandpolitik/Deutsche Einheit (DzD), 1998, Nr. 28 u. 29, S. 377-382: Hanns Jürgen Küsters, Daniel Hofmann (Bearb.), Sonderedition aus den Akten des Bundeskanzleramtes 1989/90; 1998*
[178] *K.-R. Korte: Deutschlandpolitik in Helmut Kohls Kanzlerschaft, 1998, S. 468*
[179] *Ferdinand Kroh: Wendemanöver, 2005, S. 221*

der formalen Vollendung der Einverleibung der DDR durch den Westen, spielte und wer in diesem „Schmierenstück" auf der „Gehaltsliste" der CIA stand, wird vielleicht einmal die Geschichtsforschung herausfinden – oder auch nicht! Nachdem am 11. September 1989 die ungarisch-österreichische Grenze für DDR-Bürger endgültig geöffnet und Erich Honecker am 17./18. Oktober durch seine eigenen Genossen gestürzt worden war, kündigte die neue DDR-Regierung unter der Führung von Egon Krenz eine *„Neue Reiseregelung"* an. Diese sah eine *„Ausreise"* ohne Vorliegen verwandtschaftlicher Verhältnisse und bisher geforderter Reisegründe vor.[180] ***Damit war der DDR die Existenzgrundlage entzogen*** – ganz gleich, in welcher Form diese Regelung bekanntgegeben wurde oder wie deren Umsetzung erfolgen würde. Letztlich war es ohne Belang, ob die Art der Bekanntgabe, so wie sie in der Pressekonferenz am 9. November 1989 durch das Politbüro-Mitglied Günter Schabowski erfolgte, „verunglückt" oder manipuliert war. – Das heißt manipuliert mit Hilfe des italienischen Journalisten Ricardo Ehrmann als – wie von ihm zugegeben – *„bestelltem Fragesteller"*[181] hinsichtlich des Zeitpunkts des Inkrafttretens der *„Reiseregelung"*. Die Mauer war in jedem Fall! überflüssig geworden. Damit war das Ende der SED-Herrschaft so oder so besiegelt.

Die „Wende" wurde in der Tat von langer Hand auf unterschiedlichen Ebenen durch westliche Kreise, insbesondere durch die USA, die sich davon das Milliarden-Geschäft des Jahrtausends im gesam-ten bisherigen Ostblock versprachen, vorbereitet und terminiert. Interessierte in West und Ost sprangen bereitwillig auf diesen Zug auf. Bestandteile dieses Puzzles waren

- die um den Jahreswechsel 1987/88 begonnene Demontage der *„Breschnew-Doktrin"* durch Michail Gorbatschow, die bis dahin ein

---

[180] *Bundesarchiv: SAPMO-BArch DY 30/J IV 2/2 2354, Bl. 84*
[181] *Der Tagesspiegel, 17.4.2009; Der Spiegel: http://einestages.spiegel.de/static/authoralbumbackground/717/die_frage _der_fragen.html*

militärisches Eingreifen der sowjetischen Hegemonialmacht in den sozialistischen *„Bruderländern"* im Falle *„konterrevolutionärer"* Abweichung ermöglichte

- die zunehmende Unzufriedenheit der Bevölkerung mit den allgemeinen Lebensumständen, auch im Vergleich zur benachbarten Bundesrepublik. Dies führte am 18. März 1990 zur Wahl der CDU, die sich als Garant für die Herbeiführung der sofortigen deutschen Einheit durch Einführung der DM angepriesen und schon die erwarteten Gewinne für die westdeutsche Wirtschaft im Auge hatte

- die Ablehnung des totalitären Spitzel- und massiven Repressionssystems, das den Machterhalt des SED-Regimes – und damit die Aufrechterhaltung des (allerdings von vielen in Ost *und* West in Kauf genommenen) Status quo in Deutschland – gewährleisten sollte.

Der Trick mit der *„Zahlungsunfähigkeit"* der DDR schon *vor* der „Wende": Dabei bestand die *„Zahlungsunfähigkeit"* der DDR schon seit 1980

Die USA hatten zwar bereits im Umweg über die gesteuerte Drosselung der sowjetischen Erdöllieferungen an die DDR dazu beigetragen, den schon bisher permanent niedrigen Lebensstandard innerhalb der Plan- und Mangelwirtschaft der DDR weiter abzusenken. Der Ablauf der Ereignisse war jedoch keinesfalls das Ergebnis eines bereits *vor der „Wende"* stattgefundenen abrupten systembedingten *„wirtschaftlichen* oder *finanziellen Zusammenbruchs",* einer fiskalischen *„Pleite",* eines *„vorprogrammierten Konkurses",* eines haushaltsmäßigen *„Staatsbankrotts".* Dies wurde und wird man nicht müde zu behaupten. Die eilends vorgenommene Einführung der DM am 1. Juli 1990 und die fast totale westliche Übernahme wesentlicher Teil durchaus noch brauchbarer und ausbaufähiger Wirtschaftswerte (was die Gegenwart beweist!) durch die Treuhandanstalt sollten mit Hilfe einer *„Vor-Wende-Zusammenbruchs-Theorie"* den Stempel der Legalität erhalten. – Ein Propaganda-Trick ersten Ranges – Dabei hatte selbst der 1991 während seiner Amtszeit – wohl als abschreckendes Beispiel – ermordete Präsident der Treuhandanstalt Detlef Rohwedder die Substanz der DDR-Wirtschaft auf die ansehnliche Summe von 600 Milliarden *West*-Mark geschätzt.[182] Rohwedder war für eine sozialverträgliche Privatisierung der Volkseigenen Betriebe eingetreten.

Insbesondere *west*deutsche eifrige Befürworter eines sofortigen – lukrativen – „Anschlusses" der DDR an die Bundesrepublik (verschlei-- ernd als *„Beitritt"* bezeichnet) verlegten Anfang 1990 mit der Begründung, es gäbe sowieso keine Alternative, kurzerhand den angeblich unabwendbaren urplötzlichen Konkurs der DDR-Planwirtschaft *vor die* „Wende" im Herbst 1989. Die Wende sei nur der Höhepunkt und die

---

[182] *Bundeszentrale für politische Bildung:* http://www.bpb.de/themen/LNBQS1.html

Erfüllung des unabweisbaren finanziellen aus sich selbst heraus entstandenen *System-Kollapses*, einer gesetzmäßigen *„Implosion"* der Planwirtschaft gewesen: Ein später Triumph einer *„sich selbst erfüllenden Prophezeiung"* aller derjenigen, die schon immer – im Dienste der US-Propaganda – der kommunistischen *Ideologie* die *Alleinschuld* an der deutschen Nachkriegsmisere gegeben hatten.

Demgegenüber kollabierte die DDR-Wirtschaft erst als *Folge!* der – von langer Hand vorbereiteten – chaotischen Ereignisse der „Wende" ab dem Herbst 1989, insbesondere *nach Einführung der DM am 1. Juli 1990!* Zu diesem Zeitpunkt brach *wie von den USA geplant* währungsbedingt zwangsläufig der DDR-Handel mit den Ostblockstaaten zusammen. Unterschwellig suggerierte man aber, es habe ein *„Crash"* bereits *vor der* „Wende" stattgefunden und dazu noch nach den Maßstäben eines kapitalistischen Wirtschaftssystems. Eine solche Gleichsetzung von Kapitalismus und Planwirtschaft ist aber schon von der ökonomischen Systematik her abwegig!

Besonders *perfide* ist es zudem, wenn *hämisch* von einem *„langen Siechtum"* der DDR-Planwirtschaft bis zu ihrem schließlichen *„systembedingten"* Zusammenbruch" gesprochen wird: Die schwerwiegende Benachteiligung Ostdeutschlands durch die Siegermächte hinsichtlich der Reparationen und die historisch begründete völlig unterschiedliche wirtschaftliche Ausgangssituation West- und Ostdeutschlands werden dabei verschwiegen! Denn der schon von der „Ost-Kolonisation" seit dem 13. Jahrhundert herrührende ostelbische Großgrundbesitz der „Rittergüter" fast ausschließlich in Ostdeutschland bildete nämlich erst die *Voraussetzung* zur Errichtung der großflächigen *„Landwirtschaftlichen Produktionsgenossenschaften" (LPG).* Außerdem waren Bodenschätze und Schwerindustrie im Gegensatz zum Westen Deutschlands so gut wie nicht vorhanden. Einen *„Marshall-Plan"* gab es natürlich auch nicht. Schon insofern lagen von Anfang an gegenüber Westdeutschland *völlig andere Startbedingungen* vor. *Die DDR-Planwirtschaft war eben nicht nur das Resultat der Übernahme der kommunistischen Ideologie in der Sowjetischen Besatzungszone durch die deutschen Helfershelfer der*

Sowjets. Nach Ansicht vieler Fachleute bestand immer noch eine kriegsähnliche Plan-, Not- und Kommandowirtschaft aufgrund der bis zuletzt aus Ostdeutschland herausgezogenen *hohen Reparationen* in vielfältigster Form.[183] Die ostdeutschen Wirtschaftsleistungen dienten – bis hin zum Verlustgeschäft der Uran-Lieferungen der Wismut AG bis zum DDR-Ende – der Kriegsentschädigung der Sowjetunion mit ihren 27 Millionen Kriegstoten. Der UdSSR waren Reparationen aus dem bei weitem ökonomisch leistungsfähigeren Westen Deutschlands, aus dem wirtschaftlichen Herzen Deutschlands, dem Ruhrgebiet, mit seiner Schwerindustrie und den enormen Steinkohlevorkommen durch die Westmächte ja verweigert worden – obwohl auf die USA bekanntlich keine einzige Bombe gefallen war und das Verhältnis der Kriegstoten 1:68 betrug. Hinzu kommt die zum finanziellen Vorteil durch den Westen bis zuletzt mit zu verantwortende – und schon vor dem Kriegsende beschlossene – Teilung Deutschlands (siehe vorne).

Zur *Vordatierung* einer angeblichen *„Implosion"* der DDR-Wirtschaft auf die Zeit *vor!* der *„Wende"* verfälschte man bewusst den *chronologischen Ablauf der Ereignisse.* Die eifrigen Förderer einer *unverzüglichen Einverleibung* der DDR durch die Bundesrepublik (einschließlich der „Volkskammer") beriefen sich vehement auf eine

„Expertise über den Stand der DDR-Finanzen".

Diese hatte Egon Krenz als Nachfolger Honeckers, der am 17./18. Oktober gestürzt worden war, von den Spitzen der DDR-Wirtschaftsführung am 24. Oktober 1989 angefordert (die Frage stellt sich: *Nur aus Gründen einer buchhalterischen Bestandsaufnahme?*). Jene Top-SED-Wirtschaftsfunktionäre, die vorher beim *„Klassenfeind"* als inkompetente Plan-Trickser verschrien waren, dienten sich jetzt, nachdem der Wind sich gedreht hatte, aus persönlichen Gründen dem Westen an. Sie mutierten zu Kronzeugen einer *„haushaltsmäßigen Pleite"* der DDR-Planwirtschaft schon *vor!* der „Wende". Jetzt waren sie hochwillkommen

---

[183] *Rainer Karlsch: Allein bezahlt?: Die Reparationsleistungen der SBZ/DDR 1945-53; 1993*

für die Beurteilung einer planwirtschaftlichen Finanzlage, die vor allem westliche Interessenten zu ihren Gunsten nach kapitalistischen Grundsätzen umfunktionierten. Zu den drei Verfassern der *„Expertise"* gehörte der oberste „Devisen-Beschaffer" und hochdekorierte Oberst des Staatssicherheitsdienstes, Staatssekretär Alexander Schalck-Golodkowski, als Leiter des Bereichs *„Kommerzielle Koordinierung"* *(„KoKo")* im Ministerium für Außenhandel.[184] Er war für dubiose Geschäfte mit dem Westen verantwortlich. Nach der „Wende" stellte sich Schalck-Golodkowski dem Bundesnachrichtendienst zur Verfügung, erhielt den Decknamen *„Schneewittchen"* und eine neue Identität – worauf er sich am schönen oberbayerischen Tegernsee niederlassen konnte. Das Ergebnis des offensichtlich *„bestellten Gutachtens"* über die *„drohende Zahlungsunfähigkeit"* der DDR, war den Beteiligten – allen voran Egon Krenz als Mitglied des Politbüros – allerdings von vorneherein *wohlbekannt. Denn bereits seit mehreren Jahren!* wurden *ebensolche Untersuchungen mit dem gleichen Ergebnis einer „Zahlungsunfähigkeit"* der DDR – und dazu noch bei weit geringerer *„Verschuldung"* – im sogenannten Kleinen Kreis des SED-Politbüros regelmäßig angestellt. Das *„Gutachten"* von 1989 machte die Volkskammer, die mit der Bezeichnung *„Laienspieler-Truppe"* kokettierte, offensichtlich unter dem maßgeblichen Einfluss derer, die ein brennendes Interesse daran hatten, zur Grundlage der blitzartigen Zustimmung zur Schaffung einer *„Währungs-, Wirtschafts- und Sozialunion"* zum 1. Juli 1990.

Bei der *„Expertise"* handelt es sich um eine unzulässige Beurteilung der Planwirtschaft nach den Grundsätzen einer freien Marktwirtschaft. Wie sie angelegt, beabsichtigt und bewusst falsch gedeutet wurde, fielen viele auf die methodisch abwegige Untersuchung herein. Die Propagandaveranstaltung war ein raffiniertes *Täuschungsmanöver* einer gesamtdeutschen Wirtschafts- und Finanzmafia. Die Show diente dazu,

---

[184] *Bundesarchiv: SAPMO-BArch, DY 30/J IV 2/2/2356*

den aus dem Westen daran heftig Interessierten die DDR als *„Konkursmasse"* „auf einem silbernen Tablett zu servieren", indem *ein urplötzlicher finanzieller Zusammenbruch* der ostdeutschen Wirtschaft auf die Zeit *vor der Wende* im Herbst 1989 vordatiert wurde. Auf diese Weise konstruierte man sich eine scheinbar seriöse Legitimation für die gewinnträchtige überfallartige Übernahme der DDR- Wirtschaft.

Die DDR hatte aber schon *seit Mitte der 1970er Jahre!* mit einer angeblich *„drohenden Zahlungsunfähigkeit"* dauerhaft zu leben gelernt:

- Bereits 1976 und 1977 wiesen der Vorsitzende der Staatlichen Plankommission Gerhard Schürer und der im SED-Zentralkomitee für Wirtschaftsfragen zuständige Sekretär Günter Mittag in einer gemeinsamen Vorlage das Politbüro auf *„akute Zahlungsschwierigkeiten"* hin und konstatierten eine *„Schuldendienstspirale"*. Daraufhin wurde im Politbüro ein sogenannter *Kleiner Kreis* der obersten Wirtschaftsführung installiert. Dieser befasste sich regelmäßig gebetsmühlenhaft und pflichtgemäß bis zuletzt mit diesem Thema.
- Schon am *27. Juni 1980!* warnte die Staatliche Plankommission, beim Ausbleiben westlicher Kredite werde die DDR *„innerhalb weniger Monate zahlungsunfähig"!* sein und könne dann keine Waren mehr aus dem Westen beziehen.[185]

Die DDR-Planwirtschaft bewies aber, dass sie selbst die weltweite Finanzkrise zwischen 1981 und 1983 überleben konnte. Ausgelöst durch eine Haushaltskrise der USA entstanden (fast ebenso wie bei der ab dem Herbst 2008) weltweit finanzielle Probleme. Osteuropäische Staaten wie Polen, Ungarn und Rumänien konnten ihren internationalen Zah-

[185] *Th. Pirkert u. andere (Hrsg.): Der Plan als Befehl und Fiktion. Wirtschaftsführung in der DDR, 1995, S. 325*

lungsverpflichtungen nicht mehr nachkommen. Ausländische Kredite wurden ihnen verweigert. Dies wirkte sich wegen der engen Verflechtung der arbeitsteiligen Ostblock-Wirtschaft des COMECON gleichfalls verheerend auf die DDR-Planwirtschaft aus.

Was die angebliche „Zahlungsunfähigkeit" der DDR-Planwirtschaft im Zeitpunkt der „Wende" 1989 betrifft, steht zweifelsfrei fest, dass die DDR bis dahin anstandslos ihre Schulden im Außenwirtschaftsverkehr beglich und noch 1989 Kredite in „harter Währung" mit einer längeren Laufzeit als jemals zuvor erhielt. Der Ministerialrat des ehemaligen Bundesministeriums für innerdeutsche Beziehungen Armin Volze, ein ausgewiesener Experte auf dem Gebiet des DDR-Finanzwesens, stellte nach der „Wende" hinsichtlich der angeblichen „Zahlungsunfähigkeit" der DDR dann auch fest:

> „ ... Danach reduzierte sich die Nettoverschuldung und stieg erst nach 1986 wieder an. Sie lag 1989 aber immer noch unter der von 1981 und war kein akuter Anlass für den Zusammenbruch der DDR." [186]

> „ ... **Die Wende 1989 ist deshalb auch nicht durch eine akute Zahlungsunfähigkeit ausgelöst oder begleitet worden.**" [187]

---

[186] Armin Volze: Zur Devisenverschuldung der DDR; in: Eberhard Kuhrt, Hansjörg F. Buck, Gunter Holzweißig (Hrsgb.): Die Endzeit der DDR-Wirtschaft. Analysen zur Wirtschafts-, Sozial- und Umweltpolitik, 1999, S.170
[187] Armin Volze: Ein großer Bluff? Die Westverschuldung der DDR: Deutschland Archiv 29 (1996)/5, S. 711

162

B) Was man konkret ändern sollte!

1. „Assoziierung" Deutschlands im europäischen Wirtschaftsraum, Erhalt des Euro – „Modifizierte EU-Mitgliedschaft" –

Im europäischen Wirtschaftsraum sollte aus Zweckmäßigkeitsgründen die europäische Währung des **Euro beibehalten** werden. Dabei ist der Europäischen Zentralbank – abgekoppelt vom Dollar-Diktat – die Aufgabe zuzuweisen, in Anbetracht der großen Unterschiede in der Wirtschaft und der wirtschaftspolitischen Vorstellungen der 19 Mitgliedsstaaten des *Euro-Raums* die Geldpolitik so zu regeln, dass wegen zu günstiger Kredite Unternehmen nicht am Leben erhalten werden, die unter normalen Umständen pleite gegangen wären. So wurden zum Beispiel im Jahre 2019 in Italien 20 Prozent des eingesetzten Kapitals wegen zu niedriger Zinsen in derartige *„Zombie-Unternehmen"* investiert. Weiterhin ist eine strengere Kontrolle hinsichtlich der Haushaltspolitik der Mitglieder des Euro-Raums auszuüben. Dabei darf der **Herauswurf oder der Austritt aus dem Euro-Raum kein Tabu sein.**[188]

Unabhängig von der Beibehaltung des Euro ist es **notwendig, die deutsche EU-Mitgliedschaft grundlegend zu** *modifizieren*:

Es kann der völlig unterschiedlichen Wirtschaftsstruktur der einzelnen EU-Länder nicht Rechnung getragen werden, wenn z. B. Zölle gegenüber Nicht-EU-Ländern durch ein *Mehrheits-Votum* in der Europäischen Kommission festgesetzt werden. Dies geschah beispielsweise anlässlich der Verlängerung der Erhebung von Strafzöllen bei Dumping-

---

[188] *So Otmar Issing, ehemaliger Chefvolkswirt der Europäischen Zentralbank, Dezember 2018*

Importen von Schuhen aus China und Vietnam. Einige betroffene Staaten hatten auf Handelsbarrieren gedrungen, andere, die aus den Dumping-Importen Vorteile ziehen, hatten sich gegen die hohen Zölle gewandt. Derartige wirtschaftlich *völlig entgegengesetzte Interessen* der EU-Länder lassen sich natürlich nicht durch einen *Mehrheitsbeschluss!* beseitigen. Diese wirtschaftliche Fehlentwicklung wird noch dadurch verschärft, dass die EU zunehmend mit Drittländern *„Freihandelsabkommen"* abschließt, d. h. auf die Erhebung von Zöllen bei Einfuhren auch aus Nicht-EU-Ländern weitgehend verzichtet.

Das *hier* vorgeschlagene Modell geht dagegen davon aus, dass im Rahmen der *„Regionalisierung der deutschen Wirtschaft"* (siehe später) abhängig vom Grad der erreichten Entwicklung, also in Korrelation damit – *individuelle im Verordnungswege in der Bundesrepublik Deutschland festgesetzte Zölle* bei Importen zum Schutz benachteiligter einzelner deutscher Wirtschaftszweige erhoben werden. Dies muss sowohl für Direkt-Importe aus EU-Ländern als auch für Waren aus Drittländern, welche im Transitverkehr nach Deutschland eingeführt werden, gelten (siehe später). Der immer wieder vorgebrachte Einwand, bei der Erhebung von Schutzzöllen würden andere Staaten als Abwehrmaßnahme genauso verfahren und es würde ein Handelskrieg entstehen, ist in Anbetracht des *hier angesprochenen Modells* nicht relevant: Sollten nämlich Staaten (z. B. die USA) dazu übergehen, in einem *„Wirtschaftskrieg"* Strafzölle bei der Einfuhr einzelner Waren zu erheben (z. B. für in Mexiko hergestellte deutsche Autos), *muss dieser Krieg ausgefochten werden!* In diesem Falle sind die *„Gewinn-Abflussabgaben"*, welche von US-Unternehmen in Deutschland und bei amerikanischen Firmenbeteiligungen zu erheben sind (siehe später), bequem als Hebel zu nutzen, d. h. die *„Gewinn-Abflussabgaben"* könnten entsprechend erhöht werden.

1994 handelten sieben nordeuropäische Staaten und die Schweiz *„Assoziierungsabkommen"* aus, die es ihnen ermöglichen, sich begrenzt am inzwischen gegründeten europäischen Binnenmarkt zu beteiligen. Der

„Europäische Wirtschaftsraum (EWR)" der assoziierten Staaten geht jedoch über herkömmliche Freihandelsabkommen hinaus, da er auch die *„vier Freiheiten"* des EU-Binnenmarkes (den freien Waren-, Personen-, Dienstleistungs- und Kapitalverkehr) umfasst. Die Schweiz gehört formal zwar nicht zum *EWR*, aber zwischen der EU und der Schweiz bestehen mehr als 120 *„sektorspezifische bilaterale Verträge"*. Das EWR-Abkommen schafft also keine verbindlichen Vorschriften für *sämtliche* Bereiche des Binnenmarkts oder für politische Maßnahmen gemäß den EU-Verträgen. Insbesondere betreffen die Regelungen des EWR-Abkommens nicht:

- die gemeinsame Agrar- und Fischereipolitik
- die Zollunion
- die gemeinsame Handelspolitik
- die gemeinsame Außen- und Sicherheitspolitik
- die Bereiche Justiz und Inneres
- die Wirtschafts- und Währungsunion.

Wie kann die *„Modifizierte EU-Mitgliedschaft"* Deutschlands aussehen?

2. Die Kontrolle über unsere Grenze wiedererlangen: Individuelle deutsche Zölle und obligatorische Grenzkontrollen für den gewerblichen Güterverkehr (und für Zuwanderer), EU-Freizügigkeit

Um eine *„Regionalisierung der Wirtschaft"* (siehe später) zu ermöglichen, muss Deutschland – ohne die europäische Währung des Euro aufzugeben – analog den bereits bestehenden *„Assoziierungsverträgen"* des *„Europäischen Wirtschaftsraums (EWR)"* (siehe vorne) Regelungen vereinbaren, die an eine *„Assoziierung" angelehnt sind*: Was den *gewerblichen* Güterverkehr betrifft, kann Deutschland dann ein System der Grenzüberwachung hinsichtlich Importen aus EU- und Drittländern sowie Waren aus Drittländern, welche im Transitverkehr nach Deutschland eingeführt werden, installieren. Hierzu kann ein vereinfachtes Zoll-Anmelde- und -Erhebungsverfahren eingerichtet werden. Dabei können Lastkraftwagen an der Grenze ggfs. verplombt und an ein deutsches Zollamt weitergeleitet werden (nach dem Stand vom März 2015 gibt es 271 deutsche Zollämter). Falls erforderlich, kann mit den angrenzenden Staaten vereinbart werden, dass die Verplombung von Kfz durch die deutsche Zollbehörde bereits *vor* der deutschen Grenze vorgenommen wird. Zusätzlich kann ggfs. eine mobile Zollabfertigung auf Rastplätzen während der gesetzlich vorgeschriebenen Standzeiten erfolgen.

Für den *privaten* Reiseverkehr kann generell (d. h. bis auf Ausnahmefälle) auf Kontrollen verzichtet werden. Für die *EU-Arbeitnehmer-Freizügigkeit* sowie den *Dienstleistungs- und Kapitalverkehr* können besondere europäische Regelungen vereinbart werden. Die permanente Grenzüberwachung kann gleichfalls dazu dienen, auch bei einem möglichen erneuten starken Anstieg der Flüchtlingszahlen, die *Zuwanderung zu kanalisieren und ordnungsgemäß zu erfassen.*

Falls versucht werden sollte, beim Import von Waren – auch aus EU- Staaten – die im Rahmen der *„Regionalisierung der deutschen Wirtschaft"* (siehe später) **ebenso gut in Deutschland produziert**

werden können, die deutschen Herstellungskosten mit Dumping-Preisen zu unterbieten, sind diese Importe mit Abgaben nach einem *individuell festzusetzenden deutschen Zolltarif* zu belegen. Die Höhe der Zölle ist an der Differenz zu den deutschen Herstellungskosten auszurichten. Diese Abgaben dürfen also nicht den willkürlichen europäischen (Einheits)-Regelungen unterliegen, sondern sind im *Verordnungswege in der Bundesrepublik Deutschland* zum existenziellen Schutz der hiesigen jeweils betroffenen Wirtschaftszweige individuell festzulegen. Dies hat in *Korrelation* mit dem inzwischen erreichten Grad der *„Regionalisierung der Wirtschaft"* zu erfolgen (siehe später). Auch *Mengenbeschränkungen (Kontingente)* können bei der Einfuhr von Waren festgesetzt werden.

Daneben haben für importierte Waren nicht nur die Artenschutzbestimmungen zum Schutze der ausländischen Tierwelt zu gelten. Es ist ebenso generell nachzuweisen, dass bei der Herstellung von Gütern im Ausland ein *Mindestmaß* der in *Deutschland* anzuwendenden *arbeits-, umwelt- und gesundheitsrechtlichen Vorschriften* eingehalten wurden. Um sich nicht zum Komplizen gewissenloser Profiteure zu machen, ist die *UN-Menschenrechts-Konvention* als geltendes Recht anzuwenden. Die Einfuhr nicht entsprechend produzierter und deklarierter Waren ist zu unterbinden. Mit anderen Staaten können *bilaterale Handelsverträge* zum gegenseitigen Vorteil abgeschlossen werden.

Das bedeutet, dass Deutschland weiterhin in den EU-Binnenmarkt und die europäische Zoll- und Währungsunion integriert bleibt, *solange Deutschland keine Nachteile daraus entstehen.* **Es geht hier also nicht um ein** *„Europa der verschiedenen Geschwindigkeiten",* **sondern um eine „Europäische Union" in anderer Erscheinungs-form.**

Sollten die europäischen Institutionen eine solche *„nationale Wirtschaftsschutz-Regelung"* einer *„Modifizierten EU-Mitgliedschaft"* Deutschlands nicht akzeptieren wollen, muss Deutschland konsequenterweise, wie Groß-Britannien, aus der EU austreten. *Die*

nationalen Institutionen haben eine zentrale Rolle zu spielen! Sie
können die Interessen der einheimischen Bürger am besten
vertreten. Es darf nicht zugelassen werden, dass europäische
Organisationen zentralistisch lebenswichtige Bereiche des deutschen Alltags reglementieren, um dadurch vor allem US-Konzernen
Vorteile zu verschaffen!

3. Erhebung von „*Gewinn-Abflussabgaben*" von ausländischen Unternehmen und bei ausländischen Beteiligungen

Ausländische Investoren hielten im Jahre 2017 in 18 der 30 Dax-
Konzerne *mehr als die Hälfte der Anteile.* Allein ein einziger
amerikanischer Finanz-Konzern (BlackRock) hielt 2017 an *allen* 30
DAX-Unternehmen umfangreiche Beteiligungen und ist bei einem
Drittel aller DAX-Unternehmen größter Einzelaktionär.[189] Seit Jahren
stellen Amerikaner die stärkste Gruppe.[190] US-Firmen haben in
Deutschland mehr direkt und indirekt investiert als in irgendeinem
anderen Land der Welt. Allein die Finanz-Investitionen des Private
Equity-Bereichs, die statistisch, wie die meisten der Investitionen, kaum
erfasst werden, schätzte man im Jahre 2009 auf insgesamt über 50

---

[189] *Der Tagesspiegel, 14.10.2017*
[190] *Die AG, 17.8.2015*

Milliarden Euro.[191] Zum Beispiel erwarben im ersten Halbjahr 2015 US-Private-Equity-Gesellschaften deutsche Unternehmen im Wert von 8,6 Milliarden Dollar.[192] Von 2004 bis 2011 hat sich der Ausländeranteil in den Vorstandsetagen der Dax-Unternehmen auf einen Durchschnitt von 25% verdoppelt (mit Höchstquoten bis zu 80%).[193]

Von Januar 2008 bis Juni 2009 zum Beispiel, also in nur eineinhalb Jahren, gab es 250 Firmenneugründungen mit mehr als 50%iger amerikanischer Kapitalbeteiligung. Hierbei handelt es sich zumeist um Firmen in Zukunftsmärkten, wie der IT-Bereich, Medizin, Finanzdienstleistungen, erneuerbare Energien und Immobilienwirtschaft. Viele Firmen operieren als Brückenköpfe ihrer amerikanischen Mutterkonzerne in Europa. So zahlte der Apple-Konzern auf seine Gewinne in Europa im Jahre 2014 nur 0,0005 Prozent Steuern. Die größten Arbeitgeber unter den US-Firmen in Deutschland sind McDonald's (58.000 Mitarbeiter), vor Opel (25.103) und den Ford-Werken (24.000). Zehn der umsatzstärksten amerikanischen Unternehmen beschäftigen jeweils mehr als 10.000 Menschen in Deutschland (darunter Burger King, IBM, UPS, Procter & Gamble, Coca-Cola, TRW Automotive, Johnson Controls).[194] US-Monster-Konzerne wie Amazon, die eine Branche nach der anderen aufrollen, agieren in Deutschland steuerfrei. Im Jahre 2019 schütteten die in Deutschland ansässigen Konzerne Rekord-Dividenden an ihre Aktionäre aus. Ein Großteil der Ausschüttungen geht an Aktionäre im Ausland. **Bei den Dax Unternehmen *landet 2019 mehr als die Hälfte der Gewinne nicht bei deutschen Aktionären!*, bei Konzernen wie Adidas, Bayer und Linde sind es sogar mehr als 70%.**

---

[191] *Amerikanische Handelskammer in Deutschland (AmCham), 2009: http://www.amcham.de/press-room/news-archive/head-line-full-text/article/430.html*
[192] *Handelsblatt, 8.7.2015*
[193] *Spencer Stuart Personalberatung, Board Index 2011*
[194] *Amerikanische Handelskammer in Deutschland (AmCham): 23.9.2009: http://www.amcham.de/press-room/news-archive/headline-full-text/article/599.html,*

Diese Zahlen zeigen, dass es, ebenso wie *vor* **dem Zweiten Weltkrieg** als Folge des Versailler Vertrags und der Komplizenschaft mit den Nazis (siehe vorne) **auch** *nach dem Zweiten Weltkrieg* **eine** *extreme amerikanische Kapitaldurchdringung* **Deutschlands gibt!**

Das Ausmaß des Gewinn-Abflusses aus Deutschland zugunsten amerikanischer Aktionäre ließ sich anlässlich des Opel-Desasters im Jahre 2009 nur erahnen. In keiner Statistik wird der gigantische Umfang des Gewinn-Transfers aus Deutschland in das Ausland, vor allem in die USA, dokumentiert. **Deutschland weist weltweit die höchste Konzentration von Unternehmen in amerikanischem Besitz auf.**[195] Wenn unablässig getrommelt wird, das systematische Ausbluten der deutschen Wirtschaft sei eben nur Teil der für alle Beteiligten vorteilhaften und unabwendbaren schicksalhaften *„Globalisierung"*, müsste das eigentlich schon allein im Blick auf obige Zahlen des Gewinntransfers in die USA verwundern. **Eine derartige, vor allem amerikanische, augenscheinlich** *koloniale Ausplünderung* **Deutschlands hat absolut nichts mit normalen Handelsbeziehungen zu tun,** *allein* **schon unter Berücksichtigung der äußerst unterschiedlichen Bevölkerungszahlen beider Länder.** Die Schadensverursacher können in Deutschland nur in die Schranken gewiesen werden, indem ihnen Kosten auferlegt werden, die *ihre hier erzielten Gewinne begrenzen!* Die zusätzlichen (absehbar hohen) Bundeseinnahmen können für folgende Zwecke verwendet werden:

a) zur Verhinderung einer ehrgeizigen *Null-Verschuldung* zu Lasten der Minderbemittelten

b) für eine zweckgebundene Förderung der *„Regionalisierung der Wirtschaft"* (siehe später). Dies wird unweigerlich zur Erhöhung der Steuereinnahmen führen. Das heißt: *Ausländisches* Kapital

---

[195] *Deutsch-Amerikanische Handelskammern.http://www.heise.de/ newsticker/ meldung/ Siemens-groesstes-deutsches-Unternehmen-in-USA-179978.html; 18.1.2008; impulse, 12/2007*

wird durch die Stärkung deutscher regionaler Wirtschaftsbereiche schrittweise durch *einheimisches* Kapital ersetzt.

Der Gewinn-Transfer aus Deutschland in das Ausland ist deshalb durch

„Gewinn-Abflussabgaben"

zu begrenzen. Diese sind

- für Unternehmen im ausländischen Besitz und
- bei ausländischen Beteiligungen

- prozentual von den erzielten Erträgen
- gestaffelt nach der Betriebsgröße und -Art

zu erheben.

Zur Überwachung der Abgabenerhebung sind entsprechende Mitteilungspflichten in das Steuer- und Bilanzierungsrecht aufzunehmen.

Falls im Gegenzug zum Beispiel deutsche Kraftfahrzeuge in den USA mit Strafzöllen belegt werden sollten, sind die „Gewinn-Abflussabgaben" je nach der Intensität der ausländischen Handelskriegsmaßnahmen am besten geeignet, durch eine entsprechende Erhöhung als Hebel für Gegenmaßnahmen eingesetzt zu werden.

4. Erhebung von „Auslands-Filialabgaben" von deutschen Unternehmen

Von 1996 bis 2010 haben deutsche Unternehmen durch die Verlagerung von Arbeitsplätzen in Niedriglohnländer 80.000 Arbeitsplätze abgebaut. Die deutschen Dax-Konzerne erwirtschaften drei von vier Euros im Ausland und beschäftigen dort zwei Drittel ihrer Mitarbeiter. Die Vernichtung von Arbeitsplätzen infolge der Verlagerung von Unternehmensteilen (Filialen) in das Ausland und steuerliche Manipulationen mit Hilfe von „Tochterunternehmen", die der deutschen Gesellschaft schaden, müssen beendet werden. Deutschland hat seinen Wohlstand auch auf der Produktion in Billiglohnländern, nach der Wende vor allem in Osteuropa, aufgebaut und sich damit eine neue Art von Kolonien, die *„Produktions-Kolonien"*, geschaffen. Allein Siemens beschäftigte in den USA im Jahre 2017 50.000 Menschen in 60 Fabriken, die deutsche Automobilindustrie hat dort 33.000 Mitarbeiter. Natürlich streut Donald Trump den US-Bürgern Sand in die Augen, wenn er behauptet: *„Ausländische Staaten „wollen unsere Waren produzieren, unsere Firmen stehlen und unsere Jobs vernichten".* Dabei unterschlägt er zum Beispiel die **wirtschaftlich und finanziell bedeutend gravierendere Ausbeutung Deutschlands durch die USA.**

Als Vorbild für Schutzmaßnahmen zugunsten der inländischen Wirtschaft kann Frankreich dienen: Obwohl beispielsweise der französische Staat mit nur 15% am Auto-Konzern Renault beteiligt ist, verhinderte die französische Regierung massiv die geplante Verlagerung eines Teils der Produktion ins Ausland und damit die Vernichtung inländischer Arbeitsplätze.[196] Häufig finden außenwirtschaftliche dubiose Transaktionen innerhalb von Teilen des *gleichen* Unternehmens im In- und Ausland statt: Durch Bilanzierungs-Tricks, fragwürdige Gewinn-Verrechnungen, Gründung von Tochtergesellschaften etc. schöpfen Konzerne die steuerlichen

---

[196] *Der Spiegel, 14.1.2010*

„Gestaltungsmöglichkeiten" zum eigenen Vorteil *„optimal"* aus. Die OECD wies in ihrem *„Deutschland-Bericht"* vom März 2010 auf die schädlichen deutschen Produktionsverlagerungen in das Ausland hin und empfahl einen *Anschub der Binnennachfrage.* Hinzuweisen ist hierbei auf die *katastrophale Zunahme des Lkw-Verkehrs* auf den deutschen Autobahnen und Straßen, welche zu einem großen Teil durch osteuropäische Fahrzeuge verursacht wird. Diese Zunahme resultiert zu einem nicht unerheblichen Teil aus dem Zulieferungsverkehr der deutschen Tochterfirmen in Osteuropa. Hierbei spielt das Lohngefälle, das infolge der EU-Ost-Erweiterung besteht, bei der Kostenkalkulation die entscheidende Rolle. Bei einer *„Regionalisierung der deutschen Wirtschaft"* (siehe später) entfallen derartige Probleme.

Von deutschen Firmen, welche ihre Produktion teilweise in das Ausland verlagert haben, deren *Hauptsitze* sich aber in Deutschland befinden, sind für die *durch den Abbau von inländischen Arbeitsplätzen entstehenden staatlichen Folgekosten infolge der Verlagerung von Arbeitsplätzen in das Ausland*

„Auslands-Filialabgaben"

zu erheben. Diese sind

- gestaffelt nach Art und Größe des Betriebes
- prozentual an den im Ausland erzielten Gewinnen auszurichten.

Zur Überwachung der Abgabenerhebung sind entsprechende Mitteilungspflichten in das Steuer- und Bilanzierungsrecht aufzunehmen.

5. Nach 30 Jahren „deutscher Einheit" die Fehlentwicklung Ostdeutschlands beenden!

„Gewinn-Abflussabgaben" für westdeutsche und ausländische Unternehmen in Ostdeutschland sowie bei ausländischen Beteiligungen

Die grundlegende wirtschaftliche *Fehlentwicklung von Anfang an* beim Zustandekommen der deutschen Wiedervereinigung 1989/90 ist so gut wie möglich zu bereinigen, auch um eine Gesundung der *gesamtdeutschen* Wirtschaft zu erreichen. Die Fehlförderung Ostdeutschlands, die zu einem Abfluss öffentlicher Mittel und Gewinnabflüssen gigantischen Ausmaßes auf direktem und indirektem Wege in das Ausland, *vor allem in US-Konzernzentralen und in westdeutsche Mutterunternehmen,* führt, ist unverzüglich zu beenden. Hierbei ist der Fehler, Steuerermäßigungen und Subventionen, die nur in den falschen Taschen landen, das heißt für Unternehmen *ohne Hauptsitz* in Ost-Deutschland, zu gewähren, zu korrigieren. 70% der Gewinne der 30 Dax-Konzerne (die im Jahre 2017 zu rund 64 Prozent ausländischen Investoren, gehörten) landeten in den Taschen ausländischer Aktionäre! [197]

Für die *Landwirtschaft* gilt entsprechendes: Der Bereich wird von außerlandwirtschaftlichen Kapitalanlegern beherrscht, die gar nicht in Ostdeutschland ansässig sind. Keiner der sieben größten Agrarinvestoren hat seinen Sitz in Ostdeutschland. Sie erhalten jährlich zwischen einer und fünf Millionen Euro an Agrarsubventionen aus Brüssel, die wiederum zu einem großen Teil aus deutschen Steuermitteln stammen. Angebaut werden im großen Stil auf Riesenfeldern hauptsächlich Energiepflanzen.

---

[197] *Anlegerschutzvereinigung (DSW), Dividendenstudie, 30.3.2017*

Um den Aufbau einer sich selbst tragenden ostdeutschen Wirtschaft und die Gesundung der *gesamtdeutschen* Wirtschaft, auch im Rahmen einer *„Regionalisierung"* zu erreichen (siehe später), sind folgende Maßnahmen erforderlich:

Die in Ostdeutschland (ehemalige DDR) erzielten Gewinne *westdeutscher* Unternehmen, deren *Hauptsitze* sich *außerhalb des Gebietes der ehemaligen DDR* befinden, sind entsprechend dem *„Ansässigkeitsprinzip"* mit

„Gewinn-Abflussabgaben"

zu belegen. Gleiches gilt für *ausländische* Unternehmen in diesem Gebiet sowie bei *ausländischen Beteiligungen.*

Die *„Gewinn-Abflussabgaben"* sind

- gestaffelt nach Art und Größe des Betriebes
- prozentual von den erzielten Gewinnen

zu erheben.

Zur Überwachung der Abgabenerhebung sind entsprechende Mitteilungspflichten in das Steuer- und Bilanzierungsrecht aufzunehmen.

Gewinn-Abflussabgaben sind als echte zusätzliche Bundeseinnahmen vorrangig zum Aufbau einer sich selbst tragenden *ostdeutschen* mittelständischen Wirtschaft im Rahmen der *„Regionalisierung der Wirtschaft"* (siehe später) zu verwenden. Hierbei ist das im Zuge der Wiedervereinigung stark benachteiligte West-Berlin einzubeziehen.

Daneben ist die Einforderung des *„Solidaritätszuschlags"*, der paradoxerweise auch von den *ost*deutschen Einkommensbeziehern erhoben wird, zur Hebung der Nachfrage und damit des Steueraufkommens mit sofortiger Wirkung einzustellen. Dass dabei die Bezieher höherer Einkommen natürlich stärker entlastet werden, ist in Kauf zu nehmen.

Als Voraussetzung eines wirtschaftlichen Wandels – insbesondere in Ostdeutschland – ist

- zur Schaffung von Arbeitsplätzen,
- um angemessene Löhne zu ermöglichen und
- um die Wirtschaft „von unten" mit steigenden Steuereinnahmen zu entwickeln

parallel zur Erhebung der Gewinn-Abflussabgaben eine möglichst weitgehende „*Regionalisierung der Wirtschaft*" anzustreben (siehe später).

6. Wie das gesamtwirtschaftlich schädliche Übergewichts des Exports abgebaut werden kann
– Schon wieder „*ein Platz an der Sonne*" Deutschlands durch Förderung der „*Champions*"? –

Die **gesamtwirtschaftlich** – im Endeffekt – *schädliche und gefährliche* **Dominanz** des Exports ist nur durch eine „*Regionalisierung der deutschen Wirtschaft*" – d. h. durch die Realisierung eines völlig neuen Binnenwachstumsmodells – zu beseitigen (siehe später). Dadurch kann die risikoreiche Abhängigkeit vom internationalen Währungssystem des Dollars, und damit im engen Zusammenhang stehend, vom EU-Diktat gemindert werden.

Die Ausfuhren machten im Jahre 2016 *46%!* des Brutto-Inlands-produkts aus.[198] Das bedeutet eine Verdoppelung innerhalb von zwanzig Jahren. *80%!* der deutschen Arbeitsplätze sind in irgend-einer Form vom Export abhängig.[199] Die 30 Dax-Unternehmen erzie-len *mehr als die Hälfte* ihres Umsatzes *im Ausland*. Welches Gewicht in Deutschland dem Export beigemessen wird, zeigt dessen außer-gewöhnliche öffentliche Förderung, so durch die Umsatzsteuer-Befreiung von Ausfuhren und Ausfall-Bürgschaften des Bundes *("hermesbesicher-te"* Exportkredite).

Wem nützt dieses volkswirtschaftliche Ungleichgewicht? Liegt die einseitige „Spezialisierung" der exportorientierten Produktion nicht in erster Linie *im finanziellen Interesse multinationaler Konzerne und deren Großaktionäre?*[200] **Denn** *70%! der Gewinne* **(2017) zum Beispiel nur der Dax-Unternehmen** *fließen doch ins Ausland!***, weil diese Konzerne sich (2017) zu** *64%! im ausländischen Besitz befin-den.*[201] **Die Löhne stiegen in Deutschland von 2000 bis 2010 um** *zwei Drittel geringer als in der Euro-Zone: Folge von Hartz IV und des daraus resultierenden Niedriglohnsektors. Somit wurde die Export-Dominanz Deutschlands zu einem großen Teil durch Lohn- und Sozial-Dumping erkauft!*

Das von den USA, insbesondere nunmehr in der *„America-first"*-Trump-Ära, ins Feld geführte Argument, die Wirtschaftsbeziehungen zwischen den USA und Deutschland seien aufgrund der deutschen Export-überschüsse – zuungunsten der USA – unausgewogen, sind regelrecht ein Eigentor: Denn wenn auch Deutschland z. B. im Jahre 2015 Waren im Werte von 126,5 Milliarden Dollar in die USA exportierte und Waren aus den USA für *„nur"* 49,6 Milliarden Dollar importiert hat, wird geflissentlich verschwiegen, dass *Deutschland ja auch nur 27%! der*

---

[198] *https://de.statista.com/statistik/daten*
[199] *Süddeutsche Zeitung: Deutschland zum Export verdammt, 8.1.2010*
[200] *Süddeutsche Zeitung: Deutschland zum Export verdammt, 8.1.2010*
[201] *Anlegerschutzvereinigung (DSW), Dividendenstudie, 30.3.2017*

Einwohnerzahl der Vereinigen Staaten aufweist (2009). Insofern besteht dann wohl eher ein umgekehrtes Missverhältnis. Ebenso verschwiegen wird, dass die USA vor allem die eigenen völlig überbewerteten Banknoten „exportiert" (siehe vorne). Schon von daher ist, eine Gleichgewichtigkeit des Imports und Exports zwischen Deutschland und den USA zu fordern abwegig. Wenn man dann selbst noch gleichzeitig eine *„America-first-Politik"* betreibt, liegt schlichtweg eine Unverschämtheit vor.

Viel wichtiger und entscheidender ist dagegen, dass ein großer Teil der Export-Gewinne des stolzen (fast)-Export-Weltmeisters aufgrund der immensen *amerikanischen Kapitalbeteiligungen* an *deutschen Firmen in den USA! landet.*

Darüber hinaus ist ein starker Export *generell* keinesfalls ein Gradmesser und Garant für die wirtschaftliche Stärke insgesamt sowie für den Wohlstand und das Wohlergehen eines Volkes:

So stiegen beispielsweise in *Thailand* zwischen 1985 und 1995 die landwirtschaftlichen Exporte um *65%*. Im gleichen Zeitraum erhöhte sich dort aber die Zahl der Menschen, die unterhalb der Armutsgrenze leben, um *43%*. Weiterhin entwickelte sich *Brasilien* in den 1990er Jahren zum Exportweltmeister bei Soja, Kaffee, Orangensaft, Zucker, Eisenerz und Rindfleisch. Die Zahl der Hungernden stieg trotz dieser *„Exporterfolge"* (auch mit Hilfe dort angesiedelter deutscher Firmen) von *einem* auf *zwei Drittel* der Bevölkerung. In den fast 100%ig vom Export abhängigen US-dominierten *„Bananen-Republiken"* herrscht bittere Armut.

Wie ist also die Stellung Deutschlands als bisherigem „Export-Weltmeister" (bis Ende 2009 vor China) im *Gesamtzusammenhang* des Wohlergehens der deutschen Gesellschaft zu beurteilen? Wie wirkt sich diese *Einseitigkeit* auf eine gesunde Binnenwirtschaft und auf die Resistenz gerade gegenüber Welt-Finanzkrisen aus? Zwar hat die einseitig ausgerichtete Wirtschaftsstruktur Deutschlands auf den ersten Blick nichts mit der unterentwickelter Länder gemeinsam. Diesen waren

durch die Kolonialmächte riesige Monokulturen, wie der Ananas-, Kaffee-
oder Bananen-Anbau und in neuerer Zeit Montagearbeiten aufgezwungen worden.

Deutschland exportiert aber – ebenfalls *monokulturartig* – hauptsächlich
Automobile, Maschinen, Chemieerzeugnisse sowie schweres elek-
trisches Gerät. Im ersten Halbjahr 2009, also unmittelbar nach Beginn
der Welt-Finanzkrise im Herbst des Jahres 2008, hat der *Export*, einen
Nachfrageeinbruch wie noch niemals zuvor in der Geschichte der
Bundesrepublik erlitten. Die tiefgehenden *Verluste von 23,5%* gegenüber dem gleichen Zeitraum des Vorjahres, bei Kraftfahrzeugen sogar
von 28,9%,[202] veranschaulichen das Diktat der Dollar-Dominanz. Die
Verletzlichkeit und Abhängigkeit des *monokulturartig* ausgerichteten
exportorientierten deutschen Wirtschaftssystems trat offen zu Tage.
Immerhin wird jedes achte deutsche Auto in die USA geliefert. Im Jahre
2017 entfallen 19% der Pharmaexporte auf die USA. Drei von vier Autos
gingen im Jahre 2016 in den Export.

Auch um die beschämende Funktion von EU-Export-Subventionen für
Deutschland auszuschließen, ist es dringend erforderlich, den Außenhandel, einschließlich der Entwicklungshilfe, auf eine neue Grundlage zu
stellen: EU-Export-Subventionen haben teilweise in Entwicklungsländern
katastrophale Auswirkungen. So trugen zum Beispiel die Ausfuhr-Erstat-
tungen für Schweinefleisch zu einem zerstörerischen Preis-Dumping in
West-Afrika bei, weil die einheimischen Erzeuger nicht mehr konkurrenz-
fähig waren. Ungefähr 1,4 Millionen Menschen wurden so in die Armut
geschickt.[203] Die Industriestaaten der OECD zahlten ihren Landwirten
zum Beispiel im Jahre 2007 mehr als 350 Milliarden Dollar! an Export-
Subventionen. Mit Hilfe dieser horrenden staatlichen Unterstützung
werden Nahrungsmittel zu einem Drittel oder der Hälfte des Preises
gleichwertiger einheimischer Produkte, zum Beispiel nach Afrika, geliefert. Dies führt zur systematischen Zerstörung der dortigen Selbst-

---

[202] *Statistisches Bundesamt, September 2009, März 2010*
[203] *ARD, Report Mainz, 28.4.2008*

versorgung mit Grundnahrungsmitteln. Als Folge dieser sogenannten *Globalisierung* stieg von 1972 bis 2002 die Zahl der dauerhaft unterernährten Afrikaner von 81 auf 203 Millionen.[204] *Als Haupt-Finanzier der EU unterstützt Deutschland somit derartige kriminelle Machenschaften.* **Der Flüchtlingsstrom aus Afrika nach Europa wuchs dadurch kontinuierlich** (woran Deutschland somit mitschuldig ist). Dubios ist gleichfalls die Rolle Deutschlands als (z.B. im Jahre 2010) weltweit drittgrößtem *Waffen-Exporteur.*

Wenn wie bisher der *Export* in Deutschland in den *wirtschaftlichen Mittelpunkt* gestellt wird, ist zu fragen:

- Warum macht sich Deutschland infolge der starken ausländischen Kapitalbeteiligungen von Kräften abhängig, die letztlich – wie es die durch die USA verursachte Welt-Finanzkrise ab 2008 bewies – nicht kontrollierbar sind und der Wirtschaft schwersten Schaden zufügen können?
- Warum werden die *regionalen Wirtschaftsbereiche* und Investitionen in die Infrastruktur infolge der finanziellen *Export-Förderung* vernachlässigt? Würde es der deutschen sozialen Gemeinschaft und der Umwelt schon alleine durch die Verminderung der enormen Transportkapazitäten für den Export insgesamt nicht viel besser gehen?
- Warum wird die die Schaffung von Arbeitsplätzen in einer finanzkrisenresistenten *„regionalisierten"* Wirtschaft nicht intensiver gefördert als der finanzkrisenanfällige teilweise sittenwidrige Export (auch der Waffen-Export)?
- Sollen die erforderlichen staatlichen Stützungsmaßnahmen quasi in einem wirtschaftlichen *„Vollkasko-Versicherungssystem"* im Falle einer nicht auszuschließenden neuen überregionalen Finanzkrise so einfach *wiederum* in Kauf genommen werden?

---

[204] *Jean Ziegler, UN-Sonderberichterstatter für das Recht auf Nahrung: Das Imperium der Schande, Vorwort, 2005*

7. „Regionalisierung der Wirtschaft"[205]

– Horst Seehofer: „Die Grundversorgung mit Nahrung muss im eigenen Land gewährleistet sein!" –

Die durch die Europäische Union vorangetriebene Konzentration in der *Landwirtschaft* hat letztlich ausschließlich zur Subventionierung von *Großbetrieben*, mit umweltschädlichen **Riesen-Ackerflächen** geführt. Aber auch in anderen Wirtschaftsbereichen *verkümmerte* durch die EU-Subventionspolitik die *lokale Selbstständigkeit*. Bundesumweltministerin Svenja Schulze (SPD) ging im Mai 2019 im Zusammenhang mit dem UN-*„Bericht über die Zerstörung der Artenvielfalt"* auf die gerade laufenden Verhandlungen über die *„EU-Agrarsubventionen"* ein: *"Im Moment tragen wir durch die Subventionen dazu bei, dass Natur zerstört wird".*[206] Hierbei sollte man nicht vergessen zu erwähnen, dass diese *„Zerstörung der Natur"* in trauter Gemeinschaft der EU mit **multinationalen, insbesondere *US-Konzernen,* geschieht:** Im Jahre 2017 vereinten nur *vier* Großkonzerne weltweit 70% des Handels mit Agrarrohstoffen wie Weizen, Mais und Soja auf sich. Darüber hinaus stellen sie sogar eigene Waren her. Bei Saatgut und Agrarchemikalien sind es weltweit mit 60% des Handels nur *drei* Großkonzerne, die ebenfalls die Preise diktieren.[207] Bei dieser Art der *„Globalisierung"* von einer *„internationalen Arbeitsteilung"* zu reden, ist zynisch. Zutreffend ist vielmehr, dass das Prinzip der in jeder Hinsicht volkswirtschaftlich effektivsten *vorrangig regionalen* Versorgung mit Gütern jeder Art (d. h. auch des *„Nonfood"-Bereichs),* die *ebensogut im Inland hergestellt werden können,* verletzt wird. *Das dient hauptsächlich der ausländischen Profiterzielung.* **Diese Entwicklung führte insgesamt zu einer *„kolonialen Abhängigkeit"* Deutschlands.**

---

[205] *Colin Hines: Localization: A Global Manifesto, 2000; Michael Shuman: Going Local, 1998*
[206] *Spiegel-online, 6.5.2019*
[207] *Heinrich-Böll-Stiftung, Konzernatlas 2017*

Die „*Globalisierung*" ist nicht *schicksalhaft.* – *Es gibt wie überall Alternativen. Dazu braucht man nicht die „Postkutschen-Zeit"* **wiederherzustellen!** – **oder in ein bloßes Wunschdenken zu verfallen.**

Vor der Installation der mit dem US-Finanzsystem verwobenen europäischen Zentralgewalt waren die Deutschen wegen der günstigen klimatischen Bedingungen durchaus in der Lage, ihren *Nahrungsmittel-Grundbedarf aus der eigenen Landwirtschaft zu decken.* Dies trifft auch für einen großen Teil der Güter des sonstigen Bedarfs zu. Dagegen bestanden (zum Beispiel im Jahre 2008)

o 40% aller in Deutschland produzierten Waren aus importierten Komponenten. Dadurch und durch die Einfuhr von Fertigprodukten aller Art verlängern sich naturgemäß die Transportwege zwischen Produzenten und Konsumenten im Vergleich zu einem inländischen Waren-Kreislauf beträchtlich. Das Transportvolumen steigt drastisch. Dies führt zu einer Erhöhung der Gewinne der vor *allem anglo-amerikanischen Mineralölkonzerne.* In Europa verdreifachte sich zwischen 1970 und 1997 der grenzüberschreitende Lkw-Verkehr. Der dreispurige Ausbau der Autobahnen wurde unumgänglich. Das ist auch auf die katastrophale Zunahme des Lkw-Verkehrs infolge des Zulieferungsverkehrs zwischen deutschen   Betriebsteilen und Tochterfirmen in Osteuropa zurückzuführen.

o 80% der internationalen Warentransporte (auch des deutschen Exports) erfolgen auf dem Seeweg. Durch den Einsatz des hochgiftigen Kraftstoffes Bunker C, der ein Abfallprodukt der Mineralöl-Produktion ist, erreicht die Verschmutzung der Weltmeere bereits jetzt kritische Werte. Dies hat direkte Auswirkungen auf den Fischfang und die Fischqualität.

o Nach Angaben der *Food and Agriculture Organization (FAO)* hat die Welt infolge der Industriealisierung der Landwirtschaft durch den Anbau landwirtschaftlicher und gärtnerischer Monokulturen bereits 75% ihrer Nutzpflanzen-Vielfalt eingebüßt. Deutschland importiert überwiegend Produkte aus Monokulturen.

182

o   In den letzten Jahrzehnten hat sich die weltweite „ökonomische
Apartheid" drastisch ausgeweitet. Im „Human Development Report"
der Vereinten Nationen von 1999 wird die wachsende Kluft zwischen
Reich und Arm, international wie national, bestätigt und dafür unver-
blümt die sogenannte Globalisierung verantwortlich gemacht. Als
Folge davon hat in den letzten dreißig Jahren (welche die höchsten
Steigerungsraten des weltweiten Handels mit Nahrungsmitteln
aufweisen) der Hunger noch schneller als die Welt-Bevölkerungszahl
zugenommen.[208] Sogar diejenigen Organisationen, welche die „Globalisierung" durch die Ausbeutung der Entwicklungsländer vor allem
im US-Interesse geradezu vorangetrieben haben, d. h. die US-
dominierte Weltbank und der Internationale Währungsfonds (IWF),
mussten zugeben, dass das immer wieder propagierte Ziel der
Erhöhung des Welt-Wohlstands in das Gegenteil umgeschlagen
ist.[209] So ist eine unvorstellbare Konzentration von Reichtum entstanden. Im Jahre 2016 verfügten 62 Milliardäre über ein Vermögen,
das dem Gesamteinkommen der ärmeren Hälfte der Menschheit
entspricht.[210]

**Ist es nicht abartig und höchst umweltschädlich, dass zum Beispiel
Schuhe, Textilien oder Champignons über tausende von Kilometern
spazieren gefahren werden, wenn diese Waren bei ausreichenden
deutschen Löhnen ebenso gut in Deutschland zu produzieren – und
dadurch hier die sozialen Probleme zu beseitigen wären?** So musste
der damalige Bundesagrarminister Horst Seehofer im April 2008
hinsichtlich der deutschen Landwirtschaft eingestehen (was allerdings
auch für andere Wirtschaftsbereiche gilt):

---

[208] Naomi Klein: No logo: Der Kampf der Global Players um die
Marktmacht, 2002; George Soros: Die Krise des globalen Kapitalismus.
Offene Gesellschaft in Gefahr, 2000
[209] Jerry Mander, John Cavanough: Eine andere Welt ist möglich, 2002,
S.185, 269, 311; Joseph E. Stiglitz: Die Schatten der Globalisierung,
2002
[210] Oxfam-Studie, 2017

183

„Wir müssen wieder erkennen, dass Agrarwirtschaft eine Frage von nationalem Interesse ... ist." Die Grundversorgung mit Nahrung müsse im eigenen Land mit *„existenzfähigen Betrieben"* gewährleistet sein.[211]

Als Handlanger internationaler Konzerne beherrschen im Jahre 2018 in Deutschland auf dem Lebensmittelsektor nur *vier* Großkonzerne, die wiederum jeweils in europäischen *„Einkaufskooperationen"* zusammengefasst sind, zu 85% den deutschen Markt. In einem *„Stillen Kartell"* wird mit sogenannten *branchenkonformen Einheitspreisen* eine einvernehmliche Gewinnaufteilung erzielt.[212] Das Gesetz des Marktes, dass Angebot und Nachfrage den Preis bestimmen, ist – und das mit der Behauptung, die *„Kleinen Leute"* zu unterstützen – kartellartig außer Kraft gesetzt. Woher stammen wohl die Mittel zur Errichtung eines flächendeckenden marktbeherrschenden Netzes von tausenden Filialen in Deutschland – nach der *„Wende"* gerade auch in Ost-Deutschland? Welche Gelder machten, um nur *ein* Beispiel zu nennen, die ALDI-Brüder mit einem Vermögen von 31 Milliarden Euro! im Jahre 2002 zu den drittreichsten Menschen der Welt?[213] Das *„Bundeskartellamt"* ist ein Witz und eine Alibi-Veranstaltung! Das ergibt sich schon daraus, dass nach der Einführung des Euro im Jahre 2002 die Benzin- und Heizölpreise des Kraftstoff-Kartells in Deutschland um mehr als das Doppelte stiegen, obwohl das Realeinkommen des größten Teils der Bevölkerung sank. Diese *erpresserischen Einheitspreise* werden nur durch den Ausbau der *Energie-Autonomie* mit staatlicher Hilfe unter Kontrolle zu bringen sein.

Eine *„Regionalisierung der Wirtschaft"* dient nicht nur dazu, den dringend notwendigen Ausgleich zwischen West- und Ostdeutschland zu erreichen, sondern auch deutschlandweit die *verheerenden*

---

[211] *Handelsblatt, 19.4.2008*
[212] *Heinrich-Böll-Stiftung des Deutschen Gewerkschaftsbundes: Konzernatlas 2017; Der Tagesspiegel, 20.2.2018*
[213] *Der Spiegel, 1.3.2002*

Infrastrukturunterschiede zwischen Stadt und Land zu vermindern. Hierzu ist eine verstärkte *Investitions-, Gründungs- und Innovationsförderung* erforderlich, um Lohnsteigerungen zu erreichen. Das wird im Endeffekt die ländliche öffentliche Infrastruktur, d. h. zum Beispiel die verkehrstechnische Anbindung, die Internet- und Telefonverbindungen bis hin zu Sozialstationen und Bürgerämtern, entscheidend verbessern.

**Wie kann die „*Regionalisierung der Wirtschaft*"
erreicht und *finanziert werden?***

Wie beschriebenen, muss der monopolartige Import von Gütern des täglichen Bedarfs, die ebenso gut in Deutschland hergestellt werden können, eingeschränkt werden.. Durch den Ausbau einer eigenen regionalen (auch genossenschaftlichen) Vertriebs-struktur können die deutschen kartellartigen Handelskonzerne in die Schranken gewiesen werden. **Die Produktion von Waren, die für eine breite Bevölkerungsschicht bezahlbar sind, ist finanziell zu fördern. Um lokale Wirtschaftsformen (auch des Öko-Bereichs) zu stärken, sind durch bundeseinheitliche gesetzliche Regelungen Entwicklungen in Gang zu setzen, die unnötige globale wirtschaftliche Abhängigkeiten beseitigen.** Das heißt, der Import und der Vertrieb ausländischer Waren – auch des „*Nonfood*"-Bereichs – insbesondere von Produkten multinationaler Konzerne können dadurch zwangsläufig auf ein *unumgängliches Maß* beschränkt werden. **Voraussetzung für diese Entwicklung ist, dass die *Europäische Union nicht in der Lage ist, die gesetzgeberischen Gestaltungsmöglichkeiten* der deutschen Parteien *einzuschränken* (siehe vorne) und dass die *Parteien* von ihrer *Struktur* her fähig und willens sind, entscheidende Änderungen herbeizuführen** (siehe später).

Durch „*Gewinn-Abflussabgaben*" und „*Auslands-Filialabgaben*" (siehe vorne) wird parallel mit der „*Regionalisierung*" der *Wirtschaft*" wieder allmählich ein gesunder Binnenwirtschafts-Kreislauf in Gang gesetzt. **Durch die stark gestiegenen staatlichen Einnahmen kann eine gezielte und intensive öffentliche Förderung erfolgen. Hierdurch können produktive Arbeitsplätze mit einer angemessenen Entlohnung geschaffen werden. Dies führt wiederum zu höheren Steuereinnahmen.** *Der derzeitige Teufelskreis, dass die Einnahmen aus Arbeitsleistungen für große Teile der Bevölkerung, insbesondere von Familien, nicht mehr einem angemessenen Gegenwert der Arbeit entsprechen, kann durchbrochen werden.* **Die neuen Wirtschaftsstrukturen beginnen zu greifen, wenn die große Masse der Bevölkerung zur Bestreitung der lebensnotwendigen Grundbedürfnisse nicht mehr auf Billig-Importe angewiesen ist.** In einem Konkurrenzsystem der Entmonopolisierung und der breiten Streuung von Anbietern regeln sich durch Angebot und Nachfrage die Preise von selbst. **Durch eine sinnvolle Binnenwirtschaftstruktur kann dank steigender Löhne und damit steigendem Konsums und wachsender Steuereinahmen** *eine Wirtschaft sehr gut am Laufen gehalten werden.* Mit Hilfe *individueller deutscher Zölle* und obligatorischer Grenzkontrollen für den gewerblichen Güterverkehr (siehe vorne) kann dieses System *auch in der Praxis realisiert werden.*

Wirtschaftliche *Abhängigkeiten und Risiken* **können weitestgehend ausgeschlossen werden, indem soviel wie möglich** *Selbstbestimmung*, **also Autonomie, erreicht wird.**

Aus den zusätzlichen neuen Bundeseinnahmen der „*Gewinnabfluss- und Auslandsfilialabgaben*", also gegenfinanziert, sind – weit über die bisherige öffentliche Förderung hinausgehend – folgende Maßnahmen mit der *Auflage der Zahlung von Mindestlöhnen* zu subventionieren:

a. Die Einrichtung bäuerlicher Hofläden, Gärtnereien, kleiner und mittlerer landwirtschaftlicher und sonstiger innovativer Betriebe und die Tätigkeiten von Kleinmanufakturen, Kleinhändlern etc. sind finanziell zu fördern. Hierzu gehören zum Beispiel:

- o Anschaffungs- oder Pachtkosten für Grund und Boden
- o Anschaffungskosten für Fahrzeuge, Maschinen, Gewächshäuser, Ausstattungen etc.
- o laufende Betriebskosten

b. der Ausbau (auch genossenschaftlicher) Herstellungs- und Vertriebsstrukturen: Die wirtschaftliche Entwicklung hat bewiesen, dass es nicht ausreicht (und zu Insolvenzen führt), lediglich *zinsverbilligte* Kredite zu vergeben, die Tilgung nur am Beginn der Laufzeit des Darlehens auszusetzen oder den finanzierenden Banken nur für einen prozentualen Teil des Kredits das Finanzierungsrisiko abzunehmen. Deshalb sind zunächst erst einmal die Voraussetzungen für einen grundlegenden wirtschaftlichen Wandel zur Schaffung von Arbeitsplätzen und zum Aufbau einer gesunden sich selbst tragenden Wirtschaft zu schaffen. Dazu sind, vor allem mittelständischen und Kleinunternehmen jeglicher Art sowie Einzelpersonen, wenn der Import und der Vertrieb ausländischer Waren und von Produkten multinationaler Konzerne dadurch eingeschränkt werden kann,

- o *zinslose* Kredite zu gewähren.
- o Die *Tilgung* hat erst dann einzusetzen, wenn *Gewinne ab einer bestimmten Höhe* erzielt werden. Hierfür sind dem Umfang des Unternehmens entsprechend ausreichende *Freibeträge* festzusetzen.
- o Die Kreditgewährung ist mit einer *staatlichen Bürgschaft* (ebenso wie solche den Banken während der Finanzkrise gewährten) zu verknüpfen, die hinsichtlich der vorgenommenen Investitionen in voller Höhe wirksam wird, wenn das Unternehmen wegen Erfolglosigkeit die Tätigkeit einstellen muss.

o Die Kreditbewilligung ist durch die Landesbanken beziehungsweise durch die *Kreditanstalt für Wiederaufbau
(KfW)* staatlich zu steuern und zu überwachen, d. h. durch
beauftragte Banken vorzunehmen. Hierfür sind diesen
Aufwandsentschädigungen zu zahlen und Garantien zu
gewähren.

c. Die aufgeführten Unternehmen und Einzelpersonen sind bis zu einer
bestimmten Einkommenshöhe von der *Zahlung von Einkommen-
steuern zu befreien.*

d. Der Bereich *„Forschung und Entwicklung"*, von Schlüsseltechnologien, wie zum Beispiel der Energie-, Medizin- und Kommunikationstechnik ist, was kleine und mittelständische Unternehmen
anbelangt, intensiv zu fördern.

e. Unter Zugrundelegung klarer Kriterien sind *Herkunftsbezeichnungen*
für Waren und für die *Bestandteile* von Waren aller Art und Angaben
über Herstellungsorte vorzuschreiben.

f. *Lokale Märkte* sind verstärkt einzurichten. Für die Fahrten zur
Versorgung der Märkte sind den Händlern im Rahmen der Förderung
für Betriebskosten Beihilfen zu gewähren. Auf die Erhebung von
Marktgebühren ist zu verzichten. Staatlich angestellte Marktleiter
sind einzusetzen, um einen geregelten Ablauf zu gewährleisten.

g. Entsprechenden Vorschriften sind in das Steuer- und Bilanzierungsrecht und sonstige einschlägige Bestimmungen aufzunehmen.

8. Förderung der „Regionalisierung der deutschen Wirtschaft"
im Rahmen der Entwicklungshilfe

Die Entwicklungshilfe ist als Mittel zur Förderung der „Regionalisierung der Wirtschaft" auszubauen: Das heißt auch mittelständischen deutschen Unternehmen soll verstärkt eine Chance geboten werden. Ihnen sind kleinvolumige Finanzierungen und die Inanspruchnahme von Staats-Bürgschaften (Hermes-Exportkreditversicherungen) zu besonderen Bedingungen zu ermöglichen. Dies geschieht in Anlehnung an die Regelungen bei der „Regionalisierung der deutschen Wirtschaft" (siehe vorne). Auf diese Weise sind Knebelungsverträge auszuheben, welche durch die Weltbank und den Internationalen Währungsfond (IWF) unter US-Dominanz mit Entwicklungs- und sogenannten Schwellenländern zugunsten multinationaler, vor allem amerikanischer, Konzerne abgeschlossen werden. Dadurch sind ebenfalls menschenfeindliche EU-Export-Regelungen, vor allem zugunsten multinationaler Konzerne, zu unterlaufen.

Der in Ansätzen bereits bestehende „Faire Handel" („Fair-Trade") ist staatlich zu fördern und weiterzuentwickeln. Dessen Handels- und Finanzierungsstrukturen bei Importen, zum Beispiel aus Entwicklungsländern bzw. sogenannten Schwellenländern, können teilweise übernommen werden. Die Arbeit der Entwicklungsbank der Kreditanstalt für Wiederaufbau (KfW) und der staatlichen Deutschen Investitions- und Entwicklungsgesellschaft ((DEG) ist auszubauen.

9. Warum die Parteien in ihrer bisherigen Form nichts Wesentliches ändern werden

Es gibt einen erdrutschartigen Verlust des Vertrauens in die Regierung. Zwei Drittel der Bevölkerung sind über die Entwicklung der Politik und der Parteien besorgt. Im Jahre 2019 hielten nur noch 26% der Bürger die Qualität der Regierung für überzeugend. 2015 waren es 49%.[214]

Außerhalb der *schon jetzt* erdrückenden EU-Diktatur bleibt für eine echte deutsche Politikgestaltung nur ein kläglicher Rest, denn die Parteien sind schon jetzt zu *Provinz-Vereinen* verkommen. Deshalb ist *zuerst ihre Autonomie* im Rahmen einer *„modifizierten EU-Mitgliedschaft"* Deutschlands (siehe vorne) *wiederherzustellen.* Aber selbst wenn das gelänge, ist es zu bezweifeln, ob die Parteien in ihrer *heutigen Struktur* die Kraft und überhaupt den Willen aufbringen würden, *wirklich grundlegende* Änderungen herbeizuführen. Deshalb gibt es in der jetzigen Situation für die **Schaffung neuer demokratischer Strukturen zur Fortentwicklung unserer repräsentativen Demokratie** gewichtige Gründe (siehe später).

Viele sind sich, wenn sie überhaupt wählen, nicht mehr sicher – wenn man sich die einzelnen Parteien betrachtet – nur *„das kleinere Übel" wählen zu können.* Was steht dabei überhaupt zur „Auswahl"?

SPD: Die Hartz IV-Partei *„Gazprom-Gerds"*

Die Sozialdemokraten verdienen ihren Namen nicht mehr. Ihr in der deutschen Sozialgeschichte angesammeltes Kapital haben sie verspielt. Im Gleichschritt mit den Konservativen in einer (2018 erneuerten) großen Koalition einer *„kapitalistischen Einheitspartei"* streben sie de facto die *„Vereinigten Staaten von Europa"* an. Schon kurz nach Antritt der

---

[214] *Institut für Demoskopie, Allensbach,, 2019*

190

Schröder-Regierung im Jahre 2002 hatte der SPD-Fraktionschef Peter Struck die neoliberale Wandlung angekündigt: Im klaren Widerspruch zu den Zielen, mit denen die deutsche Sozialdemokratie einmal angetreten war, und als Kapitulation der „Volksvertretung" vor der Verpflichtung des Grundgesetzes, die Schwächeren vor den Machenschaften Stärkerer im wirtschaftlichen und sozialen Bereich zu schützen, erklärte Struck:

> Es gehöre *„nicht länger zur Politik unserer modernen Gesellschaft, für eine gerechte Verteilung der Einkommen zu sorgen."* [215]

Aber sogar schon der katholische „Kirchenvater" Augustinus (354-430) vertrat hierzu eine ganz andere Meinung:

> *„Ein Staat, dem die Gerechtigkeit fehlt, ist nichts anderes als eine große Räuberbande."*

So hat die SPD ihre Bereitschaft, die sozial Schwachen zu schröpfen in der jüngsten Vergangenheit ohne Skrupel unter Beweis gestellt: Unter Bundeskanzler Gerhard Schröder wurden die sogenannten Reformen der *„Agenda-2010"* in Kumpanei mit den Besitzenden zu Lasten der Kleinen Leute durchgepeitscht. Dies geschah als panische Reaktion auf die, auch unter den Sozialdemokraten geübte, langjährige *substantielle* Passivität hinsichtlich der Wiedervereinigung, die noch heute mit ihren prekären wirtschaftlichen Folgen Deutschland *insgesamt* belastet.

Allerdings erst bei der Bundestagswahl im September 2009, nachdem die Auswirkungen der Welt-Finanzkrise auch in Deutschland hinzu kamen, erhielt die Partei, die vollends ihre Glaubwürdigkeit verloren hatte, mit einem erdrutschartigen Ergebnis die Quittung. Gerhard

---

[215] *Der Tagesspiegel, 27.8.2008*

Schröder („*Gazprom-Gerd*") wurde daraufhin sehr schnell für den russischen Energiekonzern Gazprom tätig, den er bereits als Regierungschef wohlwollend begleitet hatte. Den Agenda-2010-„*Architekten*" Frank-Walter Steinmeier wählte man, unterstützt durch die CDU, im Februar 2017 zum Bundespräsidenten. In größter Not wurde 2017 der ehemalige EU-Parlamentspräsident Martin Schulz, der wohl das dahindümpelnde EU-Schiff (siehe *Brexit*) rechtzeitig verlassen wollte, als Kanzlerkandidat, „Geheimwaffe" und Heilsbringer aus dem Hut gezaubert – eine Mogelpackung. In Brüssel war er bereits an der Verteilung der Flüchtlinge auf die EU-Staaten kläglich gescheitert. Dass er die sozialen Folgen der Agenda 2010, die schon seit 2003 mehrfach – substantiell unerheblich – geändert wurde, beseitigen würde, war für seine Anhänger wohl nur eine fromme Hoffnung, denn inzwischen hat er ja im Zuge der erneuten äußerst mühseligen Bildung einer Großen Koalition mit der CDU/CSU nach den für die SPD erdrutschartig verlorenen Wahlen des Jahres 2017 das Handtuch geworfen.

CDU/CSU/FDP: Im Dienste des Großkapitals

Die CDU/CSU und die FDP tun sich wie eh und je kaum verhüllt durch die Protegierung der „Besserverdienenden" hervor. Sie unterstützen einen (angeblich „christlichen" und „freiheitlichen") neoliberalen Nachtwächterstaat, der eine grundgesetzwidrige „Privatisierung" lebenswichtiger Kernbereiche der Daseinsgestaltung bis heute praktiziert. Die Solidarität und die Sozialbindung des Eigentums des Grundgesetzes werden in übelster konservativer Tradition wie eh und je als rotes Tuch betrachtet. Bundeskanzlerin Angela Merkel trat unverhohlen als Schutzpatronin der deutschen Autobosse auf. Im Bundestagswahlkampf 2009 erhielten die CDU/CSU und die FDP wie keine der anderen Parteien Wahlkampf-Spenden in Millionenhöhe[216] und darüber hinaus gezielte „Beeinflussungsspenden" von Vertretern bestimmter Wirtschaftskreise,

---

[216] *Mitteilung des Bundestages, September 2009*

welche sich die Politik kaufen, die sie wünschen – in den politisch korrumpierten und von vielen deutschen Konservativen immer noch als Vorbild betrachteten USA der übliche Vorgang.

Bündnis 90/Die Grünen: *Die instrumentalisierte Klima-Ideologie und die Abdrift ins Totalitäre*

Die westdeutschen *Grünen* hatten sich 1993 mit dem *Bündnis 90*, das 1990 aus der DDR-Bürgerrechtsbewegung als Partei hervorgegangen war, zur Partei **Bündnis 90/Die Grünen** zusammengeschlossen. Insofern schlummern in ihnen noch die totalitären Gene der DDR, also der *„Diktatur des Proletariats"*. Ihre westdeutschen Wurzeln liegen auch in der *„Friedensbewegung"*. Durch die Änderung ihrer ursprünglichen ablehnenden Haltung zu Auslandseinsätzen der Bundeswehr und zum Betrieb von Atomkraftwerken haben sie sich disqualifiziert. Chamäleonartig wurden die Ziele in Richtung einer verbissenen *„Umwelt-Politik"* geändert. Phänomenale Wahlerfolge erzielten sie damit 2017. Aber dass die *„dümmsten Kälber ihre Schlächter selber wählen"*, ist ja gerade in Deutschland eine alte Erfahrung.

Die Grünen sind im Establishment einer elitären Öko-Schickeria angekommen, wo viele ihrer Anhänger es sich finanziell leisten können, ihren Konsum und Lebensstil *„ökologisch"* auszurichten. Sendungsbewusst verfolgen sie zunehmend Ziele einer *Öko-Diktatur mit einem faschistoiden Absolutheitsanspruch im Dienste einer elitären Schicht zu Lasten sozial Schwacher*[217] – obwohl die von ihnen verfochtene *„Klima-Politik"* doch eigentlich in Sozialpolitik eingebettet sein müsste und kein vernünftiger Mensch es ablehnen würde, mit einem **angemessen und**

---

[217] *Bernhard Pötter: Ausweg Ökodiktatur?: Wie unsere Demokratie an der Umweltkrise scheitert, 2010*

ihn nicht schädigenden Aufwand seine Umwelt so zu gestalten, dass sie für ihn lebenswert bleibt. Die Grünen drifteten jedoch schon früh ins Totalitäre ab und entwickelten sich ab 2013 sukzessive zur *„Verbots- und Umerziehungs-Partei"*. So wollten sie in diesem Jahre den sogenannten Veggie Day einführen, d. h. einen fleischfreien Tag in öffentlichen Kantinen. Aktuell forcieren sie eine Sprachlenkung und Sprachkontrolle nach dem Vorbild der totalitären Methodik der „Sprachhygiene" und Sprachüberwachung der Nazi- und DDR-Zeit. Dabei bedeutet es, wenn die eigentlich sich selbst fortentwickelnde Sprache mit Gewalt zurechtgestutzt wird, den Sprecher im *Wortsinn* zu *"entmündigen"*. Hierzu gehören auch die Vorschriften über die Geschlechterunterscheidung und die Ächtung bestimmter Begriffe der Umgangssprache mit dem vorgeschobenen Ziel der *„politischen Korrektheit"*.

Ebenfalls nach dem Muster bisheriger totalitärer Systeme in Deutschland heißen die Grünen es jetzt ausdrücklich gut, Kinder und Jugendliche für ihre (Wahl)-Ziele zu instrumentalisieren und hofieren diese Gruppe: Die während der Schulzeit *unter Verletzung der Schulpflicht* **stattfindenden Demonstrationen der Schüler für den** *„Klimaschutz"* **seien zu begrüßen. Allerdings hat der Missbrauch von Kindern für eigensüchtige Zwecke in Deutschland Tradition und Methode:**

−   Während des *Kaiserreichs* herrschte ein Erziehungsdrill, um die militanten Ziele der Großmannsucht zu erfüllen. Bereits Kinder ab 10 Jahren wurden in „Kadettenanstalten" auf eine militärische Karriere vorbereitet.

−   In der *Nazizeit* sollten die Kinder in der Hitler-Jugend *„hart wie Krupp-Stahl"* werden, um *„Lebensraum im Osten"* zu schaffen.

−   In der *DDR-Zeit* wurden das Erbe der bisherigen autoritären deutschen Regime durch die Etablierung einer Staatsjugend (Freie Deutsche Jugend und Junge Pioniere) mit starken Anklängen an die Nazizeit bereitwillig angetreten und die totalitären Traditionen ungeniert fortgeführt.

Heute demonstrieren die Schüler freitags in der „*Fridays for future Bewegung*", welche ihren Ursprung in den Aktivitäten der norwegischen im Jahre 2018 15jährigen Schülerin Greta Thunberg gegen die „*Klimaveränderung*" hat. In Deutschland hat sich inzwischen ein Kern-Team dieser Schüler-Protestbewegung auf *Bundesebene* etabliert. Darunter befinden sich Mitglieder der „*Grünen Jugend*" und der Partei „*Die Grünen*". Die Schüler-Proteste werden in Deutschland verfälschend auch als „*Jugendbewegung*" bezeichnet. Allerdings hatte die später so genannte *tatsächliche* „*Jugendbewegung*" ihren Ursprung in der „*Wandervogel-Bewegung*", die ab 1896 entstanden war. Gerade aber Schüler und Studenten *ohne parteipolitische* Bindung waren die Träger *dieser* „*Jugendbewegung*". In der Zeit des Nationalsozialismus wurden dann die Jugendbünde aufgelöst bzw. in die Hitlerjugend zwangseingegliedert, d. h. „*gleichgeschaltet*". Nach dem Zweiten Weltkrieg gab es in der DDR eine ähnliche Entwicklung. Nicht nur die „*Freie Deutsche Jugend*" und die „*Jungen Pioniere*", sondern auch das ganze staatliche System – bis hin zu den wenig bekannten Neo-Naziaktivitäten Jugendlicher – wiesen starke Ähnlichkeiten zum totalitären Muster der Nazi-Zeit auf, obwohl die DDR nach ihrem Selbstverständnis sich als „*antifaschistischen Staat*" bezeichnete.

Wenn bei den Schüler-Demonstrationen Plakate mit Rechtschreibefehlern hochgehalten werden, ist das eben im Interesse der Sache in Kauf zu nehmen, da die Schule nach Meinung der Grünen-Führung (eigentlich) dazu da sei, „*mündige Bürger zu erziehen*". Die Schüler handeln gewissermaßen im Auftrag des gutwilligen Teils der Bevölkerung und dienen dieser Gruppe als Gewissensentlastung, so dass ein *eigenständiger* Bürgergeist der *Erwachsenen eigentlich* gar nicht mehr notwendig ist. Indoktriniert mit Hilfe einer fragwürdigen Klimaschutz-Ideologie nehmen natürlich die Schüler den sich anbiedernden Beifall gerne entgegen. Dass dieser Beifall vom System kommt, gegen das sich ihr Protest wendet, müsste sie eigentlich stutzig machen.

Wenn sogar die Bundekanzlerin und Teile der Bevölkerung die Proteste in allgemeinem Entzücken loben – und damit die Verletzung der gesetzlichen Schulpflicht gutheißen, begibt man sich auf die Ebene der viel geschmähten *„Rechtspopulisten"*. Die SPD-Führung verabschiedete sogar eine Resolution, mit der sie *„das Engagement, die Kreativität und die Zähigkeit"* der Jugend nach dem Muster der vorangegangenen unseligen deutschen Geschichte bejubelte. Aber auch zu viel früheren Zeiten hatte man sich offensichtlich schon mit der bequemen Abwälzung der Verantwortung auf die jüngere Generation herumzuschlagen: *„Kinder sind Gebieter meines Volkes, und Weiber herrschen über sie."* (Luther-Bibel: Jesaja 3, Vers 12). Warum dann nicht gleich auch die Verweigerung der Steuerzahlung als Zeichen gegen die Finanzpolitik oder die Ablehnung der Zahlung der Rundfunkgebühr, weil das Programm nicht gefällt mit der fadenscheinigen Begründung, es handele sich doch nicht um einen Angriff auf den Rechtsstaat?

Wie destruktiv und letztlich gesellschaftsfeindlich die *Klima-Hysterie* ist, zeigt eine neu aufgekommene Strömung der *„birth striker"* bzw. *„Anti-natalisten"*. Deren Anhänger verkünden, dass **das Schlimmste, was man der Umwelt antun könne, sei Kinder in die Welt zu setzen. Durch ein nicht geborenes Kind ließen sich jährlich *58,6 Tonnen* des Treibhausgases Kohlendioxyd einsparen.**[218] **Der Verzicht auf ein Auto bringe jährlich nur *2,4 Tonnen*, die Umstellung auf vegane Kost lediglich *0,8 Tonnen*.** Mann müsste also *24 Jahre auf ein Auto verzichten*, um den Kohlendioxyd-Verbrauch eines Kindes in *nur einem Jahr* auszugleichen. Wenn man nun noch die *Nachkommenschaft* dieses *einen* Kindes hinzurechnet, ergäben sich astronomische Einsparungs-potentiale. Für die USA geht man für die Lebenszeit eines Kindes von 1.644 Tonnen Kohlendioxyd aus, vom sechsfachen, wenn man seine potentiellen Nachkommen mitberücksichtigt. **Der Verzicht auf Nach-wuchs sei deshalb die bei weitem effektivste individuelle Klima-schutzmaßnahme. Dem Kampf der Schüler gegen die Umwelt-katastrophe wäre demnach *am besten* gedient, wenn es diese Schüler *überhaupt nicht gäbe!***

---

[218] *Verena Brunschweiger, Kinderfrei statt kinderlos: Ein Manifest, 2019*

Zum Thema der Schüler-Demonstrationen erschien in einer Tageszeitung eine Glosse:[219] Eigentlich wäre es sinnvoll, wenn die Schüler
auch *donnerstags* nicht zur Schule gingen, um gegen die Gefahren eines
Atomkriegs, der viel früher als die Klima-Katastrophe eintreten könnte, zu
demonstrieren. Wenn man schon dabei sei, sollten sie auch *mittwochs*
und *dienstags* zu Hause bleiben. An dieses Tagen sollten sie gegen die
Diskriminierung von Flüchtlingen und soziale Ungerechtigkeit demonstrieren. Schließlich sei dann der verbleibende *Montag* dazu geeignet,
sich gegen die steigenden Mieten zu wenden. Die nun zwangsläufig
leerstehenden Schulen könne man in Anbetracht der allgemeinen
Wohnungsnot zu Wohnhäusern umbauen, in welche dann die *„mündigen
Bürger"* einziehen dürften.

Zu verdanken ist die *„Wählerflucht"* hin zu den Grünen natürlich den
immer offenkundiger gewordenen Schwächen der CDU/CSU/SPD-
Koalition, die bisher eine konservative Mentalität bediente. Eine solche
Bevölkerungsgruppe liebt es eben, entsprechend der bisherigen
deutschen Tradition *„geführt"* zu werden, nach dem *„starken Staat"* zu
rufen und in hypermoralischer Überheblichkeit ihr Heil in Verboten und
Vorschriften zu suchen. So sind einem **Öko-Puritanismus** einer
abgehobenen Elite, die meint, die Menschen **moralisch erziehen** zu
müssen, einer **neuen Form der Planwirtschaft** und einem **neuen
autoritären Obrigkeitsstaat** Tür und Tor geöffnet. Unerwähnt bleibt,
dass Deutschland weltweit nur **2 Prozent!** der Klima-Schädigung
verursacht. Es drängt sich deshalb die Frage auf, ob nicht die ganze
Hysterie und die Schürung der bei vielen sowieso vorhandenen Zukunftsängste im Dienste der Profilierungssucht einer Partei hervorgerufen wird, um auf Kosten sozial Schwacher die Profite einer
bestimmten Schicht zu erhöhen? Geht man deshalb auf Stimmenfang?

Nicht für nötig hält man es zum Beispiel in Erwägung zu ziehen, dass
doch schließlich die *Mehrheit der Weltbevölkerung ganz legitim danach*
*strebt **und darin nicht aufzuhalten sein wird!**,* den Anschluss an ein

---

[219] *Der Tagesspiegel, Harald Martenstein, 7.4.2019,*

modernes Leben zu finden, d. h. komfortables Wohnen, eine ausreichende Gesundheitsversorgung und Ernährung. Dies ist aber nur in *Industriestaaten – also* nach dem derzeitigen Stand der Entwicklung bis auf weiteres mehr oder weniger *nur durch eine Klimaschädigung –* möglich.

Welche Strategie liegt der *Klima*-Ideologie der Grünen zugrunde?

Obwohl zweifellos zur Zeit eine Erderwärmung stattfindet (Polkappen-, Gletscherschmelze), wird behauptet, *diese Klimaveränderung* sei **ausschließlich durch** *Menschen* **verursacht**, *ohne einen schlüssigen Beweis dafür zu erbringen – und auch nicht erbringen zu können.* **Andere** *Ursachen, die noch (zusätzlich* **bzw.** *ausschlaggebend) in Frage kommen könnten, werden arrogant ignoriert:*

– So wird zum Beispiel ausgeblendet wird, dass es auch in der jüngeren Erdgeschichte erhebliche *Klimaveränderungen*, offensichtlich *ohne menschliche Einwirkung!* gegeben hat, so etwa die „Kleine Eiszeit", die vom 15. Jahrhundert bis in das 19. Jahrhundert hinein andauerte und Missernten sowie Hungersnöte zur Folge hatte.

– Unter dem mehr als 2000 Meter dicken Grönland-Eis wurden DNA-Spuren von Kiefern, Eiben und Erlen sowie von Schmetterlingen und anderen Insekten gefunden. Grönland muss also einmal tatsächlich ein *„grünes Land"* mit deutlich wärmerem Klima als heute gewesen sein – und das eindeutig *ohne menschliche Einwirkung!*

– Ignoriert wird, dass die dem Pariser Klimaabkommen von 2015 zugrunde gelegte erwartete Erderwärmung aufgrund der Treibhausgase auf Daten beruht, welche eine *Vorhersage der künftigen Entwicklung überhaupt nicht zulassen!* Dabei werden reine Vermutungen angestellt, die fast einem *religiösen Glauben* entsprechen: So äußert sich das Hamburger Max-Planck-Institut für Meteorologie zu den Klimaprognosen, welche dem Pariser Klimaabkommen zugrunde liegen – woraus wiederum die EU ihre Klimavorschriften (einschließlich der Fahrverbote für Diesel-Kfz) herleitet – wie folgt:

> *„Unsere Computer sagen nicht einmal mit Sicherheit voraus, ob die Gletscher in den Alpen zu- oder abnehmen werden."*[220]

Die verschiedenen Klima-Modelle würden *drastisch voneinander abweichende Ergebnisse* liefern. Das bedeutet, dass jede Prognose der Eisbedeckung eine bloße **„Kaffeesatzleserei"** sei. So würden zum Beispiel die in der *Arktis* zu erwartenden Temperaturen in den verschiedenen Modellen um teilweise *„mehr als zehn Grad auseinanderklaffen"*. **Entscheidend** für die Erdwärme seien aber die **Stratokumulus Wolken**, die sich in einer Höhe von bis zu 13 km befinden. *Sie reflektieren einen großen Teil des Sonnenlichts und haben daher eine stark kühlende Wirkung. Gerade aber dieser Wolkentyp sei computermäßig nicht in den Griff zu bekommen*, denn die Stratokumulus-Dynamik ist bestimmt von *kleinräumigen Turbulenzen*. Wer diese originalgetreu simulieren will (und das noch mit *weltweiten* Voraussagen), bräuchte Rechenmodelle *mit wenigen Metern Auflösung*, was *völlig unrealistisch* sei. Das Max-Planck-Institut erklärt darüber hinaus:

> *„Denkbar ist aber auch, dass es **prinzipiell** unvorhersehbare Klimaphänomene gibt. Dann können wir noch so genau simulieren und kommen trotzdem zu keinen verlässlichen Ergebnissen."*

Warum die Grünen in Anbetracht der besonders die Geringverdienenden schädigenden Auswirkungen, d. h. wegen der von ihnen angestrebten und unterstützen „Klimaschutz-Maßnahmen" noch

---

[220] *Der Spiegel, 23.3.2019*

nicht die rote Karte bekommen haben, ist schlichtweg unverständlich!

Allerdings verstehen sie es geschickt, chamäleonartig ihre Fahne in den Wind des Zeitgeists zu hängen. Ab dem März 2019 versuchen Sie, mit Hilfe eines neuen Programm-Entwurfs *„Veränderung in Zuversicht"* ihr Image als **apokalyptische Weltuntergangspartei** abzuschütteln und sich in Erwartung von Stimmengewinnen als *„Bündnispartei"* anzupreisen sowie *„Optimismus"* auszustreuen und einzufordern.

Die Auswirkungen der *„Klimapolitik"*:

**Dieselfahrverbote und
die horrend gestiegenen *Strompreise* wegen der Öko-Verstromung**

Die *Dieselfahrverbote* wurden aufgrund der *von der EU festgesetzten Schadstoff-Grenzwerte* bisher schon in einigen Städten Deutschlands *zulasten vor allem sozial Schwacher* verhängt. Den Anhängern der Dieselfahrverbote wird entgegengehalten:

- Nach den von der EU zugrunde gelegten errechneten Todesfällen, von denen im Falle der Überschreitung der Grenzwerte auszugehen ist, müssten *Raucher*, die bis zu *einer Million mal höhere Mengen* der Schadstoffe inhalieren, *innerhalb weniger Wochen tot sein.*
- Am *Arbeitsplatz* gilt nicht der festgesetzte Grenzwert von *40 Mikrogramm Stickstoffdioxyd* je Kubikmeter Luft, sondern sage und schreibe von *950 Mikrogramm*, in der Schweiz sogar von *6.000 Mikrogramm!*
- Die im Stadtgebiet im Verhältnis wenigen vorhandenen Messstellen in Deutschland sind vorwiegend an Orten aufgestellt, die eine außergewöhnlich hohe Kraftfahrzeugdichte und eine unverhältnismäßig starke Schadstoffbelastung aufweisen (so zum Beispiel unmittelbar vor Ampelanlagen in stark befahrenen Hauptstraßen beim Anfahren). Diese Werte werden dann als Grundlage für das *gesamte* Stadtgebiet genommen. Außerdem gibt es keine EU-

Vorschriften über die Aufstellungsbedingungen der Messstationen und Messtechniken.

- Kraftfahrzeuge mit *Otto-Motoren (Benziner)* sind eigentlich *komplett zu verbieten.* Aber die Gefahrenstoffverordnung nimmt Benzin von allen Beschränkungen aus. Das Benzin enthält jedoch etwa ein Prozent des offiziell *stark krebserregenden Benzols,* eine Menge die nachweislich ausreicht, diese Erkrankungen auszulösen. Die Benzoldämpfe sind an Tankstellen trotz aller Absaugtechnologie nach wie vor messbar und riechbar. Aber auch der Reifenabrieb, die weit verbreiteten Holz verbrennenden Öfen und die Sylvesterfeuerwerke tragen zu einem erheblichen Teil zur Kohlendioxydbelastung bei.

- Selbst wenn man nur aus Gründen des Klimaschutzes der Elektro-Mobilität den Vorzug gibt, sind zwar Elekro-Kraftfahrzeuge zu bevorzugen, weil sie gerade in den stark belasteten Städten überhaupt keine Abgase erzeugen. Aber die *Gesamt-Klima-Bilanz* der Elektro-Mobilität sieht anders aus – falls für den Betrieb nicht ausschließlich Öko-Strom dient (der nicht aus fossilen Brennstoffen gewonnen wird). Absehbar ist, dass der Betrieb von Elektrofahrzeugen (auch von LKW, Schiffen, Flugzeugen) nicht parallel zu einer kompletten Öko-Verstromung verlaufen wird. Wenn fossile Brennstoffe (Öl, Kohle, Gas) zur Stromerzeugung verwendet werden, sind Elektro-Fahrzeuge keineswegs „*klimaneutral*" und sie gewährleisten dann auch keinesfalls insgesamt betrachtet eine „Null-Emission". Bereits die Herstellung einer kleinen Batterie mit Hilfe von Strom aus herkömmlichen Kraftwerken ist mit der Freisetzung von *fünf Tonnen des Treibhausgases Kohlendioxid* verbunden. Die Abgasmenge eines Diesel-Pkw erreicht diesen Kohlendioxidwert aber erst nach einer Fahrtstrecke von 36.500 km. Zwar wäre ein „*lokal emissions-freies Fahren*" mit Elektro-Fahrzeugen möglich, aber die Elektro-Kraftfahrzeuge benötigen Strom, der absehbar für längere Zeit noch aus Kraftwerken stammt, in denen im Jahre 2019 noch etwa 57 % Kohle, Öl oder Gas verbrannt wurden. Dem Klima ist es egal, wo die Treibhausgase erzeugt werden. Nicht einmal eingerechnet in die Klimabilanz von Elektro-Fahrzeugen sind die Kohlendioxidmengen, die infolge der bereits erfolgten oder noch nötigen *Herstellung der Öko-Stromanlagen und ihrer Installation bereits* angefallen sind bzw. noch anfallen. Darüber hinaus sind die *ökologischen* und *sozialen* Aspekte bei der Rohstoffgewinnung für die Komponenten von Elektroautos ebenso wichtig wie die ökonomischen.

* Viel gefährlicher als der konventionelle Feinstaub ist allerdings der *Ultrafeinstaub*, der an den vorhandenen Messstationen überhaupt nicht erfassbar ist. Er kann sehr tief in die Lunge eindringen und in die Blut- und Körperzellen aufgenommen werden. Als Folgen werden vor allem Herz- und Lungenerkrankungen, aber auch Bluthochdruck, Diabetes, Schlaganfälle und Demenz konkret diagnostiziert. Der Ultrafeinstaub wird aber *gerade von den „moderneren"* Dieselmotoren erzeugt, die *EU-normgerecht nicht den Schadstoff-Grenzwerten unterliegen!* Die Weltgesundheitsorganisation (WHO) hat durch Untersuchungen festgestellt, dass es *keine* Ultrafeinstaubkonzentration gibt, *unterhalb derer* keine *schädigende Wirkung zu erwarten ist.*[221]

* Bemängelt wird außerdem, dass – wenn die Dieselfahrverbote unter dem Gesichtspunkt des *Klimaschutzes* ausgesprochen werden – der *Flugverkehr* und die *Kreuzfahrtindustrie* völlig ausgeblendet sind. Beim Klimagipfel von Kyoto 1997 blieben die von Schiffen ausgestoßenen Schadstoffe mit der fadenscheinigen Begründung ausgenommen, dass sie sich – ebenso wie die von Flugzeugen – *„nicht einzelnen Ländern zuordnen lassen".* Aber allein auf dem *deutschen* Hochsee-Kreuzfahrtmarkt hat sich das Fahrgastaufkommen von 2007 bis 2017 auf 2,2 Millionen Passagiere verdreifacht. Bei den für gewöhnlich mit Schweröl der billigsten Qualität (Bunker C) fahrenden Schiffen besteht technisch bisher *generell* überhaupt *keine Möglichkeit! zur Verringerung des Treibhausgases Kohlendioxyd (CO 2).* Selbst bei den neuerdings mit Flüssiggas betriebenen Schiffen verringert sich der Kohlendioxydausstoß nur um 20 %. Wer eine Woche auf einem herkömmlichen Kreuzfahrtschiff unterwegs ist,

---

[221] *Wissenschaftlicher Dienst des Deutschen Bundestags 2018, WD 8 - 3000 - 094/18*

„verbraucht" 1.500 kg Kohlendioxyd – soviel wie ein Mittelklasse-wagen auf einer Strecke von 9.000 Kilometern. Warum wird dann wenigstens der Treibstoff für den klimaschädigenden „Just for fun-Kreuzfahrt-Zirkus" nicht angemessen besteuert?

- Beim *Flugverkehr* liegt die Sache ähnlich:

Mit einem Urlaubsflug nach Teneriffa wird das Klima *je Flug-passagier* so stark geschädigt wie durch *ein Jahr Autofahren!* Meteorologen des Max-Planck-Instituts haben errechnet, dass infolge des Flugverkehrs *jedes Jahr 6.000 Quadratkilometer Eis in der Arktis schmelzen!* Das entspricht ungefähr der achtfachen Fläche Hamburgs. Die Attraktivität der Flugreisen, sogar auch auf deutschen Kurzstrecken, hat ihre Ursache in den Schleuderpreisen der sich *meist in ausländischer Hand befindlichen Billigflieger.* Mehr als drei Viertel der Bürger finden es nicht richtig, dass Fluggesellschaften keine Mineralölsteuer zahlen müssen. 70 Prozent fordern daher von der Bundesregierung, sich stärker für den Subventionsabbau einzu-setzen. Eine Untersuchung der Forschungsgruppe Wahlen des Jahres 2018 ergab: *„Mit Abstand sind die Grünen-Wähler diejenigen, die am häufigsten fliegen."* – Wasser wird gepredigt und Wein getrunken!

Dem Durchschnittsbürger dürfte es wohl kaum zu vermitteln sein, dass Deutsche Gerichte sich **in Anbetracht der mehr als dubiosen Rechts-grundlage** hinsichtlich der Dieselfahrverbote dazu hergegeben, den Klagen der Deutschen Umwelthilfe (DUH), einem Abmahnverein im Dienste der *„grünen"* Umwelt-Ideologie stattzugeben. Diese **insbeson-dere die unteren Bevölkerungskreise offensichtlich schädigenden Entscheidungen** zeigen einmal mehr, wie sehr sich Deutschland am Gängelband der EU befindet und in wesentlichen staatlichen Bereichen seine Unabhängigkeit bereits vollständig aufgegeben hat.

Mehr als nachdenklich müsste es eigentlich außerdem stimmen, dass die massiven **„Gelbwesten"**-Proteste in Frankreich seit dem Oktober 2018 durch eine *ökologisch* begründete Steuererhöhung ausgelöst wurden. Es wurde ein Kohlendioxyd-Aufschlag auf die Energiesteuer *("contribution climat énergie")* erhoben. Dies wirkte sich als Erhöhung der Benzin- und Dieselkraftstoffsteuer aus. Die Protestbewegung ging deshalb von Menschen aus, die außerhalb der Städte leben und als Pendler wegen mangelhafter Verkehrsanbindungen auf ihr Auto angewiesen sind. Dabei treffen die Geringverdienenden steigende Kraftstoffpreise besonders hart. Die Proteste dehnten sich dann auf andere Themen der Benachteiligung großer Bevölkerungsgruppen aus. Bisher trifft es zur *"Klimarettung"* nur jene, die wenig haben. Die Gelbwesten, die sich gegen die Öko-Sondersteuer wandten, konterten daher: *"Was kümmert uns das Ende der Welt ("fin du monde"), wenn uns am Ende des Monats ("fin du mois") das Geld zum Leben fehlt."*

Ein weiteres Beispiel der Belastung der Geringverdienenden, welches vor allem die Grünen zu vertreten haben, ist die **Öko-Verstromung**: Wegen des massiven Ausbaus der erforderlichen Anlagen müssen die dazugehörigen Stromnetze gleichfalls neu errichtet werden. Die dafür von den Stromkunden nach dem *"Erneuerbare-Energie-Gesetz"* von 2012 erhobenen *"Netzentgelte"* machten im Jahre 2018 im Bundesdurchschnitt ca. 25% des Strompreises aus.[222] *Die Strompreise für private Haushalte erhöhten sich von 2000 bis 2016 vor allem wegen der sogenannten Netzentgelte um unglaubliche 106 %!* Warum haben die *Erschließungskosten* der Öko-Verstromung nicht die *Betreiber und Aktionäre der Windräder und Photovoltaik-Anlagen, die daraus hohe Gewinne ziehen,* zu tragen?

---

[222] *BDEW, Stromreport 2018*

Die Linke – Mit DDR-sozialistischen Restbeständen –

Die Linke hat sich bisher hauptsächlich als Regionalpartei Ost zur dortigen Interessenvertretung verstanden. Diese Funktion hat jetzt die AfD übernommen. Allerding schlagen sich die Linken mit DDR-sozialistischen Restbeständen herum. Sie können oder wollen wirtschaftlich nicht Ursache und Wirkung unterscheiden und versuchen, das Pferd am Schwanze aufzuzäumen. So sollen nach dem Wahlprogramm 2017 Banken unter demokratische Kontrolle gebracht und in öffentliches Eigentum überführt werden und unter dem Motto *„Ungleichheit ist unsozial. Wir steuern um"* eine Millionärs- und Börsenumsatzsteuer eingeführt sowie die Erbschaftssteuer drastisch erhöht werden.

Die Realisierung dieser Vorstellungen würde nach allen bisherigen Erfahrungen zwangsläufig in einem *„ökonomischem Kreisverkehr"* darauf hinauslaufen, dass die solchermaßen Besteuerten über kurz oder lang die Mehrkosten *wiederum auf den „Kleinen Mann"* abwälzen. Insgesamt erfüllen die Absichten der Linken somit nur *kontraproduktive Ventil- und Alibi-Funktionen.*

Schließlich saß ja sogar die ehemalige Sprecherin der *„Kommunistischen Plattform"* der Linken, Sarah Wagenknecht, die im Mai 2010 zur stellvertretenden SPD-Vorsitzenden avancierte (Amtsaufgabe 2019), bis zum Juli 2009 im sogenannten Europa-Parlament. Dieses stellt die entsprechenden Institutionen der ehemaligen DDR-Planwirtschaft weit in den Schatten. In Anbetracht der offensichtlichen Alibi-Funktion dieses europäischen Scheinparlaments, war dort allerdings nicht einmal, „Schlimmeres zu verhüten".

Alternative für Deutschland (AfD)
– mit Neo-Nazi-Tendenzen –

Die *Alternative für Deutschland (AfD)* ist 2013 aus Protest gegen die staatliche Euro-Rettung im Zusammenhang mit der Welt-Finanzkrise als eine „*Professoren-Partei*" entstanden. Schon im September 2015 kam sie bei den *Landtagswahlen* in Mecklenburg-Vorpommern auf 20,8 Prozent und wurde damit hinter der SPD zweitstärkste Kraft. Bei der *Bundestagswahl* 2017 erhielt sie 12,6 % der Stimmen und wurde damit *drittstärkste Partei*. Seit dem Herbst 2018 ist die AfD in allen Landtagen vertreten, 9 von 16 mal mit zweistelligen Wahlergebnissen. Bei der *Europa-Wahl* 2019 wurde sie in Brandenburg und Sachsen zur *stärksten Partei*. Die sensationellen Stimmengewinne bei den *Landtagswahlen* 2019 in Sachsen (27,5%), Brandenburg (23,5%) und Thüringen (23,5%) und damit ihr Aufrücken zur jeweils *zweitstärksten Partei* wurden allgemein als „*Zäsur*" in der deutschen Nachkriegsgeschichte betrachtet. Beachtlich ist hierbei, dass – ebenso wie beim Aufkommen des Nationalsozialismus – die *jüngere und mittlere Generation* bei den Wahlen überproportional der Partei ihre Stimmen gegeben hat.

In einer antiliberalen Grauzone grenzt sich die AfD nur unscharf zum äußersten rechten Rand ab. Es besteht offensichtlich eine neo-nazistische Unterwanderung. Dabei gibt es konkurrierende „Flügel". Die Partei führt mit ihren eindeutigen Neo-Nazi-Tendenzen – geführt zu einem nicht unerheblichen Teil von westdeutschem importiertem Personal – in Ostdeutschland, in historischer Kontinuität die totalitären Praktiken der *kommunistischen* „*Diktatur des Proletariats*" der untergegangenen DDR fort. Bei deren Führungspersonal handelte es sich, wie es der erste SPD-Vorsitzenden nach dem Kriege, Kurt Schumacher, ausdrückte, lediglich um „*rotlackierte Faschisten*". Die AfD hat praktisch das Erbe der bisherigen SED-Nachfolgepartei PDS ange-treten, die sich als Interessenvertreterin Ostdeutschlands versteht. Für die AfD-Sympathie bestand und besteht allerdings ein plausibler Anlass: Denn wenn sich zum Beispiel ein großer Teil der Ostdeutschen als „*Bürger zweiter Klasse*" bezeichnet und aufgrund der anhaltenden

Abwanderung, selbst qualifizierter junger *Frauen*, in den Westen auch heute noch in stark schrumpfenden Regionen erhebliche Probleme *allein* schon bei Familiengründungen bestehen, sollten die Wahlergebnisse nicht verwundern.

In Anbetracht der auch in Teilen Westdeutschlands (einschließlich Berlins) ebenfalls *„abgehängten"* *Regionen* und der weit verbreiteten Unzufriedenheit wächst zusehends die Besorgnis, dass – wie in Osteuropa und in anderen Teilen Europas – sich ein panikähnlicher autoritärer Nationalradikalismus mit faschistoiden Zügen ausbreiten könnte. Zu dieser Besorgnis vieler trägt bei, dass die Grünen zunehmend die Ziele einer *Öko-Diktatur* *mit einem faschistoiden totalitären Absolutheitsanspruch im Dienste einer elitären Schicht mit Hilfe einer apokalyptischen und hysterischen „Klima-Politk" zu Lasten sozial Schwacher* vertreten (siehe vorne). Befürchtet wird, dass bei Verfestigung dieses Trends die gesellschaftliche Spaltung *Gesamt*deutschlands sich irreparabel fortsetzen könnte.

10. Wie kann die soziale Spaltung in Deutschland überwunden werden?

– Schaffung von *„Bürger-Deputierten- Kommissionen"* bei den Parteien –

Bei einer weiteren Fortsetzung des sozialen Abstiegs in einem *Zwei-Klassen-Staat* Deutschland ist mit massiven Aktionen gegen die EU und die USA, gegen kommende Kriegseinsätze und mit weiteren flüchtlingsfeindlichen Aktivitäten zu rechnen. **Eine solche Radikalisierung und Vergiftung des gesellschaftlichen Klimas würde nicht zum ersten Mal ein Armutszeugnis in der deutschen Geschichte darstellen. So-**

lange noch die Kraft aufgebracht werden kann, ist der Teufelskreis der Apathie und Selbsttäuschung, durch Demonstrationen (vor allem im weiterhin benachteiligten Ostdeutschland) oder durch rechts- oder linksextremistische Gewalttaten grundsätzliche Änderungen erreichen zu können, nur durch eine breite dauerhafte „tatsächlich demokratische Aktion von unten" zu durchbrechen. Talkshows im Fernsehen übernehmen die Funktion des Politikersatzes. Noch so messerscharfe sarkastische Analysen, die zahlreichen politsatirischen Sendungen im Fernsehen und selbst öffentliche Demonstrationen erfüllen nur kümmerliche Ventilfunktionen.[223]

Wenn nicht die Tätigkeit kritischer Organisationen und Einzelpersonen lediglich Selbstdarstellung, blauäugiges Gutmenschentum oder geistige Selbstbefriedigung sein soll, kann jetzt nur ein Vorgehen auf breiter Basis erfolgreich sein. **Mehr als 70 Jahren nach dem Kriegsende ist es überfällig, eine tatsächlich *kritische Position zu den USA einzunehmen* und sich – ohne nationalistische Untertöne und ohne die beispiellose Schuld am Holocaust zu verharmlosen – auf die „guten" deutschen Traditionen" zurückzubesinnen.** Deutschland ist eben nicht auf die schrecklichen zwölf Jahre des „*Tausendjährigen Reiches*" unter dem „*Führer*" und Kreuzzügler Adolf Hitler zu reduzieren. Deutschland war *tatsächlich* einmal das Volk der „*Dichter und Denker*", der Erfinder und Nobel-Preisträger. Die deutsche Geschichte ist reich an Ereignissen, deren Protagonisten Mut, wahren Patriotismus und in breitem bürgerschaftlichem Engagement Verantwortungsbewusstsein bewiesen haben. Nur einige Beispiele aus der deutschen bewahrenswerten Geschichte, die einen hohen Einsatz Einzelner und ein starkes progressives Engagement größerer Bevölkerungskreise bewiesen haben, seien hier genannt:[224]

---

[223] *Hans-Joachim Maaz: Das falsche Leben. Ursachen und Folgen unserer normopathischen Gesellschaft; 2017*
[224] *Robert Habeck: Patriotismus: Ein linkes Plädoyer, 2010*

208

- die durch Martin Luther ab 1517 in Gang gesetzte *Reformation* als Auslöser gesellschaftlichen Umwälzungen (denen im übrigen die USA ihr Entstehen mit zu verdanken haben)
- die *Reformen (Bauernbefreiung, Städteordnung, allgemeine Wehrpflicht zur Beseitigung von Privilegien)* und die Befreiungskriege, nachdem Napoleon 1806 durch das Brandenburger Tor in Berlin einritt und nach *sieben* Jahren bis 1813 die Besatzungstruppen vom deutschen Boden verdrängt waren
- die deutsche demokratische *Freiheitsbewegung* zwischen 1815 und 1850
- die Durchsetzung einer weltweit beispielhaften *Sozialgesetzgebung,* eines *„Generationen-Vertrags"* durch die Sozialdemokraten zur Kaiserzeit
- die deutsche *November-Revolution 1918* zur Beendigung des sinnlosen Abschlachtens von Millionen Soldaten im Ersten Weltkrieg (darüber hinaus waren insgesamt 800.000 Menschen in Deutschland verhungert)
- die Weimarer „Reichsverfassung von" 1919 (mit all ihren strukturellen Mängeln)
- der deutsche *Widerstand,* der auf eine strikte Ablehnung des Nazi-Regimes auch durch *breite* Bevölkerungskreise hinwies und der mit dem *„20. Juli 1944"* seinen Höhepunkt fand
- das Aufbegehren großer Teile der Bevölkerung gegen die SED-Diktatur am *17. Juni 1953*
- die Ostdeutschen, die vor und während der *„Wende"* 1989 unter persönlichen Opfern für die Freiheit in der DDR eingetreten sind.

Hieraus wird deutlich, dass der gerne als *„Argumentationskeule"* benutzte Begriff *„Populismus"* völlig fehl am Platze ist, wenn tatsächlich die Interessen des *gesamten* Volkes – und nicht nur der Oberschicht – vertreten werden. Selbstverständlich ist denen eine *unmissverständliche Absage* zu erteilen, die heute noch der Ideologie des Nationalsozialismus anhängen, die den durch die Nazis

mit Hilfe der „Blut- und Bodenideologie" vergifteten Begriff der „Heimat" für sich vereinnahmen wollen. Das Recht auf Heimat und Heimatverbundenheit ist allerdings ein *Menschenrecht!* Hierzu gehören Geborgenheit, Familie, Freunde, die Orte der Kindheit, Mundart, Brauchtum, Landschaft. *Neunzig Prozent* aller Deutschen ist dem Begriff der „*Heimat*" eng verbunden. Wer diese Dinge mit Hilfe des Begriffs „*Populismus*" diskriminieren oder in der „*Europäischen Union*" versenken will, hat zurecht eine klare Absage verdient.

Gerade jetzt ist die Vernunft der Mitte – ein breites, bürgerschaftliches angemessenes patriotisches Engagement – gefordert. Notwendig ist es, *jetzt* die *repräsentative Demokratie* dauerhaft zu *verbessern* und den heutigen Bedingungen mit Hilfe gutwilliger und entschlossener Kräfte anzupassen. Viele empfinden zurecht die Entwicklung der letzten Jahrzehnte als tiefgreifende soziale Spaltung. Dies hat etwas mit Zusammenhalt, und Identität zu tun. Nicht umsonst tritt der Unmut und die Zersplitterung der deut-schen Gesellschaft besonders im vielfältig benachteiligten *Osten Deutschlands* offen und demonstrativ zu Tage. Die Flüchtlings-problematik dient dabei nur als Aufhänger.

Leserbriefe, die sarkastische Ironie von gewerbsmäßigen Spaßmachern in der Funktion von „Hofnarren" reichen nicht – auch nicht Voksab-stimmungen, Petitionen und Demonstrationen. Dem Internet mit seinen „Sozialen Netzwerken" zur Ausbreitung einer Meinungskultur, die auf belegbare Fakten wenig gibt und von Empörung und Zuspitzung lebt, ist in Anbetracht von „Fake News", gezielten Desinformationen und Einfluss-nahmen sowie der Möglichkeit, falsche Behauptungen massenhaft und schnell zu verbreiten, wenig Glauben zu schenken. Talk-Shows, die vom öffentlich rechtlichen Rundfunk sogar an private Firmen ausgelagert werden, d. h. „*privatisiert*" sind, strotzen vor mangeldem Sachverstand und Oberflächlichkeit. Am Ende der Sendung sind die Zuschauer genauso schlau wie vorher. Es ist eine ausgesprochene Patt-Situation eingetreten. Das Gefühl für die Dringlichkeit ist verloren gegangen. Echte Verbesserungsvorschläge fehlen.

Auch auf die deutsche Geschichte kann man in der derzeitigen Situation schlecht zurückgreifen. Immer wieder wurde *erst* wirkungsvoll reagiert, als es *zu spät* war. So zum Beispiel kurz vor dem Ende des Ersten Weltkriegs, als die Matrosen meuterten und den Kaiser samt denjenigen, welche am Krieg verdienten, außer Gefecht setzten. Oder am 20. Juli 1944, als erst gehandelt wurde, nachdem die Schlacht von Stalingrad 1943 verloren und ein Ende des Krieges absehbar war. Oder im Herbst 1989, als man erst auf die Straße ging, nachdem die Sowjetunion ihr Desinteresse an Deutschland überdeutlich bekundet hatte.

Ein „*Weiter so!*" wollen die meisten nicht akzeptieren. Wenn selbst die „*Basis*" der „Volksparteien" nicht mehr „*mitzieht*" und die „*Volks*"-Parteien ihr Volk verloren haben, müsste das eigentlich zu denken geben! *Völlig neue Partizipationsformen müssen geschaffen werden*, die weit über die bisherigen Formen der „*Bürgerbeteiligung*" hinausgehen und die einer „*repräsentativen Demokratie*" würdig sind!

„Bürger-Deputierten-Kommissionen" bei den Parteien – nicht nur in beratender Funktion

Bisher führt die Bundesregierung sporadisch nach *Gutsherrenart* unverbindliche Anhörungen von Experten durch. **Eine wirkungsvolle *permanente* volksnahe *tatsächliche* Beteiligung an der *Gesetzgebung* ist auf diese Weise nicht zu erreichen. Deshalb wären die Parteien, in der jetzigen Situation gut beraten, *ständige* „Bürger-Deputierten-Kommissionen" einzurichten. Diese müssen ihnen institutionell angegliedert und *ausdrücklich nicht nur eine beratende Funktion* erfüllen, sondern in die Parteistruktur integriert sein, d. h. die Parteibeschlüsse mit gestalten können. Die Mitglieder der „Bürger-**

Deputierten-Kommissionen" erhalten Aufwandsentschädigungen aus Mitteln der Parteienfinanzierung entsprechend dem Parteistatut.

In die *„Bürger-Deputierten-Kommissionen"* sollten aus dem reichlich vorhandenen *„Humus der Edlen"* berufen werden: Kompetente Vertreter von Organisationen, die eine strukturell sozial gerechtere und ökologisch nachhaltigere Gesellschaft anstreben, zum Beispiel aus Gewerkschaften und Verbänden. Grundlegende Änderungen sind jetzt nur noch erreichbar, wenn auch Organisationen, welche wirtschaftlich und sozial Geschädigte vertreten und die über die entsprechende Fachkompetenz verfügen, nicht nur die Missstände anprangern, sondern konkrete Änderungsvorschläge unterbreiten, die gesetzgeberisch umgesetzt werden können. Vertreter von *„Nichtregierungs-Organisationen"*, die sich für die Benachteiligten in Deutschland einsetzen, können so aus der Rolle der Bittsteller und Aufklärer heraustreten und sich gleichfalls dem zu schaffenden *„Verfassungsausschuss"* (siehe nachfolgend) zur Verfügung stellen, welcher sich die Änderung *„gesellschaftlicher Kernstrukturen"* zur Aufgabe stellt.

Analog den *„Bürger-Deputierten-Kommissionen"* **auf Bundesparteieebene sind für den** *kommunalen* **Bereich entsprechende** *„Bürger-Deputierten*-Kommissionen" **zu schaffen, die regelmäßig tagen und ihren Mitgliedern Aufwandsentschädigungen gewähren.**

11. Die DDR-Bürgerrechtler wollten eine „gesamtdeutsche Verfassung":
Vollendung der „Deutschen Einheit" mit Hilfe eines „Verfassungsausschusses"
– Die Deutschen besaßen noch niemals eine „Verfassung" im eigentlichen Sinne, d. h. Deutschland fehlt noch immer eine ausreichende demokratische Grundlage –

Das „Grundgesetz" der Bundesrepublik Deutschland von 1949 war nicht als dauerhafte „Verfassung" gedacht und ist auch absichtlich nicht so bezeichnet worden. – Es wurde anlässlich der Wiedervereinigung kurzerhand nach dem Motto „Was kümmert mich mein Geschwätz von gestern" unter Umgehung der klaren Grundgesetzforderung zu einer „Verfassung" mit der alten Bezeichnung „Grundgesetz" umfunktioniert. De facto wurde eine „Gebietsneugliederung" der alten Bundesrepublik nach Artikel 23 des Grundgesetzes (der aber für ganz andere Fälle geschaffen worden war!) vorgenommen. Heute wird das „Grundgesetz" ungeniert als „deutsche Verfassung" bezeichnet. Die Bundeszentrale für politische Bildung erläutert diesen sonderbaren und gesetzwidrigen Vorgang wie folgt:

„Das Grundgesetz, nur für eine Übergangszeit gedacht, nämlich bis zu dem Zeitpunkt, wo, wie der ursprüngliche Artikel 146 vorschrieb, sich das deutsche Volk in freier Selbstbestimmung eine neue Verfassung gibt, blieb bestehen. Es blieb auch dann noch bestehen, als 1989/90 der Weg zur Vereinigung von Bundesrepublik Deutschland und Deutscher Demokratischer Republik gegangen wurde. Die Alternative bestand darin, den Beitritt der DDR zum Geltungsbereich des Grundgesetzes nach Artikel 23 (alt) zu beschreiten oder aber, dem Sinn des Artikels 146 entsprechend, eine neue Verfassung von einer Verfassunggebenden Versammlung ausarbeiten und dann vom deutschen Volk in freier Entscheidung auf dem Wege eines Referendums ratifizieren zu lassen. Aus verschiedenen Grün-

den, die nicht zuletzt in der Beschleunigung des Vereinigungsprozesses lagen, wurde der erstgenannte Weg beschritten. Auf die Ausarbeitung einer neuen Verfassung wurde verzichtet." [225]

Also die „*Beschleunigung des Vereinigungsprozesses"* hat uns die „*Verfassung"* gekostet. Das ist richtig, denn eine „*gesamtdeutsche Verfassung"* hätte ja auch die *von langer Hand durch die USA manipulierte Gesamtkonzeption der unkontrollierten Auflösung der DDR* und damit den *Einzug des US-Kapitals in Ostdeutschland und Osteuropa völlig über den Haufen geworfen.*

Die DDR-Bürgerrechtler strebten aber eine **„gesamtdeutsche Verfassung"** an. Wolfgang Templin, einer der führenden DDR-Bürgerrechtler, äußerte sich zum *„Verfassungsentwurf"*, der im Zuge der Wende 1990 in der Noch-DDR durch *den „Runden Tisch"* erstellt wurde, und dessen Behandlung dann in der *„Volkskammer"* – durch Kräfte, welche sich unverzüglich die vorhandenen Wirtschaftswerte Ostdeutschlands mit Hilfe der Treuhandanstalt aneignen wollten – verhindert worden ist, wie folgt:

„80 bis 90 Prozent der DDR-Bürger, selbst wenn sie unseren Werten anhingen, waren insofern zehnmal realistischer, individuell realistischer, als sie sagten: Ihr habt ja Recht. Mit eurem Anspruch und eurem Idealismus. Schaffen werdet ihr's nicht – die Umgestaltung wird sich nach einer Logik abspielen: Wer hat die Macht, wer hat die stärkeren ... - nicht wer hat die stärkeren Bataillone, sondern wer hat das meiste Geld?" [226]

---

[225] *Bundeszentrale für politische Bildung: Warum Deutschlands Verfassung Grundgesetz heißt, 1.9.2008*
[226] *Deutschlandradio Kultur 14.07.2015*

214

Laut Wolfgang Templin sollte der *„Verfassungsentwurf"* nach der Absicht der Initiatoren

„auf dem Weg zur deutschen Vereinigung ... in die Debatten über eine neue **gesamtdeutsche Verfassung** *nach Artikel 146 einbezogen werden".*[227]

Die derzeitigen Demonstrationen in Ostdeutschland unter dem „Wende"-Motto *„Wir sind das Volk"* sind auch Ausdruck der bis heute bestehenden Benachteiligung. Da die tatsächliche *„Vollendung"* der „Deutschen Einheit" nicht einmal annähernd zustande kommen konnte, gilt es jetzt endlich eine *gesamtdeutsche* „Verfassung" zu schaffen!

Der Einwand, die Noch-DDR-Volkskammer und die Bundesrepublik wären ja im *„Einigungsvertrag"* (der von vielen als *„bedingungslose Kapitulation"* angesehen wird) übereingekommen, auf eine *„neue Verfassung zu verzichten".* Dies ist in Anbetracht der heutigen Situation nur noch Geschichte. **Denn es geht, trotz der gestiegenen Aktienkurse und eines angeblichen Aufschwungs immer noch ein tiefer Riss durch unser Land** – **nicht nur an der Elbe. Das heißt die *„Wiedervereinigung"* ist, wie man sich das vorgestellt hatte, de facto *bis heute nicht zustande gekommen.* Der *„Einigungsvertrag"* ist also in diesem Punkte *„von Anfang an"* schon aus *völkerrechtlicher Sicht* nicht rechtsgültig, da die *„Vertragsgrundlage"* ja die tatsächliche *„Wiedervereinigung"* bildete.**

Das Bundesverfassungsgericht hat zum Verhältnis einer *„Verfassunggebenden Versammlung"* zur *bestehenden* Volksvertretung folgendes entschieden (was auch noch für die *heutige* Zeit gilt):

---

[227] http://library.fes.de/gmh/main/pdf-files/gmh/1990/1990-05-a-370.pdf

„Eine verfassunggebende Versammlung hat einen höheren Rang als die auf Grund der erlassenen Verfassung gewählte Volksvertretung. ….. Mit dieser besonderen Stellung ist unverträglich, dass ihr von außen Beschränkungen auferlegt werden." [228]

Sollte man warten, bis die soziale Spaltung in Ost- und Westdeutschland und innerhalb Gesamtdeutschlands weiter zunimmt und *kritische Werte* erreicht? Ist es akzeptabel, dass durch immer kleinteiligere Koalitionen nach dem Weimarer Vorbild eine neue Panik-Situation entsteht? Selbst die Konservativen (der damalige CSU-Landesgruppenchef Alexander Dobrindt) und der ehemalige SPD-Vorsitzende, der spätere Außenminister Sigmar Gabriel, hatten erkannt, dass sogar der überwiegende Teil der *„Basis"* ihrer *Parteien* rebelliert. Dobrindt forderte eine *„konservative Revolution"*, Gabriel eine Grunderneuerung seiner Partei. – Nur Wahlkampfgeklingel? **An die Stelle des immer noch geltenden „Grundgesetzes" ist jetzt die schon von den DDR-Bürgerrechtlern geforderte gesamtdeutsche** *„Verfassung"* **zu setzen. Dies kann nach dem derzeitigen Stand der Dinge nur durch einen** *„Verfassungsausschuss"*, **in dem auch außerparlamentarische qualifizierte Mitglieder nach dem Vorbild der „Frankfurter Paulskirche" von 1848 vertreten sind, geschehen. Der** *„Verfassungsausschuss"* **hat die Kernstrukturen der deutschen Politik konkreter als bisher festzulegen. – Warum haben wir ein** *„Verfassungsgericht"*, **aber keine** *„Verfassung"*?

---

[228] *Urteil des Bundesverfassungsgerichts vom 23. Oktober 1951, II. Senat, Leitsatz 21 und 21c*

Die Deutschen besaßen noch niemals eine „Verfassung" im eigentlichen Sinne, d. h. Deutschland fehlt noch immer eine ausreichende demokratische Grundlage

Nach der französischen Revolution von 1789 lehnten sich auch viele Deutsche gegen ihre Monarchen auf. Sie sympathisierten sich dann mit Napoleon, der ein Kind der Revolution war und viele fortschrittliche Errungenschaften in Deutschland einführte, nachdem er die Preußen und Sachsen im Jahre 1806 in der Schlacht von Jena und Auerstedt geschlagen hatte. Nach der Völkerschlacht von Leipzig 1813 wurde er dann aber auch vom deutschen Boden verjagt. Der „Wiener Kongress" des Jahres 1815 brachte jedoch nur eine „Restauration", d. h. eine Wiederherstellung, der alten Machtverhältnisse. Zur Enttäuschung der deutschen Patrioten und Demokraten entstand nur der „Deutsche Bund". Dieser stand unter dem Vorsitz Österreichs und umfasste zum Beispiel auch das Königreich Hannover, das in Personalunion mit Großbritannien geführt wurde. Hannover war praktisch eine britische Kolonie. Nach der Wiener Schlussakte war der „Deutsche Bund" ein „völkerrechtlicher Verein" (Artikel I). Auf europäischer Ebene sollte der Bund für Ruhe und das Gleichgewicht sorgen (die Begriffe „Bundesrepublik", „Bundestag", „Bundesrat" gehen auf dieses Gebilde höchst zweifelhafter Natur zurück).

Der „Deutsche Bund" war der Ausgangspunkt regelrechter „Verfassungskämpfe". Einige deutsche Landesfürsten sahen sich gezwungen, ihren Untertanen im Rahmen einer „Konstitutionellen Monarchie" demokratische Zugeständnisse zu machen. Die Wurzel der deutschen nationalen Bewegung lag aber in der Überzeugung, dass ein Volk erst durch eine von ihm selbst beschlossene „Verfassung" tatsächlich zu einem Staat wird. Ein Gebilde, das nur auf „Befehl und Gehorsam" aufgebaut ist, sei lediglich eine monarchische bzw. „demokratische" Diktatur. Erst durch eine Verfassung vollende sich die Einheit eines national und sozial gespaltenen Landes. **Dabei habe der Staat nicht vorrangig für die zu sorgen, welche sowieso schon** *„etwas sind und haben"*. Die in der Verfassung festgelegten Freiheitsrechte müssten dazu dienen, dass das Volk im Wege der demokratischen Volksherrschaft *sich selbst regiere*. Immanuel Kant sah das Recht des Staatsbürgers in einem *Rechtsstaat* darin, *„keinem anderen Gesetz zu gehorchen, dem er nicht seine Zustimmung gegeben hat"*. Bei den *„Verfassungskämpfen"* war man sich aber durchaus darüber im Klaren, dass die Masse des Volkes in seiner wirtschaftlichen Gedrücktheit, Abhängigkeit und in seiner Anhänglichkeit, damals an den *„Herrscher von Gottes Gnaden"*, in konservativen Denkweise geduldig und sich fügend so gut wie immer die bestehenden Verhältnisse hinnimmt.

Erst in den 1840er Jahren kam die Masse aus *gravierender sozialer Not* in Bewegung, und zwar wiederum im Schlepptau sozialer Unruhen und Erhebungen in Frankreich. Im Verlauf der *„März-Revolution"* des Jahres 1848 gelang es den deutschen Patrioten, die *„Nationalversammlung"* in der *„Frankfurter Pauskirche"* zu etablieren. Dort wurde 1849 eine demokratische Verfassung ausgearbeitet, die aber schließlich nicht in Kraft treten konnte, weil die Fürsten es verhinderten.

Auch nach dem Sieg über Frankreich im Jahre 1871 und der *„Einigung von oben"* durch *„Eisen und Blut"* unter der Regie des Reichskanzlers und *„Junkers"* Otto von Bismarck wurde natürlich im *„Deutschen Reich"* wiederum nur die *„Konstitutionelle Monarchie"* fortgesetzt.

Die nach dem Ersten Weltkrieg im Jahre 1919 entstandene *„Weimarer Verfassung"* enthielt noch starke monarchistische autoritäre Elemente. Der einem Adelsgeschlecht entstammende Reichspräsident Paul von Hindenburg wurde als *„Ersatz-Kaiser"* bezeichnet. Wesentliche Teile der Verfassung trugen zum Untergang der Republik bei, vor allem infolge der Machtfülle des Reichspräsidenten: Er konnte die Republik in sogenannten Notfällen in eine Diktatur mit sich selbst an der Spitze umwandeln. *„Verfassungsdurchbrechende Reichsgesetze"* durften der Verfassung widersprechen, wenn sie von einer Zweidrittelmehrheit unterstützt wurden. Die „Ermächtigungsgesetze" gehörten dazu. So konnte Reichspräsident Paul von Hindenburg ohne Mühe Adolf Hitler 1933 zum Reichskanzler ernennen. Als Folge daraus ging der **Nazi-Reichstag** schließlich als „Gesangsverein" in die Geschichte ein.

Nach dem Zweiten Weltkrieg wurde 1949 das **„Grundgesetz"** durch den *von den westlichen Besatzungsmächten* eingesetzten „Parlamentarischen Rat" geschaffen. Die schon vor dem Kriegsende von den Siegermächten beschlossene deutsche Teilung (siehe vorne) wurde damit festgeschrieben. *Eine Volksabstimmung über das Grundgesetz gab es nicht.* Das „Grundgesetz" trug nicht umsonst diesen Namen: In seiner Präambel war festgeschrieben worden: *„Das gesamte Deutsche Volk bleibt aufgefordert, in freier Selbstbestimmung die Einheit und Freiheit Deutschlands zu vollenden."* Gemäß Art. 146 verliert das Grundgesetz seine Gültigkeit *„an dem Tage, an dem* **eine „Verfassung" in Kraft tritt, die vom deutschen Volk in freier Entscheidung beschlossen wurde". Dies ist bis heute nicht geschehen.** Darüber hinaus sind in dem, in den entscheidenden Punkten sehr allgemein gehaltenem Grundgesetz, die Rechte der Bürger *nicht ausreichend konkret festgelegt* (siehe später).

Auf das Grundgesetz folgte die **„DDR-Verfassung"**, welche die *„führende Rolle der Partei"* festlegte, und deshalb bis zum DDR-Ende Makulatur blieb.

12. Wie kann ein „*Verfassungsausschuss*" geschaffen werden?

Selbst schon im „*Einigungsvertrag*" von 1990 wurde in Artikel 5 empfohlen, sich „*mit den im Zusammenhang mit der deutschen Einigung aufgeworfenen Fragen zur Änderung oder Ergänzung des Grundgesetzes zu befassen, insbesondere [...] mit der Frage der Anwendung des Artikels 146 des Grundgesetzes*".

Für die Ablösung des „*Grundgesetzes*" durch eine „*Verfassung*" im Wege der Anwendung des Artikels 146 des Grundgesetzes gibt es verschiedene Möglichkeiten:

- einen „*Volksentscheid*" oder
- das „*Konvents-Modell*", bei dem ein dafür eingesetztes Gremium einen Vorschlag erarbeitet, der dem Volk zur Abstimmung vorgelegt wird – oder
- das „*Nationalversammlungs-Modell*", bei dem das Volk eine verfassungsgebende Versammlung mit dem ausdrücklichen Auftrag wählt, eine Verfassung auszuarbeiten.

Welcher Weg gewählt wird ist freigestellt, denn der **nach der Deutschen Einheit *neugefasste* Artikel 146 des Grundgesetzes** lässt alle Möglich-keiten offen:

„*Dieses Grundgesetz, das nach Vollendung der Einheit und Freiheit Deutschlands für das gesamte deutsche Volk gilt, verliert seine Gültigkeit an dem Tage, an dem eine Verfassung in Kraft tritt, die **von dem deutschen Volke in freier Entscheidung beschlossen worden ist.**"

Nun muss endlich diese *„Verfassung"* geschaffen werden, welche die grundlegenden Ziele der deutschen Politik – *insbesondere mit ihren Auswirkungen auf Ostdeutschland* – *verbindlicher und umfassender als bisher* – also *nunmehr tatsächlich „gesamtdeutsch"* festlegt. Deshalb sollten *in erster Linie* die Regierungen und die führenden Kräfte der *ostdeutschen* Länder sowie vor allem die *Ostdeutschen!* darauf dringen, dass ein *„Verfassungsausschuss"* zur Etablierung einer *„Verfassunggebenden Versammlung"* in Deutschland geschaffen wird.

Grundsätzlich könnte man sich hierbei die *„Nationalversammlung"* von 1848/49 der *Frankfurter Paulskirche* zum Vorbild nehmen. Dort fand sich in einzigartiger Weise die geistige Elite Deutschlands zusammen: 357 Vertreter geistiger und freier Berufe, 99 der Wirtschaft angehörende Parlamentarier, Professoren, Richter, Staatsanwälte, Nationalökonomen und höhere Verwaltungsbeamte waren vertreten. Am 28. März 1849 wurde dann eine ausgearbeitete Verfassung verkündet, die aber in Anbetracht des Widerstands der herrschenden Kräfte niemals wirksam werden konnte.

Der *„Verfassungsausschuss"* kann sich aus den *„Bürger-Deputierten-Kommissionen"* der Parteien (siehe vorne) entwickeln.

In die Verfassung sind konkrete Verfassungsgrundsätze, welche die Volksvertretung stärker als bisher binden, aufzunehmen. Es ist nunmehr unumgänglich, *Kernstrukturen* lebenswichtiger Bereiche der Daseinsgestaltung und Grundsätze einer Wirtschafts- und Sozialpolitik, die dem Gemeinwohl – und nicht bestimmten Interessengruppen – verpflichtet ist, verfassungsmäßig zu fixieren.

13. Welche „*gesellschaftlichen Kernstrukturen*" sollten beispielsweise verbindlicher als bisher verfassungsmäßig fixiert werden?

Mit der Entstehung grundsätzlich neuer wirtschaftlicher Rahmenbedingungen (siehe vorne) muss die Umgestaltung *gesellschaftlicher Kernstrukturen* Hand in Hand gehen. Nur so sind dauerhafte Veränderungen realisierbar. **Die Gegenfinanzierung zusätzlicher Ausgaben erfolgt durch die bereits angesprochenen neuen Einnahmearten.** Unter anderem sollten folgende Änderungen angestrebt und ggfs. so weit wie nötig und möglich verfassungsmäßig fixiert werden:

1. Eine neue „*Verfassung*", die durch den „*Verfassungsausschuss*" entwickelt wird, bietet die Möglichkeit, darin eine Neuregelung der **Abgeordnetenvergütung** aufzunehmen. Das heißt Abgeordnete dürfen nicht über ihre eigene Vergütung bestimmen. Dieses Verfahren ist verfassungswidrig, weil es als Relikt des Absolutismus gegen den Grundsatz der Gewaltenteilung (Art. 20 Grundgesetz) verstößt. Danach sind Legislative und Exekutive zu trennen. Keinem Arbeitnehmer wird zugestanden, seine Entlohnung selbst festzulegen. Der Arbeitgeber der Abgeordneten ist das Volk. Deshalb ist die Vergütung der Mandatsträger durch einen „*Ehrenausschuss*" festzusetzen, der sich aus allgemein anerkannten Persönlichkeiten wichtiger Bereiche des öffentlichen Lebens zusammensetzt. Als Vorbild kann hierbei *prinzipiell* die „*Bundesversammlung*" dienen, die zur Wahl des Bundespräsidenten einberufen wird.

2. Im Februar 2012 trat Bundespräsident Christian Wulff angesichts des Vorwurfs der Vorteilsnahme zurück. Es besteht offensichtlich eine weitgehend geduldete Grauzone der versteckten und offenen **Korrumpierung im öffentlichen Bereich** (*„Der Fisch stinkt vom Kopfe her."*). Um die öffentliche Korrumpierung – über das bereits bestehende Recht

hinaus – zu bekämpfen, sind zusätzliche Regelungen erforderlich:[229] Zum einen sind Mandatsträger (d. h. Abgeordnete etc.) auf allen Stufen der demokratischen Einrichtungen ausreichend zu vergüten. Die Vergütung bzw. Versorgung oder die Wiedereingliederung in das Berufsleben sind so zu gestalten, dass die Mandatsträger während oder nach ihrer Amtszeit nicht meinen, auf Einnahmen zurückgreifen zu müssen, die in irgendeiner Form mit ihrem Amt in Verbindung zu bringen sind. Beim Wechsel in die freie Wirtschaft *("Drehtür-Prinzip")* sind ausreichend lange Fristen festzusetzen. Entsprechende gesetzliche Normen, zum Beispiel hinsichtlich der analogen Anwendung der Bestimmungen über den *"Verrat von Geschäftsgeheimnissen"* (u. a. § 203 StGB), sind zu schaffen. Zum anderen sind die Parteien ausreichend zu bezuschussen, so dass sie zur Erfüllung ihrer Aufgaben keine Spenden benötigen, die häufig eine *"verschleierte Korrumpierung"* darstellen. Die bisher vorgeschriebene bloße Deklarierung von Parteispenden hat praktisch keine Aussagekraft oder Wirkung. Demzufolge ist *die Annahme von Parteispenden generell zu untersagen.*

3. Mandatsträger dürfen während ihrer Amtszeit und innerhalb einer festgelegten Frist danach keine **Aufsichtsfunktionen in staatlichen Körperschaften** oder in Körperschaften mit staatlicher Beteiligung ausüben. Dies entspricht weder der demokratischen Gewaltenteilung noch den Erfordernissen einer qualifizierten Kontrolle (siehe Flughafen Schönefeld). Wirtschaftliche Kontrollfunktionen in den genannten Institutionen sind von Personen wahrzunehmen, die durch eine betriebswirtschaftliche Fachausbildung für derartige Aufgaben qualifiziert sind und bei denen Korrumpierung weitgehend ausgeschlossen werden kann. Hierzu sind Beamte, die *"Bilanzen lesen können"*, vermehrt auszubilden bzw. einzustellen und gegebenenfalls in Prüfungsausschüssen zusammenzufassen. Dies gilt auch für die *"fachtechnische Prüfung"* durch andere Fachkräfte.

---

[229] *http://www.transparency.de/, 21.2.2012: "Integritätsoffensive der Politik"*

4. In Deutschland bestanden im Jahre 2010 im Rahmen von Teil-
privatisierungen öffentlicher Einrichtungen mehr als 200 „Öffentlich-
Private Partnerschaften" („Public Private Partnerships" – PPP). Diese
werden durch Investoren sowohl finanziert als auch realisiert. Während der Staat für die Nutzung eine Miete zahlt, das Risiko aber bei
ihm verbleibt, streichen die Investoren durch garantierte Renditen
traumhafte Gewinne ein.[230] **Privatisierungen** gibt es zum Beispiel

* bei der Wasserversorgung und Entwässerung sowie beim Straßen-
  bau und im Verkehrswesen (z. B. beim Autobahnbau)
* bei der Versorgung mit Energie
* bei Krankenhäusern, Schulen und sogar Gefängnissen.

Um die im Grundgesetz und in der UN-Menschenrechts-Konvention
enthaltenen Grund- und Menschenrechte zu gewährleisten, sind *lebens-
wichtige Kernbereiche der Daseinsgestaltung* so zu gestalten, dass diese
Rechte durch staatliche Maßnahmen abgesichert sind. Derartige
Bereiche sind jeglicher Privatisierung zu entziehen. Sie dürfen nicht dem
Profitstreben privater – zumal noch ausländischer – Investoren unter-
worfen sein. Das war noch niemals mit den öffentlichen Interessen in
Einklang zu bringen, da die Investoren erfahrungsgemäß ihre eigenen
Profitinteressen verfolgen. Es ist ethisch nicht vertretbar und nicht zu
dulden, dass traditionell *lebensnotwendige Grundbedürfnisse* zu markt-
gängigen Produkten verkommen, die auch den Finanzwetten der „Global
Player" ausgeliefert sind. Wo ein Ausverkauf lebenswichtiger Kern-
bereiche der Daseinsgestaltung bereits stattgefunden hat, sind diese
Bereiche zu *deprivatisieren (rekommunalisieren).*

5. **Familien mit Kindern** sind intensiv finanziell zu fördern, unter
anderem durch die gleichrangige Bezuschussung der wahlweisen
öffentlichen oder privaten *Kinderbetreuung, kostenloses Schulessen und*

---

[230] *Werner Rügemer: „Heuschrecken" im öffentlichen Raum. Public
Private Partnership – Anatomie eines globalen Finanzinstruments, 2012,*

kostenlose Schülerbeförderung. In West-Berlin wurde seit 1962 ein zinsloses „*Familiengründungsdarlehen*" gewährt, dessen Rückzahlungssumme sich mit der Zahl *der* geborenen Kinder (durch „*abkindern*") verringerte. Eine derartige Familienförderung, die sich als sehr wirksam erwiesen hatte, ist wieder einzuführen. In Erwägung zu ziehen ist auch eine Freistellung des Existenzminimums von der Steuer- und Sozialabgabenzahlung. Hierdurch würde der finanzielle und personelle Aufwand für die speziellen Familienprogramme entfallen. Daneben würde sich die aufwändige Beantragung dieser Leistungen erübrigen.

6. Der **Wohnungsbau** für sozial Schwache mit festgesetzten Höchstmieten, ohne zeitliche Begrenzung der Förderung, ist zu gewährleisten. Subventionen für den Eigenheimbau nach energietechnisch neuestem Stand sind massiv zu erhöhen und dauerhaft so abzusichern, dass auf die Eigentümer oder Mieter künftig keine erhöhten Kosten zukommen.

Ende der 1990er Jahre wurden zu Deckung der Kosten, unter anderem der Wiedervereinigung, große landeseigene Wohnungsbestände sowie Grundstücke an in- und ausländische Investoren verkauft. Wie zu erwarten, stiegen die Mieten und die Spekulation wurde begünstigt. Neuer Wohnraum wurde kaum geschaffen. Es kam zu einer Mietenexplosion. Die entstandene Wohnungsnot wurde verschärft durch den Verdrängungseffekt der Flüchtlings-Zuwanderung. Panikartig werden nunmehr Enteignungen privater Wohnungsgesellschaften gefordert, wodurch natürlich aber keine einzige Wohnung neu entsteht. Durch die bei Enteignungen gesetzlich vorgeschriebenen Entschädigungszahlungen würde eine Verschuldung der Kommunen astronomischen Ausmaßes entstehen (z. B. in Berlin in Höhe von bis zu 40 Milliarden Euro). Dies würde darauf hinauslaufen, dass schon jetzt notwendige Investitionen nicht vorgenommen würden, worunter gerade auch der dringend notwendige Wohnungsbau fiele. Um neuen Wohnraum zu schaffen, sollte deshalb unter anderem das genossenschaftliche Wohneigentum subventioniert und privatisierter Wohnraum sukzessive zurückgekauft werden. Landeseigene Grundstücke sollten *unter* dem Verkehrswert mit der Auflage der Wohnraumerrichtung verkauft werden.

225

7. Eine qualitativ hochwertige **medizinische Versorgung** für *alle* Bürger ist zu garantieren. Minderbemittelte dürfen nicht durch fehlende Zähne stigmatisiert werden, weil sie sich eine zahnärztliche Versorgung nicht leisten können. Die staatlichen Kontroll- und Durchgriffsmöglichkeiten im Gesundheitswesen sind grundlegend neu zu gestalten.

8. Das **Schul- und Ausbildungssystem** ist im Interesse der wirtschaftlichen, technischen und wissenschaftlichen Effizienz und der Chancengleichheit so zu gestalten, dass minderbemittelte Begabte nicht vom Studium ausgeschlossen sind. Nicht hinzunehmen ist, dass

- 80% der Gymnasiasten durch privaten Nachhilfeunterricht in *„Nachhilfeschulen"* zum Abitur kommen
- finanzkräftige Eltern in einer *„Schattenbildungsindustrie"* ihre Kinder inflationär steigend auf Privatschulen schicken und ein Studium vom Geldbeutel der Eltern abhängig ist.[231]

An den Schulen müssen die *Lernmittel* kostenfrei sein. Die Nutzung von *Bildungseinrichtungen*, wie zum Beispiel Museen, Bibliotheken Zoologischer Gärten und anderer öffentlicher Institutionen, die aus Steuermitteln unterhalten werden, ist zur Schaffung gleicher Bildungschancen kostenfrei zu ermöglichen (so wie es in etwa in der DDR geschah). Es ist nicht hinzunehmen, dass Familien mit Kindern aus finanziellen Gründen Bildungschancen verbaut werden.

9. Die *Qualität der Demokratie* muss sich daran messen lassen, wie die Versorgung alter Menschen beschaffen ist. Die **Altersvorsorge** darf nicht dem Ausfallrisiko und der Profitgier privater Versicherungsunternehmen – zumal noch mit ausländischen Beteiligungen – und damit der Gefahr kommender Finanzkrisen ausgesetzt sein *(„Riester-Rente")*. Das familienfeindliche Scheinargument, ein Generationenvertrag in Form eines öffentlichen Rentensystems könne wegen

---

[231] *Sozialerhebung des Deutschen Studentenwerks, April 2010*

einer *gewandelter* *Altersstruktur* nicht ausreichend verwirklicht werden, ist zu demaskieren.

Ein großer Teil der Zahlungen, die den allgemeinen Staatsausgaben zuzurechnen sind – welche eigentlich *alle* Steuerzahler zu tragen hätten – *werden der Gesetzlichen Rentenversicherung aufgebürdet.* Das heißt, die Rentenhöhe aller Rentner verringert sich dadurch und die Beitragssätze zur Rente erhöhen sich entsprechend. Unter diese sogenannten *versicherungsfremden Leistungen* fallen zum Beispiel

- Zeiten erlittenen NS- und DDR-Unrechts, Renten für Aussiedler
- die einigungsbedingten West-Ost-Transfer-Leistungen für die Rentenversicherung in den neuen Bundesländern.

Diese skandalöse staatliche Ausplünderung der Gesetzlichen Rentenversicherung durch die Übertragung *nicht bezuschusster „versicherungsfremder Leistungen"* ist unverzüglich zu beenden. Für solche Leistungen haben *alle* Bürger in voller Höhe im Wege der *Steuerzahlung* aufzukommen – und nicht zu einem großen Teil ausschließlich die (häufig geringverdienenden) Zwangsmitglieder der Gesetzlichen Rentenversicherung. Zusätzlich gibt es noch Renten-West-Ost-Transfer-Leistungen innerhalb des gesamtdeutschen Rentensystems. Dazu erklärte der Bundestagsabgeordnete und Vorsitzende des Christlichen Gewerkschaftsbundes Matthäus Strebl (CSU) am 4. Dezember 2008 im Bundestag:

„Weil die Wirtschaftskraft in den neuen Bundesländern noch immer geringer als im Westen ist, werden die Ost-Renten zum Teil mit Beitragsgeldern aus den alten Ländern finanziert. Laut Einheitsbericht der Bundesregierung beträgt dieser West-Ost-Transfer im laufenden Jahr [2008] rund 14 Milliarden Euro."

Der Bund zahlt zwar einen pauschalen „Zuschuss" zu den gesamten „versicherungsfremden Leistungen" der Rentenversicherung, aber zum Beispiel im Jahre 2002 verblieben, auch unter Berücksichtigung dieses Bundeszuschusses, insgesamt immer noch 39,2 Milliarden Euro, mit welchen *ausschließlich!* die Mitglieder der staatlichen Rentenversicherung belastet wurden, um für „versicherungsfremde Leistungen" aufzukommen.[232] Hieran hat sich bis heute grundsätzlich nichts geändert. Das heißt, der Teil der durch den Bundeszuschuss *nicht* gedeckten „versicherungsfremden Leistungen" wird *allein* auf die in der Gesetzlichen Rentenversicherung Beitragspflichtigen abgewälzt. Für Kosten, die allgemeine Staatsausgaben sind, müssten doch eigentlich *alle!* Bürger aufkommen – und nicht nur die im Verhältnis zu den höher verdienenden Nichtpflichtversicherten geringverdienenden Rentenbezieher mit der Folge von Beitragserhöhungen und niedriger Renten! – *Eine unglaubliche, aber wahre Geschichte!*

Zwar einigte sich die CDU/SPD-Koalition im Dezember 2016 auf eine schrittweise Erhöhung des Bundeszuschusses für die „versicherungsfremden" Leistungen. Die Deutsche Rentenversicherung kritisierte jedoch im Jahre 2016 diese Regelung hinsichtlich der Leistungen, die „gesamtgesellschaftliche Aufgaben" seien: Der Erstattungsbetrag „decke selbst ab dem Jahre 2025 nur rund die Hälfte der jährlichen Mehrausgaben! ab."[233]

Fest steht, dass demgegenüber „besserverdienende" Bevölkerungsgruppen durch horrende steuerliche „Sonderabschreibungen" in Höhe von 50% von der deutschen Einheit überdurchschnittlich profitieren. So ist es ein offenes Geheimnis, dass beispielsweise bekannte westdeutsche Fernseh-Showmaster mit Hilfe dieser Sonderabschreibungen die Immobilien „halb Leipzigs" aufgekauft haben.[234] Von den Sonder-

---

[232] *Hans-Böckler-Stiftung: Impuls 06/2005, Deutsches Institut für Wirtschaftsforschung (DIW), www.boeckler.de/32014_34866.html*
[233] *Der Tagesspiegel, 22.12.2016*
[234] *Der Spiegel, 21/2000*

belastungen des West-Ost-Rententransfers bleibt die große Zahl der Nicht-Pflichtversicherten dagegen verschont, da dieser Personenkreis niemals etwas in die *Gesetzliche Rentenversicherung* einzahlen musste.

Zum Beispiel für die Rentenzahlungen wegen erlittenen NS- oder DDR-Unrechts sind doch selbstverständlich eindeutig *alle* Deutschen verantwortlich! Fest steht, dass in berufsständischen Versorgungssystemen (z. B. der Architekten, Notare, Ärzte, Rechtsanwälte) bei *vergleichbaren Beiträgen* eine etwa *doppelt so hohe!* Rente wie in der Gesetzlichen Rentenversicherung gezahlt wird.

10. Es ist leider eine Tatsache, dass es quasi zu einem *Verkehrsinfarkt* gekommen ist, weil unter anderem die laufenden Kosten für die Benutzung eines Pkw, einschließlich der monatlichen Leasingrate und Versicherung sowie Kraftstoffkosten, *häufig niedriger liegen als die Kosten für eine Monatskarte der öffentlichen Verkehrsmittel!* Dass ein derartiges Missverhältnis zu einem *Verkehrs- und Parkplatzchaos* führen musste, war voraussehbar. Im öffentlichen **Verkehrswesen** herrschen bereits heute teilweise *katastrophale* Zustände. Wieviel kostbare Zeit seines Lebens verbringt der Autofahrer im Stau? In einem Akt des panikartigen Sozialdarwinismus plante die Bundesregierung sogar, „Elektro-Roller" auf *Gehwegen* zuzulassen, die Geschwindigkeiten von bis zu 12 Stundenkilometern erreichen. Dies hat der Bundesrat im Mai 2019 verhindert und diese Fahrzeuge auf die Straße und Radwege verbannt. – Nur, wer soll diese Verbote durchsetzen und den zu erwartenden „Bürgerkrieg" auf den Gehwegen austragen? Alte, Behinderte, Kleinkinder? Seit Ende 2017 bis Ende 2018 wurden in den USA, wo die Brutalität traditionell sowieso zum Alltag gehört, mehr als 1.500 Menschen durch Elektro-Roller-Unfälle verletzt. – Eben Pech gehabt!

Statt solcher Panikaktionen ist es dringend erforderlich, eine tatsächliche *„Verkehrswende"* im Rahmen einer *„konzertierten Aktion"* einzuleiten, d. h. es sind zunächst *umweltfreundliche* Technologien, unter anderem des Verkehrswesens, als *staatliche Gemeinschaftsaufgabe* zugunsten aller *Bürger* finanziell zu fördern. Hierunter kann notfalls auch eine

Batteriezellenfertigung fallen, falls deutsche Unternehmen *tatsächlich allein* nicht in der Lage sein sollten, eine solche aufzubauen. Die Finanzierung der Verkehrswende kann bequem durch die bereits erwähnten *zusätzlichen* Bundeseinnahmen erfolgen. Durch den staatlich geförderten Ausbau von Möglichkeiten zur Energie-Versorgung von Kraftfahrzeugen, welche *kein Mineralöl oder Erdgas benötigen*, ist gleichfalls die Abhängigkeit von den *ausländischen!* Kraftstoff-Kartellen mit ihren erpresserischen Einheitspreisen zu beseitigen. Fahrbeschränkungen für ältere Diesel-Kraftfahrzeuge dürfen nicht den (sozial schwachen) Haltern angelastet werden, die aus finanziellen Gründen derartige Fahrzeuge fahren müssen. In den angeführten Fällen sind gegebenenfalls ausreichende Zuschüsse zu gewähren.

Bis abzusehen ist, dass die *Elektro*-Technologie sich im Verkehrswesen durchsetzen wird, sollte eine ergebnisoffene Förderung auch anderer Technologien erfolgen. Tankstellen-Pächtern ist durch die Gewährung von Subventionen zu ermöglichen, die Tankstellen, einschließlich der Grundstücke zu kaufen und Umbauten vorzunehmen, damit dort eine Lade-Infrastruktur gleich welcher Art geschaffen werden kann und ggfs. die Eigentümer zusätzlich sonstige Gewerbetätigkeiten ausüben können. Ebenso ist die Schaffung einer Lade-Infrastruktur auf Parkplätzen von Einkaufszentren, in Gewerbegebieten, auf Autobahn-Parkplätzen und auf Wohngrundstücken etc. wirkungsvoll zu subventionieren.

Ausreichende und effiziente öffentliche *Nahverkehrsmittel* mit staatlich festgelegten für alle bezahlbaren „*Symbol"-Fahrpreisen* beziehungsweise *völligen Befreiungen* – wie schon in einzelnen Kommunen vorhanden – sind eine wichtige Voraussetzung für die Mobilität *aller* Mitglieder der Gesellschaft, und damit für eine funktionierende Volkswirtschaft. Die *„Kostendeckung" ist als Maßstab für die Fahrpreispolitik der ja teilweise privatisierten Unternehmen generell abzulehnen!* Ausreichend zu schaffen sind (auch mit Hilfe von Enteignungen): *gebührenfreie* öffentliche Parkplätze und Parkhäuser sowie genügende Park-&-Ride-Parkplätze, auch für Fahrräder, an den Stadträndern für Pendler.

Obwohl keine hundertprozentige Vergleichbarkeit von der Infrastruktur her zwischen dem **Bahn**- und Straßennetz möglich ist, sollte doch folgendes stutzig machen: Seit der Bahnreform im Jahre 1994 wurden, nachdem die Deutsche Bahn zur Bahn AG, also in eine *privatrechtlich* organisierte Eisenbahngesellschaft umgewandelt worden war, bis zum Jahre 2018 nur 1.700 Schienenkilometer neu gebaut bzw. modernisiert. Dagegen wurden 247.000 Kilometer Straßennetz (also *152 mal soviel!*) gebaut. Bahnstrecken sollten reaktiviert oder neu gebaut werden und der Sanierungstau an Bahnanlagen von 57 Milliarden Euro (Stand 2019) beseitigt werden. Dies betrifft besonders den Güterverkehr (DB Cargo), der seit zehn Jahren schrumpft und permanent Verluste schreibt.

Das *Radwegenetz* ist zu sanieren und auszubauen. Um einen *„Verkehrsmix"* zur *Entzerrung* der entstandenen *chaotischen Verkehrssituation* zu erreichen, sollten wie im Elektro-Kfz-Bereich auch Elektro-Fahrräder (wie in Frankreich) subventioniert werden, damit bei entsprechender Witterung dem Fahrrad der Vorzug gegeben wird.

Die Lieferungen im *Online-Handel* haben drastisch zugenommen – und damit die Belastungen des innerstädtischen Verkehrs durch Lieferfahrzeuge, die keine legalen Parkmöglichkeiten finden. Diese Situation wird sich noch verschärfen, wenn der Online-Handel mit Lebensmitteln und anderen Artikeln des täglichen Bedarfs weiter ansteigt. Es sind deshalb die Lieferdienste, welche überwiegend den Online-Handel bedienen und wie selbstverständlich illegal Sonderrechte in Anspruch nehmen (auch zum Schutz örtlicher Kleinhändler) wegen der *„Sondernutzung von Straßenland"* mit einer Sondersteuer zu belegen.

12. Eine **„Energie-Wende"** ist unumgänglich. Hierdurch darf aber keine *„Öko-Diktatur"* entstehen, zum Beispiel durch die Pflicht zur kostenaufwändigen Auswechslung alter Heizanlagen, Gebäude-Isolierung, Energie-Ausweise für Wohngebäude, Trinkwasser-Analysen, Abwasser-Kanal-Inspektionen etc. *zu Lasten von Hauseigentümern* bzw. *letztlich Mietern.* Ebenso abzulehnen ist die in Erwägung gezogene CO-2-Besteuerung (welche in Frankreich zur *„Gelb-Westen"*-Bewegung führte).

Dagegen ist eine weit über das Bisherige hinausgehende öffentliche Förderung moderner Energie-Erzeugungs- und Heizungsanlagen von Endverbrauchern vorzunehmen. Die öffentliche Förderung der Energie-Einspeisung in das Stromnetz (z. B. durch Photovoltaik und Windräder) darf nicht mehr auf die Stromkunden umgelegt werden:[235] Wegen des massiven Ausbaus dieser Anlagen mussten die dazugehörigen Stromnetze gleichfalls neu errichtet werden. Die dafür von den Stromkunden erhobenen *„Netzentgelte"* betragen im Jahre 2019 für eine mehrköpfige Familie mit einem Verbrauch von 4.000 Kilowattstunden *ohne Rücksicht auf die Höhe des Familieneinkommens* jährlich im Bundesdurchschnitt *256 Euro!* Diese Erschließungskosten hätten eigentlich die Betreiber der Windräder und Photovoltaik-Anlagen zu tragen, welche daraus die Profite ziehen. Ebenso dürfen die Stromkunden nicht durch eine Erhöhung der *„Netzentgelte"* infolge des Netzausbaus für Ladestationen für Elektro-Fahrzeuge belastet werden. Diese Kosten haben die *Stromanbieter,* d. h. deren finanziell gut versorgten Aktionäre, zu tragen.

13.   Die ethisch nicht vertretbare angeblich notwendige Nutzung der **Atomenergie** ist ohne Verzug! zu beenden. *„Ein bisschen schwanger"* gibt es nicht! Sicherheitsüberprüfungen der AKW's wurden erst nach der japanischen Atomkatastrophe 2011 angeordnet – nachdem die Laufzeiten der *„Geldmaschinen"* bereits verlängert waren. Tschernobyl 1986 und die vielen deutschen Reaktor-Störfälle sollten eigentlich ausreichen, die   Profitgier der Atom-Lobby ohne Mehrkosten für die Verbraucher im Rahmen einer Deprivatisierung! des *gesamten* Energie-Bereichs zu beenden. Denn schon jetzt müssen Kraftwerke (einschließlich Atomkraftwerken) wegen Energie-Überangebots abgeschaltet werden und Strom wird durch den Strom-Export-Weltmeister Deutschland sogar exportiert: Zum Beispiel im Jahre 2017 gab es bei der Stromerzeugung einen riesigen *Exportüberschuss von* 51.500 Gigawattstunden. Das bedeutet, dass auch überschüssiger Atom-Strom ganz

---

[235] *Peter Becker: Aufstieg und Krise der deutschen Stromkonzerne, 2010*

bewusst nur für die Zockereien der Aktionäre von Energieunternehmen an den europäischen Strombörsen benutzt wird.

Die deutschen Nachbarstaaten sind durch Kooperationsangebote hinsichtlich des alternativen Einsatzes deutscher überschüssiger erneuerbarer Energien und der Stilllegung bestehender Atomkraftwerke zu unterstützen, gleichfalls auf die Atomenergie zu verzichten. Gleichzeitig ist das europäische Einspruchsrecht gegen den Bau neuer Atomkraftwerke voll auszuschöpfen.

14. Im Bereich „**Forschung und Entwicklung**" kleiner und mittelständischer Hochtechnologie-Unternehmen ist zum Ausbau der Schlüsseltechnologien, wie zum Beispiel moderner Energie-, Medizin- und Kommunikationstechnik, eine steuerliche Innovationsförderung vorzunehmen. Dies kann zum Beispiel durch verbesserte Abschreibungsmöglichkeiten und Zahlung von Innovationszulagen geschehen.

15. Im April 2011 wurde – bezeichnenderweise ohne Einschaltung des Parlaments – die Abschaffung der *allgemeinen* **Wehrpflicht** beschlossen und eine sogenannte Freiwilligen-Armee geschaffen. Damit wurde die Möglichkeit eröffnet, die Bundeswehr nach amerikanischem Vorbild als *„privatisierte"* Söldnerarmee abhängig Beschäftigter zur Durchsetzung von Wirtschaftszielen im Dienste der Profitinteressen einer dünnen Schicht zu missbrauchen. Die Bundeswehr hat ein Volksheer mit einer *allgemeinen Wehrpflicht* zu sein. Sie darf nicht als Arbeitsbeschaffungsmaßnahme auf Kosten des Lebens und der Gesundheit der Soldaten, die *überwiegend aus den unteren Bevölkerungsschichten* stammen, zweckentfremdet werden. Dies trifft insbesondere für den *„abgehängten"* Osten Deutschlands zu. So sind nach den letzten offiziellen Zahlen von 2009 die *Ostdeutschen* in der Bundeswehr *überproportional* vertreten. In den unteren Dienstgraden dienten damals *62 Prozent* Ostdeutsche. An der Gesamtbevölkerung Deutschlands haben die Ostdeutschen allerdings nur einen Anteil von *17 Prozent*. Das hat Folgen bei den Auslandsein-

sätzen: *Jeder dritte getötete Bundeswehrsoldat kommt aus dem Osten:*
236

Von den seit 1992 in *Auslandseinsätzen* entsandten Bundeswehrange-
hörigen starben 110 Soldaten. 37 Soldaten fielen durch Fremdein-
wirkung, 73 kamen durch sonstige Umstände ums Leben. Insgesamt 22
Angehörige der Bundeswehr nahmen sich in Auslandseinsätzen das
Leben: Stand Mai 2017. Bei Auslandseinsätzen sind in den Jahren 2002
bis einschließlich 2017 132 Soldaten verwundet worden. Insgesamt
wurden in Bundeswehr-Krankenhäusern von 2011 bis 2017 1309
Patienten wegen einer PTBS-Neuerkrankung („Posttraumatischer Belas-
tungsstörung") behandelt.[237]

Bereits die Reformer Scharnhorst und Gneisenau setzten vor 200 Jahren
im Zuge der Befreiungskriege gegen Napoleon die (während der
französischen Revolution eingeführte) *allgemeine Wehrpflicht* durch, um
Privilegien der Oberschicht abzubauen. Wenn jetzt eingewandt wird, es
könne keine *„Wehrgerechtigkeit"* geschaffen werden, ist das als
Propaganda interessierter Wirtschaftskreise zurückzuweisen. Scharnhorst und Gneisenau, deren Statuen in Berlin, Unter den Linden, im
ehemaligen „Ost-Berlin" stehen, würden sich mit Grausen abwenden.

Der Einsatz der Bundeswehr ist auf die konkrete Verteidigung des
deutschen Territoriums und deutscher Staatsbürger im Ausland zu
begrenzen. Sie darf nicht als *„Hilfsscherriff der USA"* als *„Welt-Polizist"*
zum Zwecke des *„Demokratie-Exports"* zur (angeblichen) Lösung
interner Probleme anderer Völker eingesetzt werden – wie es zur Zeit der
Fall ist. Hier kann eine Schuldfrage sowieso nicht von außen beurteilt
werden. Das hat noch niemals funktioniert: siehe z. B. Afghanistan,
Libyen, Irak. Gleiches gilt für eine *„präventive"* Terror-Bekämpfung im
Ausland. Die Völker müssen ihre (meist religiös bemäntelten) internen
Probleme selbst lösen. Der Einsatz der Bundeswehr muss in der noch

---

[236] *Mitteldeutscher Rundfunk, 12.9.2018*
[237] *Bundesministerium für Verteidigung FüSK III., 1.12.2018;*
Bundeswehr-Journal, April 2019

ausstehen-den „*Verfassung*" konkret festgelegt werden. Selbstverständlich muss die Bundeswehr personell und technisch in der Lage
sein, *ohne fremde Hilfe jeglichen Angriff*, auch terroristischer Art, auf das
deutsche Volk abzuwehren, d. h. bei einer eindeutigen Bedrohungslage –
auch durch eigene Atomwaffen.[238] Wenn in neuerer Zeit wieder russische
Raketen in wenigen Minuten Berlin erreichen können, muss es
umgekehrt möglich sein, gegebenenfalls ebenfalls in wenigen Minuten
mit deutschen Atomraketen Moskau zu treffen. Auf die Zusammenarbeit
mit Bündnispartnern in der NATO – auch in Europa – die nur versuchen,
die Bundeswehr, in einer Neuauflage des „*Kalten Krieges*" „*vor den
Karren ihrer lukrativen Kriegswirtschaft zu spannen*", sollte man
verzichten. Das Hineinziehen in eine kriegerische Auseinandersetzung
darf weder von einem Mehrheitsbeschluss einer „*Verteidigungs-
gemeinschaft*" noch von einem amerikanischen ausgewiesenen
„*Pokerspieler*" wie Donald Trump, der (wie 2019 in der Iran-Frage) alles
auf eine Karte setzen wollte, abhängig gemacht werden.

16. Beim **Waffen-Export** ist es *unmöglich* zu beurteilen, ob ein Einsatz
der Waffen für Verteidigungszwecke gerechtfertigt ist oder die Waffen
zweckentfremdet in andere Staaten „*umgeleitet*" werden (siehe zum
Beispiel die deutschen Waffenlieferungen an Libyen oder der Einsatz
deutscher Waffen durch die Türkei). Deshalb ist konsequenterweise der
gesamte! Waffen-Export zu verbieten! Beteiligte Industriezweige der
Waffen-Lobby sind bei einer Umstellung der Produktion für zivile Zwecke
im Rahmen der „*Regionalisierung der deutschen Wirtschaft*" (siehe
vorne) ggfs. finanziell zu unterstützen.

17. Im Gegensatz zu vielen anderen Ländern hat Deutschland nur *eine*
wichtige Ressource aufzuweisen: Wissen. Zur Verbesserung der wissenschaftlichen und technischen Innovationswilligkeit von Erfindern ist das
deutsche **Patentrecht** zu reformieren: Die Dominanz von Firmen-
Patenten, das heißt *die finanzielle Ausbeutung von Erfindern in*

---

[238] *Michael Rühle: Gute und schlechte Atombomben: Deutschland muss
die nukleare Realität mitgestalten, 2009*

Unternehmen, ist zu unterbinden: Um Erfinder zu motivieren und von den hohen Patentgebühren zu entlasten, sind diese einmaligen und laufenden Gebühren abzuschaffen. Das heißt, die Bundesrepublik Deutschland hat die Kosten für die Verteidigung der Patentrechte in Europa und im übrigen Ausland zu übernehmen.

14. Was sollte von den europäischen Institutionen bleiben?

Übrig bleiben sollte lediglich eine Verwaltung, welche für das wirtschaftliche und monetäre Gebiet (d. h. den Personen-, Dienstleistungs- und Kapitalverkehr sowie für die Freizügigkeit von Arbeitnehmern) *zuständig ist,* also für Regelungen, die den jeweiligen EU-Mitgliedsstaaten im einzelnen dienlich sein können. Inwieweit diese Richtlinien dann von den nationalen Parlamenten übernommen werden, muss diesen überlassen bleiben. Die Europäische Zentralbank (EZB) kann mit den vorgeschlagenen Einschränkungen (siehe vorne) erhalten bleiben. Die bisherige Gesetzgebungs- und Regelungsbefugnis der EU-Institutionen ist generell zu beenden.

Die Beiträge der Bundesrepublik Deutschland zur Finanzierung der EU als deren bisher größtem Zahler sind der *tatsächlichen* wirtschaftlichen und sozialen Lage der deutschen Bevölkerung im europäischen Vergleich unter Berücksichtigung der jeweils aktuellen Sozialdaten anzupassen.

15. Errichtung einer „Bundesanstalt für wirtschaftliche Entwicklung"

Es sind Methoden für einen binnen- und außenwirtschaftlichen Neuanfang auszuarbeiten. Alle einschlägigen Aufgaben sind zu koordinieren sowie zentrale Regelungen zu schaffen. Die Einhaltung der „Mitteilungspflichten" (siehe nachfolgend) ist entsprechend einer Neuregelung des Steuer- und Bilanzierungsrechts zu überwachen. Die öffentliche Förderung bei der „Regionalisierung der Wirtschaft" ist zu koordinieren. Eine neu zu errichtende, dem Wirtschaftsministerium unterstellte, „Bundesanstalt für wirtschaftliche Entwicklung" wirkt mit den Ministerien für Finanzen, Entwicklungshilfe sowie für Umwelt- und Verbraucherschutz zusammen. Ein wissenschaftlicher Beirat ist zu bilden, der entsprechende Konzepte erarbeitet und die fachliche Diskussion anregt.

16. Mitteilungspflichten nach dem Steuer- und Bilanzierungsrecht

Zur Erfassung der Gewinn-Abflussabgaben, der Auslands-Filialabgaben und der ausländischen Kapitalbeteiligungen sind entsprechende „Mitteilungspflichten" in das Steuer- und Bilanzierungsrecht aufzunehmen.

Zeitfracht Medien GmbH
Ferdinand-Jühlke-Straße 7
99095 Erfurt, Deutschland
produktsicherheit@kolibri360.de